本书编委会

激荡一甲子 奋进四十载

致敬
改革开放40周年

上海宝冶集团有限公司
党委宣传部 编著

上海人民出版社

谨以此书

献给中国改革开放四十周年

献给践行使命担当服务上海的四十年

献给走过中国冶金建设事业征途的奋进四十年

献给勇往直前奋斗在梦想道路上的宝冶人

上海宝冶

上海宝冶，是中国建筑业令人敬重的宝冶，
是宝冶人心中的美好宝冶。

——白小虎

上海宝冶

序

致敬波澜壮阔的奋斗岁月

“历史，总是在一些特殊年份给人们以汲取智慧、继续前行的力量。”

2018年，就是这样的特殊年份。

习近平主席在博鳌亚洲论坛2018年年会开幕式主旨演讲中指出，“1978年，在邓小平先生倡导下，以中共十一届三中全会为标志，中国开启了改革开放历史征程。从农村到城市，从试点到推广，从经济体制改革到全面深化改革，40年众志成城，40年砥砺奋进，40年春风化雨，中国人民用双手书写了国家和民族发展的壮丽史诗。”

1978年，党的十一届三中全会做出了改革开放的重大决策，从此开启了中国改革开放的新时期；2018年，改革开放的征途走过40年。深化改革标注当代中国的鲜明特色，也是上海宝冶的鲜亮底色。

40年激荡历程，不断涌现的新榜样与持续迸发的新力量，推动着改革征程的破浪前行。因改革开放而生，也因改革开放而兴，从追赶时代到引领行业，宝冶人走出了一条跨越发展之路；从传统建造到多元化经营，宝冶人走出了一条开放发展之路；从传统优势到转型升级，宝冶人走出了一条创新发展之路。

上海宝冶六十多年的发展史，是一部艰苦曲折、雄浑厚重、激情澎湃、波澜壮阔的奋斗史。漫长的峥嵘岁月，不屈的战斗历程，形成了具有鲜明宝冶特色的企业文化。这些经久不衰、弥足珍贵的精神财富，是宝冶长盛不衰的灵魂所在，是凝聚人心、激发斗志的精神力量，也是支撑企业向前发展的根本软实力。

追溯历史，宝冶是传承红色基因、有着厚重历史底蕴的宝冶。宝冶始建于1954年，是新中国最早的一支钢铁工业建设力量，承担并顺利完成了新中国第一大钢铁基地——武钢的建设。继武钢之后，在国家三年困难时期建设了马鞍山轮箍厂，结束了我国从1876年以来一直进口洋轮箍的历史；六十年代，在“三块石头支口锅，帐篷搭在山窝窝”的艰苦条件下，建设了外国专家眼里不可想象的奇迹工程——攀枝花钢铁基地；1957年，455名胸怀梦想的知识分子，他们其中年龄最大的45岁，最小的仅有17岁，从北京来到包头，以“同住干打垒，同吃青稞馍”的精神，规划、设计了包钢、西钢、酒钢，可以说宝冶人一路肩负了振兴国家钢铁产业的历史使命。1978年，1.8万建设大军从武汉挥师东进，来到上海建设全国注目、世界著名的现代化宝钢并于1986年6月4日，正式落户上海，世人眼中的上海宝冶自此完全扎根上海书写传奇。

华丽转身，宝冶是敢为人先、勇于创新的宝冶。从新中国建国初期开始，宝冶就承担着冶金建设国家队的责任与使命，完成了武钢、攀钢、宝钢等国内一流钢铁企业的核心建设任务，是国家钢铁建设的主力军。不仅如此，宝冶人还着眼未来，锐意改革，不断超越自我，以1998年厦门国际会展中心项目建设为标志拉开向大型公建、民建市场转型的大幕，实现了从冶金建设向市政民建领域的华丽转身。2000年以来公司在大型公建市场取得了一系列重大突破，全运会、奥运会、世博会、大运会、亚运会等大型场馆建设使宝冶为全社会所关注。北京2022冬奥会国家雪车雪橇中心、北京环球影城、“金砖”会客厅厦门会展中心，上海迪士尼主题乐园吸引了无数的目光，这些有着巨大影响力的建设项目，就是宝冶现在最重要的产品，也是宝冶品牌的体现。宝冶人用实际行动诠释了“超越自我，敢为人先”的企业精神。

这些耀眼的成功背后，是一位又一位的宝冶员工，是一项又一项的专利和工法，是宝冶的使命、愿景、价值观把我们的知行聚合成一股无穷的力量。“建精品工程，铸长青基业”的光荣使命，是我们对自身和社会发展的承诺；“成为综合实力最强、品牌形象最佳、发展质量最优、幸福指数最高的建筑企业集团”的美好愿景，是宝冶人对美好未来的憧憬和对幸福生活的追求；“诚信、笃行、创新、共赢”的核心价值观，是我们判断是非的标准和共同遵循的行为准则；“超越自我，敢为人先”的企业精神，是宝冶人共同拥有的内心态度、思想境界和理想追求。打造一流的最具产业链竞争优势的全生命周期工程服务商，是宝冶适应市场变化，满足顾客需求，服务社会进步的使命担当。

时代更迭，宝冶更是牢记使命、勇于担当作为的宝冶。党的十九大的胜利召开标志着中国进入了新时代，宝冶也同样吹响了新时代的奋斗号角，伴随着企业的发展，我们一直秉持着内在的红色基因，不断迭代升级的使命、愿景和价值观，都有着明显的新时代烙印。崭新的时代，意味着机遇，更意味着全新的挑战。在经济新常态下，上海宝冶已不再是单纯的施工企业，而是要成为最具全产业链竞争优势的工程服务商。作为世界五百强中国中冶旗下核心子企业，在中冶集团的正确领导下，搭建重铸“国家实力”，全面弘扬“一个核心五个引领”鲜活的中冶党建经验，全面彰显“红色基因”、“蓝色畅想”、“金色愿望”凝成与新时代脉搏同频共振的强大力量，剑指“冶金建设国家队、基本建设主力军、新兴产业领跑者，长期坚持走高技术高质量发展之路”战略强势引领，一天也不耽误，一天也不懈怠，用实力与担当为中华民族伟大复兴的中国梦贡献着力量。

我们忘不了春天的故事。1978—2018年，上海宝冶于悄无声息中，走过春风化雨的40年；于余音绕梁处，走过轰轰烈烈的40年。宝冶人以严肃认真的兢兢业业，挥洒激情、放飞梦想、挑战极限，迸发出光彩四射的活力；宝冶人以独具魅力的品牌故事，用手中的妙笔书写自己身边的难忘瞬间，让宝冶精神代代相传；宝冶人以下笔有神的泼墨挥毫，用神奇的水墨传承中华文化的博大精深，展现新时代建设者的风采；宝冶人以深入人心的经典传唱，用美妙的声音讴歌时代，唱出奋斗者激情澎湃的主旋律。

本书讲述的是春天里的故事，重温宝冶光影40年，有时候视觉和记忆往往更实在，更具生命力和震撼。一叠叠旧照新片代代传承，只为记录历程，幸福来之不易，因而格外感恩。

改革开放，弹指四十年，时光惊艳了宝冶人的岁月！绚丽夺目的黄浦江畔，写满宝冶故事，四十年之旅，已吹响新时代的号角。习近平主席在首届中国国际进口博览会开幕式上的主旨演讲中强调，“中国开放的大门不会关闭，只会越开越大，中国推动更高水平开放的脚步不会停滞。”

面向未来，宝冶人将乘着新一轮改革开放的东风，不忘初心，牢记使命，为早日建设成为富强民主文明和谐美丽的社会主义现代化强国砥砺前行，不懈奋斗！

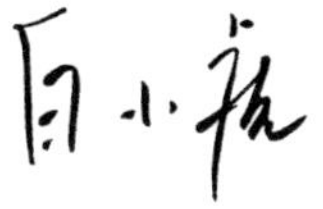

（上海宝冶集团有限公司党委书记、董事长）

目录

第三篇　饮水思源　难忘那激情燃烧的岁月

前言

用新时代“上海服务”与世界共享未来

伴随着新中国崛起而不断发展壮大的上海宝冶进沪已经整整40年，作为全球顶级盛会专业服务商，用高质量、高效率为进博会的召开全面保驾护航。从进博会上海浦东机场专用机坪到进博会主场馆（国家会展中心），从进博会周边美丽街道建设到市容景观提升，充分发挥全生命周期工程服务商的优势，筑新时代“上海服务”。

作为植根上海40年、具有60多年深厚历史底蕴的大型央企，这支“基建国家队”每一次的创新、转型和奋进，都与国家同脉、城市发展共频，宝冶人以“超越自我，敢为人先”的匠心，成为勇担新时代城市经济发展的参与者和推动者；宝冶人以新时代下的“上海服务”，探索和实践商业模式、服务模式、管理模式的创新，为上海打响“四大品牌”作出积极贡献。

上海“五个中心”建设的工程兵

作为在沪最重要的中央企业之一，位列中国建筑业竞争力百强企业前20位，常年位于上海市百强企业之列。上海宝冶亲历并见证了上海改革开放以来发生的巨大变化，并始终伴随着上海城市经济建设的发展而壮大。

改革开放以来，上海宝冶的发展史就是一部改革创新史。上海宝冶始建于1954年，是中国最早的一支钢铁工业建设力量。1978年乘着国家改革开放的春风，1.8万建设大军从武汉挥师东进，来到上海建设当时全国瞩目、开启中国钢铁现代化序幕的宝钢，同时深度参与了上海早期城市建设，并于1986年6月4日正式落户上海。宝钢是新中国成立以来投资规模最大的钢铁项目，是1949年以来钢铁工业乃至全国建设工程中投资最多、技术最新、难度最大的一个工程项目，举世瞩目。经过近13个年头的建设，到1991年6月，宝钢一二期工程建成投产。宝冶人不仅为国家献出了一个年产671万吨钢的大型化、连续化、自动化的冶炼、轧钢现代化的大型钢铁联合企业，而且通过引进、消化吸收国外先进管理技术、工艺技术、装备技术、生产技术，中国具备了大型钢铁联合项目的规划和自主集成能力，由技术引进走向自主集成。并带动了施工企业在管理、技术、装备等各方面的跨越式发展。建设宝钢40年，历史证明了宝冶人不辱中国钢铁振兴的使命；服务上海40年，历史注定了宝冶人将承担起特殊的使命。中国大陆第一条高速公路——沪嘉高速，上海市第一个污水治理泵站——彭越浦泵站，上海市第一条地铁——1号线沿线车站徐家汇路站、新闸路站，上海市用钢量最大的立交桥——上海中环线共和新路立交，上海最早的水泥厂——川沙水泥厂，中国第一张芯片制造基地——中芯国际集成电路制造（上海）有限公司以及浦东机场、虹桥枢纽、世博园区、上海迪士尼、吴淞邮轮码头等众多重点工程……在上海市的经济建设中创造了辉煌的成绩。近年来，由上海宝冶打造的“明星工程”，为上海的经济发展、城市面貌转变做出了巨大的贡献。

进入“十三五”，站上新时代改革创新的舞台，上海宝冶开辟转型升级的新路径，制定出“一流的最具产业链竞争优势的全生命周期工程服务商”发展战略。上海宝冶党委书记、董事长白小虎多次提到，进入宝冶“四五”高速发展期，上海宝冶在项目管理、绿色工地、智慧工地方面都取得了突出的成绩，通过和中冶东方的战略整合，更是在全国率先实现了冶金工程全产业链贯通。宝冶围绕改革开放的前沿阵地——上海“扎根宝山，立足上海，辐射全球”，努力扩大本地市场的规模和占有率。同时进一步发挥央企的集团化优势，积极参与上海市城市发展，为上海市“五个中心”建设和全球卓越城市建设不遗余力的作出贡献。

卓越全球城市建设的高新军

创新，根植于上海宝冶的企业发展理念之中，与核心价值观交织融合，厚积薄发。“走在前面”“做别人做不到的事”是长久以来宝冶对自己的要求。今天的宝冶更加开放、包容与自信，拥抱变化，迎接挑战。在扎实做好上海“五个中心”建设的工程兵的同时，40年来，拥有国家科技进步特等奖技术实力的上海宝冶科技创新成果不断涌现，专业发展水平不断突破，这离不开对技术和人才的培育。“平台共建、研发共创、成果共享”，这样的新管理模式，推动“产学研用”高效融合，打造一流的科创体系。上海宝冶不断推进政企融合机制、理念和发展模式创新，实现全方位的战略对接和共赢发展，推动政企融合产业跨越式发展，为上海城市经济发展作出了卓越贡献，实现“花开宝山，遍布上海”的喜人业绩，项目涉及房屋建筑、市政水利、机场场道、港口与航道工程等专业。先后承建了上海吴淞口国际邮轮港后续工程客运楼和近百米高的海上指挥瞭望塔、浦东机场改造等重大工程；积极参与了罗店大型居住社区、祁连山路动迁安置房、南大北水利、顾村河道治理等重大民生建设，其中，亚洲第一的吴淞口国际邮轮母港更是上海的一张“世界级名片”。

站在历史新征程的新起点上，在行业现代化发展大潮的引领下，上海宝冶将科技创新放在企业发展的优先位置，坚持走谋求攀登高端市场、高端科研项目、高端装备、高端人才的创新发展之路，加快推进传统技术品牌向高新技术品牌转化、冶金技术行业向民用建筑领域转型、国内优势市场向境外新兴市场拓展、传统营销方式向“互联网+”模式转变。宝冶人打造装配式绿色建筑产业链。以研发、设计、生产、施工、运维为一体的产业模式，推动装配式建筑产业发展，不断培育自身EPC总承包以及全产业链的建筑技术能力，成功获批国家首批装配式建筑产业基地。经过装配式建筑实践，形成PC建筑产品、钢结构产品以及工程模块三大产品体系。为建筑全生命周期提供优质的技术服务，形成具有宝冶特色的装配式建筑总承包技术能力。一系列亮眼的数字化、工业化、绿色化建造技术，让上海宝冶以国内领先的全产业链核心竞争优势，在近5年实现了从施工总承包到工程总承包，再到工程服务商的华丽转身。2018 年，上海宝冶通过国家级高新技术企业认证，实现了企业发展征程上的一次跨越和飞跃。放眼未来，更需立足当下。上海宝冶以科技创新塑新引擎，跋涉前行，接续奋斗，力争采用城市综合建造、投资建设运维一站式服务、“互联网 + 建筑”等模式，在新兴产业和市场结出一串串丰硕的硕果，留下一道道闪光的足迹。

新时代城市高质量发展的服务者

今年中国国际进口博览会花落上海，体现了上海落实“一带一路”倡议，服务全国，打造全球卓越城市的信心、决心和能力。新时代、新征程、新追求，上海宝冶将以全生命周期服务商的综合实力，继续在市政建设、装配式建筑等领域发挥技术和品牌优势，为新时代城市高质量发展打响上海服务和上海制造。

为首届国际进博会提供三大“金牌服务”，擦亮中国名片。闪耀世界的进博会主场馆（国家会展中心），是国家级及上海市重点工程，同时也是上海市围绕经济产业转型的一大力作。这座代表中国对外开放与包容精神的地标建筑，外形极具美感，形同一株“四叶草”，可谓匠心之作。而在这株“四叶草”中，有一片“叶子”就来自上海宝冶。2013 年，上海宝冶参建了中国博览会会展综合体（北块）项目 D1 展厅钢结构工程。国家会展中心建设是以“一流场馆，一流配套、一流建设”为目标，汇全球的视野、展中国的精神并充分体现科学性、实用性和标志性的场馆建设理念兴建的特大型战略性项目。宝冶人匠心出品，赢得赞誉，获得国家优质工程奖。浦东机场成为此次进博会重要的交通枢纽。上海市为此次进博会专门新建了浦东国际机场港湾机坪，它也成为进博会专用机坪之一。宝冶人以高质量、高效率，用工匠精神保证了专用机坪按期投入使用。2018年，上海市为推动进口博览会服务与城市精细化管理联动，推进了市容景观提升和美丽街道。市政府以国家会展中心为核心区域、以虹桥区域为重点区域，全面推进场馆改建、周边道路等配套保障工程。上海宝冶全面护航，彰显中国之美，主动投身到进博会的各项综合整治与市容市貌提升建设中，积极完善进博会的各项保障措施。以“最快速度，最优品质”，提前十五天完成了三大项目九条道路的建设，实现了为进博会全面护航。从“路上”到“墙上”，从“四叶草”本体到周边，宝冶人超越自我，敢为人先，步步深耕，处处细作，用责任和奉献助力这座城市形象和气质升级变化。

首届中国国际进口博览会的召开再一次让中国以华美、绚烂的姿态登上了国际舞台，而在赢得世界赞誉，大放异彩的同时，上海宝冶也向世界展现了全生命周期工程服务商所带来的新时代“上海服务”。

第一篇

抚今追昔　半世纪的溢彩流光

上海宝冶六十四年的发展史，是一部艰苦曲折、雄浑厚重、激情澎湃、波澜壮阔的奋斗史。

红色基因入骨髓　钢铁雄师铸脊梁

上海宝冶，中国钢铁工业的开拓者和主力军。

新时代，是我们日益走向世界舞台中央、不断为人类做出更大贡献的时代。从20世纪60年代吸收苏联技术铸就攀钢，到改革开放伊始借助日本技术筑起宝钢，再到如今凭借自身技术建设供给侧典范湛钢和"一带一路"上的璀璨明珠——越南河静钢厂、大马联合钢铁，可谓历程艰难。这支见证了共和国冶金建设一个又一个奇迹、成为引领中国钢铁工业加快转型升级、由钢铁大国迈向钢铁强国的"冶金建设国家队"的主力军，锻造成为国家基本建设的主导力量和新兴产业的领跑者。

钢铁雄师哪里来？从1954年投身新中国成立后第一个特大型钢铁联合企业——武钢的兴建，十年奋战，其间经历了几次企业名称的变更。到1966年建设攀枝花钢铁基地，到1974年派出精干队伍顺长江而下，回到武汉支援武钢一米七工程建设，再到1978年9月冶金部抽调部分力量承担宝钢工程建设。武钢一米七会战的力量又顺江而下来到东海之滨的上海，开始了建设宝钢的征途。2016年11月，上海宝冶在全国率先实现了冶建建设领域EPC全产业链贯通，具备国际领先的竞争优势。

六十四年风雨兼程、六十四年波澜壮阔。六十四年来，一代代宝冶人前赴后继、肩负责任、不辱使命，用心铸造中国人自己的钢铁梦，在前进的征程中铸就了崇高的理想信仰，形成独特的精神气质。面向未来，不忘初心的宝冶人将以骨子里的信念忠诚，为决胜全面建成小康社会、实现“两个一百年”奋斗目标和中华民族伟大复兴“中国梦”做出新的更大贡献。

唯有青山多壮志

——新中国第一座大型钢铁工业基地建设纪实

钢铁，是国家的脊梁。伴随着我国钢铁工业从计划经济转向市场经济的成长发展，中国冶金建设经历了钢铁圆梦、转型发展、多元壮大的辉煌历程。

从 1954 年，国家定址青山，建设新中国第一家大型钢铁联合企业，到 1958 年 9 月 13 日，武钢第一炉铁水奔腾而出；从 20 世纪 70 年代，一米七工程会战拉开武钢改造和我国钢铁工业现代化的序幕。在实现祖国钢铁梦的伟大征程中，默默奉献，托起共和国的钢铁脊梁。

从“3.15”到“9.13”

1949 年 10 月 1 日，毛泽东主席在天安门城楼上向世界宣布“中华人民共和国成立了”，举国上下，一片欢腾。然而，新生的共和国，面对的却是蒋介石政府留下的一堆烂摊子。医治战争创伤，恢复国民经济，成为人民政府的头等大事。毛泽东不无感慨地说：“一个粮食，一个钢铁，有了这两个东西就什么都好办了。”

1950 年，全国第一次钢铁会议基本确定在华中地区建立新的钢铁基地。同年，中央重工业部开始组织力量进行实地考察和调查研究。1951 年 9 月 13 日，毛泽东同意由重工业部呈送的关于在华中地区兴建一座大型钢铁厂的建议。新中国要建第一座大型钢铁厂，这可是个天大的秘密。为了保密，将这座准备开建的钢铁厂命名为“315 厂”。自此，315 厂便与国家经济发展的命运紧紧联系在了一起。

1952 年，315 厂筹备处与中南钢铁局合并，组成华中钢铁公司，成为承担新厂筹备、建设直至生产的一个新的经济实体。自 1952 年 3 月第一次选择厂址算起，到 1954 年 4 月的两年多时间里，历经五次大型野外踏勘，中苏两国专家组最终推荐青山地区为钢铁基地的厂址。

1954 年 9 月，国家重工业部决定改组华中钢铁公司，分别成立武汉钢铁公司和武汉钢铁建设公司。此后，武汉钢铁基地像一块巨大的吸铁石，将 5 万多名专家和工人吸引至荆楚大地，为他们创造一段段可歌可泣的历史伟业提供了宽广舞台。

1955 年 10 月，武钢青山厂区正式破土动工，迎来新中国兴建的第一个钢都的诞生。各个施工队伍按照上级要求先后投入建设武钢的滚滚洪流之中，各展其长，你追我赶。从土方会战到厂房耸立；从管线铺设，到设备安装，一项项工程有序展开，一个个难关终被攻克。没有白天黑夜，没有份内份外，没有高薪报酬，没有临阵脱逃。晴天一身汗，雨天一身泥。住工棚，吃杂粮，无怨无悔，愿把一腔热血洒在武钢建设的土地上。1957 年 6 月 5 日，炼铁一号高炉动工兴建，主体工程建设随之展开。15 个月零 8 天后，新中国钢铁史上迎来第一座具有划时代意义的巍巍丰碑。1958 年 9 月 13 日下午 3 点 25 分，新中国钢铁史上的第一个伟大奇迹出现了，一号高炉第一炉冒着火光的铁水从炉内冲了出来。这标志着继鞍钢之后，全国第二大钢铁工业基地——武钢顺利建成。

就在这一天，毛主席亲临武钢视察，并在一号高炉平台上，与武钢建设的优秀代表亲切握手。“9.13”，从此成为武钢建设者们引以为荣的重大纪念日，成为新中国钢铁工业和冶建行业永远的辉煌。从配合苏联专家，到一期工程建成后，承担武钢配套、扩建等核心建设工程勘察、设计、施工任务，为我国钢铁工业自主发展立下了赫赫功勋。

“〇七”大会战

20 世纪 70 年代，经毛泽东主席和周恩来总理亲自批示，国家决定从日本和西德引进当时世界最先进的轧钢技术，并将这一项目放到武钢，这就是武钢一米七轧机工程，因其在当时国家重点工程建设项目中排位第七，所以又称“〇七工程”。

一米七轧机工程包括 143 个单项工程。它的 4 个主体工程——连续铸锭车间、热轧厂、冷轧厂、硅钢片厂的成套设备，是分别从西德和日本引进的。这项工程的主体部分大量采用了电子计算机控制、液压传动、自动检测等多方面的新工艺、新技术，具有 70 年代先进水平。1974 年秋天，〇七工程的战幕徐徐拉开。根据国务院指示，该工程由冶金部挂帅，成立了由湖北省委书记任指挥长、冶金部副部长为副指挥长的〇七工程指挥部。冶金部从全国各地调集了 10 多个冶金建设企业，总计 10 多万冶建职工迅速集结武钢。

这是一场我国冶金建设史上前所未有的“大会战”。其中的十九冶（上海宝冶前身，1986 年改称“上海宝冶”），是 60 年代一冶在完成武钢一期工程后，为支援三线建设，抽调一批骨干力量奔赴四川攀枝花，为建设攀钢而组建的。它经历 10 年苦战，胜利完成攀钢一期项目后，又从金沙江畔挥师而下，重回武钢。

一声令下，旌旗十万，雄兵云集，气壮楚天。一时间，在紧邻武钢东边一片农田、泥塘和荒坡之地，十万大军安营扎寨，鳞次栉比的简易工棚连绵数里。至 1975 年，一米七轧机进入“两土”施工高峰，在继续完成场地平整土方和三通工程的同时，各主体工程土建陆续开工。至 1976 年末，项目建设进度持续升温，十九冶热轧指挥部当年 10 月完成的厂房结构安装建安工作量、劳动生产率创造会战以来最好成绩。

1978 年，根据冶金部关于把一米七轧机工程建成优质、低耗、一次投产成功的样板工程指示精神，各主体工程陆续转入以调整试车为中心，加强技术管理，确保工程质量，抓紧收尾配套等工作。在各参战单位的努力和生产单位的配合下，四大主体工程均在当年底顺利实现一次投料试车成功。

一米七轧机工程从 1974 年秋天破土动工，到 1978 年底全面建成，历时整整 4 个寒冬酷暑，投资 40 亿元。它不仅开了我国大规模引进国外先进技术的先河，也为武钢后来的技术改造和市场经济条件下的生存和发展奠定了坚实的基础。一米七轧机工程的建成投产，有利于增强我国钢材的自给能力，逐步改善钢材品种结构，为我国钢铁工业在若干领域学习和掌握世界先进技术创造了条件，成为中国钢铁工业走向现代化的标志，成为一个时代的丰碑，中国钢铁事业和冶金建设者的骄傲。

峥嵘岁月再回首，一米七轧机工程建设让共和国彻底告别了薄板依赖进口的历史。宝冶人用智慧与汗水，谱写了一段光荣与梦想的实业报国奋斗史，也见证了中国钢铁工业技术引进、消化、吸收、再创新的全过程，在长江之滨，续写下“青山不老”的新传奇。

缘起“三线”建设

——攀枝花钢铁基地建设的火红岁月

“三线”这一概念，出自毛泽东对新中国发展的战略构想。自 1964 年开始，在中西部地区的 13 个省区进行了一场以战备为指导思想的大规模国防、科技、工业和交通基本设施建设，在我国纵深地区建立起一个比较完整的后方工业体系。

从 20 世纪 60 年代开始，国际局势日益恶化，周边局势云谲波诡，中国面临着美、苏两个超级大国的军事威胁。从建设战略大后方出发，1964 年党中央决定在中西部地区的 13 个省区发动一场以战备为核心的大规模国防、科技、工业和交通基本设施建设，声势浩大、汹涌澎湃的“三线”建设由此发端。

1964 年 5 月，在北戴河召开的中央工作会议上，毛泽东明确指出：“建不建攀枝花，不是钢铁厂问题，是战略问题。”他告诫全党同志：“我们必须立足于战争，从准备大打、早打出发，积极备战，把国防工业建设放在第一位，加强‘三线’建设，逐步改善工业布局。”毛泽东主席反复讲“三线”建设的重要性，并一再指示要把攀枝花工业基地建起来。他说：“我们的建设，要有纵深配置，把攀枝花钢铁厂建起来。建不起来，我睡不好觉。”“攀枝花钢铁厂还是要搞，不搞，我总是不放心，打起仗来怎么办?”“你们不去安排，我要骑毛驴下西昌。”“如果没有投资，可把我的稿费拿出来。”

为了让党中央放心，数万建设者从四面八方汇聚到大“三线”沉睡的山沟里，他们中，既有从国家机关抽调的领导干部，也有选调的科技人员，还有从各地内迁的职工和从老工业基地抽调的工程管理人员、生产骨干，加上建筑安装队伍、部队官兵和当地民兵。

微雕钢城攀枝花

攀枝花钢铁基地的建设，是“三线”建设最重大的成果之一。攀钢始建于1965年，是我国西部最大、中国重要的钢铁生产基地。攀枝花钢铁工业基地的开发建设，是新中国成立后独立自主进行的第一个特大型钢铁建设项目，也是“三线”建设第一阶段倾注力量最多的重点项目。攀钢是我国在建立独立完整的工业体系进程中迈出的重要一步，是国家调整全国工业布局，把现代生产力从东部沿海推进到西部内陆，建立独立完整的国民经济体系的重大战略举措。

1964年5月，中共中央、国务院作出开发建设攀枝花钢铁基地战略决策。1964年11月，冶金工业部为落实中共中央、国务院决策，决定第一冶金建设公司除留二线人员外，分两路进入四川：一路负责盆地内冶金工程建设；一路负责建设西昌410试验厂和筹建攀枝花钢铁基地。1965年2月26日，中共中央、国务院决定设立攀枝花特区，3月20日，攀枝花特区党委、攀枝花特区人民委员会、攀枝花特区建设指挥部正式成立。3 月 22 日，攀枝花特区建设指挥部于仁和召开的会议上决定成立冶金指挥部，负责攀钢和矿山建设，又称第二指挥部。

为加速攀枝花基地建设，1966 年 5 月 2 日，冶金部副部长夏耘、徐驰向冶金部党委提出了一冶一分为二、在渡口成立第十九冶金建设公司（简称十九冶）的分家方案。9 日，冶金部党委同意分家方案，在渡口组建十九冶。

1966 年 5 月 20 日，冶金部〔66〕冶基字 1304 号通知，经国家建委批准，第一冶金建设公司一分为二，6 月 1 日起成立第十九冶建设公司。

1966 年 6 月 1 日，以一冶分出的 16000 余人为骨干在渡口市正式成立十九冶时，加上属一冶建制、从辽宁调入的二井巷工程公司、从广西调入的三井巷工程公司，职工总计 18988 人。新成立的十九冶以冶金指挥部的体制统辖勘察、设计、施工、生产，对钢铁厂和矿山建设及生产准备实行统一领导，对外称“二号信箱”或“第二指挥部”。

“二号信箱”为中国十九冶蒙上的神秘面纱，直到许多年以后才被悄悄撩开，中国十九冶这个当时中国最大的冶建兵团也才逐渐为外界所认识。

攀枝花东望大凉山，西抵横断山，南通祖国南大门，北靠大雪山屏障。这样特殊的地理位置，使它成为“三线”建设的首选之地。

中国十九冶从实际出发，合理利用坡地，对厂区土石方量做了 30 多次平衡，计算了 16 万个数据，最终决定把东西长仅 3 公里，南北宽 0.8 公里，面积约 2.5 平方公里，横向自然坡度高度 10% 的弄弄坪劈出 4 个大台阶、23 个小台阶，将钢铁厂的各项生产设施布置在这里，而其余可以独立进行生产的机修、耐火材料厂等安排在主厂区之外，形成一个年产170万吨铁、150万吨钢的“微雕设计”。

1970年7月1日，具有里程碑意义的攀钢一号高炉建成投产，标志着攀枝花建设取得重大成果。十九冶人用智慧和血汗在2.5平方公里的坡地上，建成了举世闻名的“象牙微雕”钢城，闯出了一条成功建设具有中国特色的大型钢铁基地之路，打破了外国专家关于攀枝花钢铁厂不可能建成的断言。“中国钒钛之都”——攀枝花，全国唯一一座以花命名的城市也就此诞生。攀钢吨钢占地面积之小，为世界之最。外国专家参观了攀钢后，惊叹地竖起大拇指，“象牙微雕”最初是出自外国人之口。

攀钢建设经过一年半的施工准备，于1966年1月从冶金矿山拉开序幕，经过8年艰苦施工，至1974年8月轧梁厂方圆钢系统建成投产，一期工程基本建成。历经4年收尾配套施工，至1978年底全面建成。

攀钢建设的特色故事

“三块石头支口锅”

攀钢建设初期，“天当被盖地当床”“三块石头支口锅、帐篷搭在山窝窝”是当时建设者们生活的真实写照。

那时候弄弄坪上只有几户人家，粮食和蔬菜靠外运，但是颠簸进攀后，蔬菜都已经烂到不能吃，很多时候面临的还是供应不充足；窝棚、帐篷就是大家最初的住宿之地，以后就是一边进人、一边盖房，用这种“滚雪球”的方式到1966年6月1日十九冶正式成立时，住房建筑面积达到一定规模，生活基地大部分形成；饮水困难，常常是一盆水早晨洗脸，中午擦汗，晚上洗脚，最后这水还要拿去浇菜地、和泥建房屋。从兰尖火山抬管子到朱家包包时，其间 14 公里的山路，施工队曾有一天抬断 200 多根扁担的纪录，每个人的肩膀都压得红肿透亮，但是为了矿山的通水一直坚持着，没有人叫苦。

建设者艰苦奋斗，“逢山开路，遇水搭桥”“一壶清水，两个馒头”热火朝天地向着“三年准备、五年建设、奋战八年建成攀枝花工业基地”的总规划目标努力进发。虽然困难重重，生活艰苦，但他们怀着那是在建设“毛主席最关心的地方”的朴素和单纯想法将自己的青春和激情毫无保留地留给了攀枝花。

“不出铁水不回家”

从 1970 年 1 月开始，攀钢一号高炉建设形成一个大干快上的生动场面。建设中的十九冶几万名职工顾全大局、公而忘私、自我牺牲和顽强拼搏的精神得到充分展示。

大家发出“不想爹、不想妈、不想孩子不想家，一心想着攀枝花，不出铁水不回家”（当时十九冶百分之九十以上属单身职工）的誓言，上上下下以出铁为己任，一心扑在会战上。有些青年几次推延婚期，一些同志的亲人去世，将电报往口袋一揣，忍着悲痛战斗在施工现场。有的同志身患疾病，劝也劝不下工地。

直属机关离高炉工地不到一公里，但指挥、组织施工的不少干部和工程技术人员吃住在现场，有家在攀枝花的同志几个星期不回家，真正做到“指挥到现场，解决技术问题到现场，供应到现场，思想政治工作到现场。”大家连班加滚班，没有一分钱奖金，谁也没有怨言，而是看作一种“为毛主席争光”的荣耀。

盛开在山沟沟里的“红莲花”

曾被誉为“红莲花”的张莲花是十九冶人艰苦创业的典型和缩影。作为攀枝花著名的“六金花”中盛开得最为绚烂的一朵，她身上不仅闪现着那个时代建设者战天斗地的精神，也透射出他们对攀枝花这片热土的挚爱。

张莲花是汽车运输线上唯一一名女驾驶员。当时的攀枝花不通铁路，工程所需的设备和材料都需要汽车运送。因为这“唯一”，张莲花自豪无比，一种强烈的责任感充满着整个身心，产生出最强的拼命劲头。

那时候，张莲花每天开车拉运材料、设备往返于金沙江沿线险峻的山路中。当时在攀枝花广为流传着一个顺口溜：一怕麻风，二怕狼，三怕横渡金沙江，四怕地震塌了房，五怕坏人（土匪）打黑枪。有一次她开车到云南装运钢管，钢管装到车上的钢架上以后，前后都超出好一截子。因为工地急着用钢管，所以必须赶夜路回去。当车开到山高坡陡急弯多的江底河时，已经是深夜了。车在行驶的过程中必须准确无误地打方向盘，而且上下坡时还要担心钢管拖地或者往前滑移而出事故，所以精神高度集中，不敢有一点点马虎。

从 1965 年开着大货车来到攀枝花到 1973 年调离攀枝花，张莲花在这里工作生活了 8 年，她把最美好的青春年华留给了攀枝花。

筑梦宝钢 40 年：勇立时代潮头　铸造历史精品

改革开放之初，钢铁工业强国梦从这里开始！

一代领导人的钢铁情怀，一代产业工人的钢铁志向，一代莘莘学子的钢铁梦想从这里燃烧，从这里激荡；从这里振翅，从这里放飞。

40 年前，党的十一届三中全会揭开了改革开放的大幕。大会闭幕第二天，宝山钢铁总厂便在清脆激越的打桩声中动工了。同样作为主力军，宝冶人参与了宝钢的全过程建设。

建设宝钢 40 年，历史注定了宝冶人将承担起一项特殊的使命；服务宝钢 40 年，历史证明了宝冶人不辱中国钢铁振兴的使命。

一座座高炉直指云霄，一个个厂房整齐有序的矗立。宝钢，见证了祖国半个世纪以来钢铁业的繁荣发展，从无到有，从有到优，她以奇迹般的发展速度，让我国的钢铁业实现了翻天覆地的变化。

功在当代　利在千秋

1978 年，这是一个伟大的历史转折点。宝钢的建设就是中国钢铁现代化的开端。

20 世纪 70 年代末，国家刚刚从“文化大革命”中走出来，百废待兴，社会主义现代化建设又重新提到重要议程。为了迎头赶上世界先进的钢铁工业水平，改变我国钢铁工业落后面貌，经过反复调查、评估，并组团考察了日本钢铁工业发展的经验，1977 年末、1978 年初，中共中央政治局和国务院领导经过两次讨论，作出了在上海建设宝山钢铁厂的战略决策。按照中央决策，上海市委和冶金部迅速组织各方面的力量，开始了规划方案、对外谈判、择址勘察、施工准备等工作。十九冶（1986 年 5 月改称“上海宝冶”）作为最早被冶金部抽调的人数最为庞大的一支建设军投入到宝钢建设。

宝钢是新中国成立以来投资规模最大的竣工项目，是 1949 年以来钢铁工业乃至全国建设工程中投资最多、技术最新、难度最大的一个工程项目，举世瞩目，举国关注。经过 12 年半的建设，到 1991 年 6 月，宝钢一二期工程建成投产。通过宝钢一二期工程建设，宝冶人不仅为国家献出了一个年产 671 万吨钢的大型化、连续化、自动化的冶炼、轧钢现代化的大型钢铁联合企业，而且通过引进、消化吸收国外先进管理技术、工艺技术、装备技术、生产技术，使中国具备了大型钢铁联合项目的规划和自主集成能力，由技术引进走向自主集成。并带动了施工企业在管理、技术、装备等各方面的跨越式发展。

1978 年 12 月 23 日，中国改革开放的一号工程——宝山钢铁总厂动工典礼在高炉工地隆重举行。清脆激越的打桩声，代表着 4 万余冶建人准点踏上改革开放新征程、奋力建设现代化钢铁工业的铿锵脚步。

这是宝钢开工的场面。宝钢第一桩是中国人的一段不朽记忆。凭着中国工人的聪明才智，很快就熟练驾驭了引进的“洋设备”，多项考核数据均超过日本技术标准，创造了高质量、高速度的优异成绩，为国争了光。它代表着中国大规模引进、消化、吸收、创新，建设特大型现代化钢铁企业的开端。

宝冶人在宝钢工程建设中贯穿始终。承建的项目有4座大型高炉、2座炼钢厂及数条热连轧线、宽厚板轧线等主要工艺生产线的施工。通过一、二、三期工程的建设，使宝钢发展成为一个1000万吨级，可以与世界一流钢铁企业比肩的现代化钢铁企业，同时把我国的钢铁生产技术、装备、工艺、产品结构提升到21世纪初的世界一流水平。一、二、三期工程的建设，使宝钢形成具有核心竞争力的基地。

冶金之困　技术之破

对当时中国钢铁工业来说，最辉煌的成就莫过于宝钢的崛起，宝钢的建设，使中国钢铁工业往前追了20年。

这是一场艰苦卓绝、历久弥坚的战斗。“当时还没有计算机画图，宝钢设计图都靠设计人员扑在木头搭建的画图板上，用铅笔和尺子一笔一笔画出来。”

按照邓小平“掌握新技术，要善于学习，更要善于创新”的指示精神，宝冶与宝钢一道，不懈创新，顽强拼搏，从一期全套引进，到二期自主集成，再到三期自主建设，30多年筚路蓝缕，推动了中国钢铁工业现代化的进程，实现了钢铁工程技术从落后、追赶到并肩、超越的历史性飞跃。

2000年以前，中国钢铁建设核心装备大部分从国外引进，2000年以后，中国的钢铁技术、装备和系统集成能力开始走出国门，在中央供给侧结构性改革的指引下，中国的钢铁也迈向高质量发展……

宝钢一期工程几乎是全套引进，而二期工程有别于一期的就是坚决贯彻邓小平“掌握新技术，要善于学习，更要善于创新”的指示精神，在自主集成上跨上了一个新的台阶。而宝钢三号高炉，就是一个典型代表。宝钢三号高炉容积4350立方米，1991年7月开工建设，1994年9月竣工，不仅是我国当时最大高炉，也是当时世界在建的最大高炉。在一至三号高炉建设中，三号高炉实现了建设速度、设备制造和施工技术的三大突破。特别是三号高炉的设备和工艺结构95%由国内制造，其中一万多吨高难度的非标设备和工艺钢结构由宝冶人自行加工制造，实现了“零”的突破，令国内设备制造行业惊叹。

而一期工程施工新技术获得的1989年“国家科技进步特等奖”，整个一期工程和二期的冷轧、热轧、连铸工程获得的国家质量奖金质奖，便是宝钢一二期工程建设成果的集中体现。

宝钢工程建设成功地采用了现代施工技术和现代工程管理，使我国的工业建设施工技术水平一跃而达到国际同类水平。在国内首先采用大规模机械化施工，动用17000多台施工机械，从水下到水上，从地下到高空，进行立体化作业，机械化施工率达到96.8%。在工程建设中，大量引进和消化采用了国外先进的施工新技术，使我国的工业建设施工技术水平一跃而达到国际同类水平。其中软弱地基处理、混凝土工程技术、钢结构及焊接技术，达到当时国际同类工程 80 年代初的水平。

钢铁之师　高炉之王

钢铁是工业的面包，是国之脊梁，世界舞台正展现着日益磅礴的中国钢铁力量。

改革开放以来，中国钢铁工业取得举世瞩目的成就，宝冶人不仅见证了中国钢铁技术的迅猛发展，也通过改革开放的窗口，参与国际竞争，开展自主创新，形成了代表国家水平的钢铁全流程系统集成能力、覆盖八大部位 19 个单元的核心技术、无可替代的全产业链整合优势和面向未来，引领产业结构调整、转型升级的服务能力，引领中国冶金迈向更高水平、迈向世界。

高炉建设是体现冶金建筑水平的一个重要标志。高炉建设施工是宝冶集团的传统优势。早在 20 世纪，宝冶人就以高炉建设的非凡实力和非凡业绩而著称于世。进入 21 世纪，“高炉王”风采不减当年，创新依旧辉煌，更以大高炉建设短工期、高科技、低成本、低碳环保的不断追求，成为特大型高炉建设始终保持领先优势达到国际先进水平的一流企业。

厚积薄发，选择发展新突破。在高炉建设施工中，在数量和质量上在行业始终堪称“排头”，创出了许多纪录。1985 年，宝冶人建设的当时国内容积最大的宝钢一号高炉，高炉本体和热风炉焊接横缝和立缝一次合格率均超过当时日本大分厂水平；高炉两台超大型同步电动机驱动鼓风机轴承温度和机体膨胀都在规定值以内，振动值只有 4 微米，远优于当时世界同类鼓风机振动值 20 微米的世界水平。虽有深厚积累和光辉的业绩，仍在不断寻求新突破。从钢铁大国向钢铁强国跨越中，不断加快钢铁产业升级步伐，节能型、环保型、高效率的大型高炉逐步替代高能耗、高污染、低效率的小型高炉，快速建造与大修还可推动整个产业升级向低碳环保发展。对于高炉大修短期化施工，宝钢曾与国外大型钢铁企业接触过，打算在宝钢二号高炉大修中采用他们的技术，可是要价太高，条件苛刻，只允许一次性用于一个项目。为了不受制于人，业主决定选择自主开发。响应业主的要求以高炉短期快速大修这个宝钢业主极为重视和支持的关键项目，同时也是国家立项、财政部支持的超高、超重、超大设备（结构）安装新技术中的攻关重大项目，定下目标，以科技创新为驱动，以宝钢二号高炉的拆除与重建为载体，与宝钢联手，攻克重重难关，采用新技术，首战告捷，仅用 98 天完成施工任务。打破了发达国家在大型高炉短期化建设领域的垄断地位，首开我国特大型高炉短期化大修的先河。后又在宝钢一号高炉大修和重建中，创出 78 天震惊业界的行业“神话”。

创新施工，咬定世界新一流。宝冶在不断取得突破的实践中体会到，科技创新的重大项目一定要咬定世界先进水平，起点要高，后来要居上，外国人创造的纪录要努力赶超。当然这个赶超依托的是企业的整体实力。在人才队伍上，有不同层级、不同专长的各类有关人才的集聚，形成了高炉建设整体团队强大实力。科技创新主要围绕举足轻重的技术来进行。如炉体气垫运输技术，是整个短期化施工技术的关键核心技术。这项技术在中国是空白，即使出钱国外也不肯卖。和宝钢咬定这个空白进行有效攻关，对总重量达2800吨下部炉体时采用实施气垫运输方案进行整体安装。在模拟开发成功后，又开始进行现场安装实践。首次运用时，气垫运输和滑移安装几进几出仍没能安装就位，与业主、设计院共同研究找原因寻求解决办法，改进方式，采用新的技术措施，很快气垫运输和滑移安装终于获得成功。其中核心的技术高炉炉体运输技术、高炉基础切割、充填技术分别申请了国家专利并获授权。这套技术填补了我国特大型高炉短期化大修的空白，达到国际先进水平。

技术整合，突出集群新优势。建筑施工与工厂化流水作业不同，施工现场技术的多样性、现场的复杂性、管理的特殊性决定了科技创新要进行多方面的集群化整合作保障，包括高炉基础施工、炉体制造、耐材砌筑、机电安装调试等。对此，通过集群化创新，形成企业在这个领域持久的竞争优势，形成企业的专有的领先的技术，形成难以复制和模仿的竞争力。他们将一些已形成优势的具有纵向、横向或互补联系的技术协同攻关，沿着高炉快速施工科技和产业价值链整合集结为综合体系，现已逐步达到该项技术集群化。如完成特大型高炉短期化大修300余项工程技术试验研究，成功地开发出一套完整的“特大型高炉短期化大修成套技术”。各种围绕高炉快速施工技术的由单一到系列化，由中低端向高端的提升，最后向具有竞争力核心技术突破。同时还引进先进的管理软件，针对快速大修的特点，借助先进的计算机软件编制详细的分级网络进度计划，综合控制进度以天为控制单元，工序一级网络进度以小时为控制单位，使科技创新集群与管理集群达到高度融合。

顺应潮流，追求低碳新环保。冶金建设施工低碳环保的任务十分艰巨，高炉大修工程拆旧建新要做大低碳环保绿色施工更为不易，却始终在这方面进行探索，在低碳环保施工方面形成创新的新的亮点。模块化施工在发达国家应用比较普遍，中国也在海上钻井平台和核电站建设中采用，是一种现代化建筑产品标准化施工的方式。在大型高炉大修施工中，采取先进的模块化施工方式，将部件最大预组装模块化，将现场作业工厂化。通过大型高炉许多部件、数百吨、数千吨部件安装工作前移到预组装中，减少了在现场复杂的作业条件下进行立体的空中拼装、散装，避免了种种风险和不利因素。将模块化施工大规模用于冶金建设是一种创新，这对行业提升低碳环保的绿色施工是个有力的促进。

2020年，全球钢铁冶金市场的占有率预计由60%上升到80%，巨大的新市场机遇和转型升级的新需求。作为引领中国从钢铁大国向钢铁强国迈进的“推进者”、钢铁强国梦的“守护者”、冶金装备和产能合作走出去的“主导者”，宝冶人把主要精力聚焦到冶金核心主业上再拔尖、再拔高、再创业，发挥独占鳌头的核心技术、持续不断的革新创新能力和无可替代的冶金全产业链整合优势，打造世界第一冶金工程建设运营服务国家队，做具有全球竞争力的世界一流企业。

日出东方，一代一代的宝冶人用勤劳与智慧书写着冶建史上的气韵华章。风雷动，九州同，万般辛苦，延续传承，倾心竭力，盛誉长存。万千世界任点缀，做品质工程树优质品牌，宝冶人有如利剑出鞘，剑指苍穹！

包钢：塞北草原熔铸钢铁之脊

钢铁铸就国魂。从新中国成立到全面进入新时代，一路走来，中冶东方（包院）亲历并见证了共和国钢铁从无到有、升级换代、创造“中国速度”的光辉历程。

一、从无到有，助力钢铁蓬勃新生

1950年，伟大的新中国刚刚成立，一穷二白、百废待兴，恢复国民经济，是当时的首要任务。中央人民政府财经委员会组织了地质工作人员赴祖国塞北的白云鄂博勘探铁矿，决定在其南部的包头兴建包头钢铁基地。

经过了1950年到1952年的三年恢复期，我国的国民经济有了较大的发展，通过我们自己的努力，加上当时的苏联和其他友好国家的支援，国家工业已初具规模，在国家“一五”期间建设的156个重点项目中，建设包钢成为其中之一。

包钢的总体初步设计由苏联黑色冶金工业部国立冶金工厂设计院列宁格勒分院等单位承担，1955年由苏联完成了共88项的初步设计；同时在东北，鞍山黑色冶金设计总院（包头钢铁设计研究总院前身）开始着手包钢设计管理的准备工作。1955年，鞍山黑色冶金设计总院与鞍山钢铁建设公司包钢建设筹备处合作，编制并分别提出了包钢建设施工附属企业设计计划任务书草案，重工业部在同年11月组织批准了该任务书。

1956年年初，冶金工业部将鞍山黑色冶金设计总院迁入北京，成立北京黑色冶金设计总院后，负责包钢建设的专家们迅速完成了包钢的初步设计，并在当年上半年完成了全部施工设计一并交付施工。

尽管包钢的总体设计由苏联承担，但随着工程建设的展开，建设包钢需要一支长期驻守、能打硬仗的设计团队，配合完成部分配套设计和国外设计的管理，北京黑色冶金设计总院向原冶金工业部提出在包头成立设计分院，由史星三任院长，并从全国各地选派优秀的设计专家前往西北塞外援建包钢，这也是中冶东方的前身，包头钢铁设计研究总院（简称包院）最初的队伍。

1957年9月，冶金工业部将包头钢铁公司、包头冶金建筑总公司和包头设计分院三家单位合并。当年的初冬时节，455名来自祖国各地的新中国钢铁工业建设的开拓者们满怀激情，顶着凛冽的寒风分批抵达，他们当中年龄最小的仅16岁，最大的46岁，从此开始了包院人在一片荒原上描绘宏伟蓝图的壮举。他们迅速展开了包钢冶金工厂部分国内配套施工设计，辅助国外设计管理并修改补充；同时，设计人员进入现场监督、组织施工工作。

1958年起，包院人按照苏联提供的施工图开始建设包钢炼铁厂，同年4月包钢1号高炉破土动工，满腔热血的设计人们，在四、五月份顶着茫茫黄沙，成群结队的徒步往返包钢现场，满是灰尘的书包里面，时刻都装着绘图板、丁字尺、三角板和铅笔；在简陋的办公室里，常常爆发出激烈的讨论，甚至为了一些技术问题的处理方式争得面红耳赤。就是靠着这股韧劲，包院人在困境中求发展、在摸索中求真知，妥善地完成了对国外设计的修改以及碾泥机室、铁水罐修理库、铸铁机室、高炉本体炭砖等设计，并与参建单位和生产人员密切配合，迎着那经年不断的西北风，坚持奋战在建设一线。

功夫不负有心人，1959 年 9 月 7 日，包钢 1 号高炉开始烘炉，24 日高炉上斜，26 日凌晨 5 时 50 分，赤红滚烫的第一炉铁水汩汩流出。1959 年 10 月 15 日，在 5000 余名参建人员的见证下，周恩来总理拿起剪刀的那一刻，标志着包钢 1 号高炉提前 1 年建成投产，也标志着中冶东方（包院）历史上设计水平和能力的首次质的飞跃。

从 1953 年筹建到 1959 年投产，不到 6 年的时间，从无到有的质变，包院人呕心沥血，助力包钢完成出铁目标，被当时的《冶金报》赞为“创造世界纪录”。包院人没有停下脚步，他们潜心钻研工艺，并根据实际条件不断创新，又相继为包钢设计出国内第一座 φ400 无缝轧管车间和轨梁车间，并设计参建了第一台国产化的大型轧钢机和当时最大跨度的冶金厂房。

二、升级换代，合创包钢强盛基石

历史的巨轮不断向前，包院的设计水平也从稚嫩不断走向成熟。20

世纪90年代，包钢吹响了二次创业的号角，这时的包院人明白，这将是一场必须要打赢“硬仗”：包钢3号高炉改造和包钢4号高炉的新建。尤其是包钢4号高炉，这是“八五”期间，包院为包钢设计兴建的其建厂史上规模最大、技术最新、难度最大的一座现代化系统工程。

包院通过多年工程经验中的不断探索，逐步形成了独特的“矮胖炉型”高炉设计风格，4号高炉即在此基础上设计而成；同时，炉体还采用了当时国内外最先进的框架自立式结构，并引进美国热压小炭块加国产陶瓷垫的长寿炉底炉缸内衬，板壁结合的炉身冷却结构并在炉身炉腹部分采用部分铜冷却壁，有效容积达2200立方米，扩容余量达2500立方米；炉顶采用“PW”型并罐无料钟设备；在高炉控制上，采用了两级三电一体化控制系统，设有数学模型，数据处理及炉衬测厚，炉身热负荷监测等，是当时较为先进的控制系统。

建设的过程是艰苦而漫长的。在1993年的盛夏时节，包院的设计人顶烈日斗酷暑，与中国二冶等十余个参建单位一起，日夜奋战在施工一线，从土建到安装，从初春到严冬，仅用了2年半的时间，就全面完成了计划4年才能完成的任务，成为当时全国建设速度最快的高炉，被冶金工业部评为“优质样板工程”。这是包钢技术装备水平的再升级，也是包院设计能力不断提升的又一座里程碑。

三、“中国速度”，彰显钢铁时代强音

新的纪元开启，时代正召唤着勇搏潮头的设计人。包钢作为中冶东

方长达半个世纪的合作伙伴客观上也需要转型发展更进一步。

包钢是国内较为典型的综合钢铁产品生产基地，生产产品的种类较多较全面。而正因产品种类繁多，没有较为典型独特的“拳头”产品，成为了其发展的掣肘，亟需在优势产品上做文章。

时为包院的中冶东方针对包钢的情况进行了全面分析和市场调研，从根源入手，为包钢制定了多套钢铁产品发展规划方案。

首个规划在 2000 年得以实现：时为包院的中冶东方设计了包钢具有国内外先进水平的包钢年产 420 万吨二炼钢系统，为包钢下游轧钢工序供应着优质钢水；同年设计了包钢 ϕ180 年产 20 万吨无缝连轧管生产线和 ϕ400、ϕ460 等无缝生产线，热处理线的改造升级，使包钢一跃成为我国无缝钢管最早规模最大覆盖最广的无缝生产基地。

2004 年 12 月 21 日，包头院分离式改制后的中冶东方工程技术有限公司在青岛注册成立，中冶东方以最佳人员配置和优良资产“轻装上阵”，吹响了聚焦“大客户”的集结号，开启了服务包钢的新篇章。

CSP 是簿板坯连铸连轧技术之一，是当今冶金界的一项前沿技术，具有流程紧凑、投资少、能耗低等优势。中冶东方潜心钻研该项技术，并通过设计咨询的方式向包钢集团推介，包钢集团很快即采纳了建设该项目的建议。2005 年，中冶东方设计建成了包钢 1700mm CSP 薄板厂及年产 130 万吨现代化冷轧厂，投产快、品种开发好、产品质量高、市场影响力大，已成为 CSP 全球标杆生产线和培训基地，多家业内企业选择来此实习培训。

路桥上，一根根钢轨飞架南北，联通起一座座城市。京沪高铁、京广高铁、青藏铁路……为享誉世界的“中国车”加持“中国速度”。而这近20000公里的钢铁“直道”，有一半来自包钢，来自中冶东方设计的两条百米高速钢轨生产线，成绩的取得来之不易。

90年代末，中冶东方就开始与包钢展开调研，论证兴建高速铁路钢轨生产线的可行性。至2003年，中冶东方全面完成了设计工作，2005年全线投产。这是中冶东方设计出的第一条包钢轨梁1#百米长尺高速钢轨生产线，采用了当代最先进的“2+3”轧制工艺，生产工艺灵活，产品尺寸精度高，百米长尺钢轨精整工艺先进，百米长尺高速钢轨挑出率为同行业最高，该工程于2007年荣获冶金行业优秀设计二等奖、产品获全国质量金杯奖；2014年，中冶东方再度设计出包钢轨梁2#百米长尺高速钢轨生产线（含百米长尺高速钢轨在线全长淬火线），拥有在线百米长尺钢轨水雾冷却淬火系统，该工程于2016年荣获冶金行业优秀设计一等奖，部分核心设备又先后荣获中冶集团、青岛市科技进步二等奖。该生产线的投产，使包钢一跃成为世界上最大的百米高速钢轨生产基地。

2010年后，包钢集团开启了三体系500万吨建设的新篇章。中冶东方承担了前期总体规划设计，并聚焦城市钢厂节能环保领域，以EPC总包模式建设了220kV总降、给排水设施、煤气柜及煤气净化设施，以及水渣处理等大型公辅配套设施。

六十载春华秋实，一甲子铸就伟业。中冶东方（包院）人不忘初心、砥砺前行。助力包钢从无到有不断发展壮大，至今已发展成为中国西部最大的钢铁联合基地，并以其独特的产品结构具有重要战略意义，展现了新时代钢铁工业的“中国力量”。

六十载峥嵘岁月，一甲子筑梦钢铁。中冶东方在祖国版图的正北方，书写了塞外钢城的不朽传奇，一代代中冶东方（包院）人用智慧与青春，推动着中国钢铁工业的不断发展前行、不断焕发出新的光彩，在塞北苍茫的草原上铸就了钢铁般屹立的脊梁。

湛龙出南海

——宝钢湛江钢铁基地建设争朝夕铸精品

坐落于中国大陆最南端雷州半岛东部的东海岛，从高空俯瞰，湛江犹如一只展翅的海鸥，翱翔展翅在辽阔浩瀚的南中国海万顷碧波之上。在这个近492平方公里的中国第五大岛上，一条钢铁巨龙腾跃而起，一座崭新的现代化绿色钢城赫然耸立——宝钢湛钢基地（简称湛钢）以“巨无霸”级别的雄伟壮阔昭示中国钢铁产业迈进新一轮发展新时代，这一载入中国钢铁工业发展史上具有里程碑意义的大事件，再一次见证宝冶与宝钢同舟共济、相伴成长、砥砺前行。

1978年，冶金部开始在广东省布点规划，并把湛江作为钢铁厂选址的主要对象。从此，湛江人开启了近40年的钢铁寻梦之旅，跨越了中国改革开放整个历程。2012年5月，国家发改委核准湛钢基地项目并开工，随着2016年7月二号高炉成功点火，湛钢正式投产，中国冶金建设“国家队”、中国钢铁建设的开拓者和主力军——在四年零两个月的时间里，基本完成湛钢一期工程建设，湛钢全面进入试生产阶段，形成年产铁水823万吨、钢水892.8万吨的规模能力，再次创造中国乃至全世界的冶金建设史上罕见的建设速度。

当年，就在中冶集团集结重兵建设的宝钢湛江钢铁工程，上海宝冶承担的标段达12个。无论总规模量、分项工程数量均为参战单位之最。上海宝冶担子不可谓不重，责任不可谓不大，压力不可谓不轻。在工程建设中处处体现了“争朝夕，一刻不耽误”“铸精品一点不马虎”的团队文化和企业实力，展现了企业能征善战的亮丽风采。

与蓝天为伴 与碧海同行

党的十九大报告指出：“建设生态文明是中华民族永续发展的千年大计，必须树立和践行绿水青山就是金山银山的理念；坚定走生产发展、生活富裕、生态良好的文明发展道路。”

钢铁行业同火电、煤炭、化工等16类行业被环保部列为重污染行业。一个千万吨级的钢铁项目会对湛江优良的生态自然环境造成什么影响？湛江明天的碧海蓝天是否依旧？答案是明确和肯定的。

2014年《新环保法》颁布，湛钢成为第一家迈过这个“史上最严苛”门槛的钢铁制造基地。根据宝钢需求，宝冶人勇于担当，不负众望，致力于绿色钢厂的打造。自2016年7月湛钢基本完成一期工程建设已走过了两年的光阴。正常生产下，厂区上空依旧是蓝天白云，风中带有海的气息。如今的东海岛，阳光、沙滩、海水、红树林美丽依然，以参观钢铁及港区为主的考察旅游也成为东海岛旅游的一部分，吸引四面八方的游客。

来到湛钢基地的西北角，两座蓝白相间、圆形穹顶的巨型“蒙古包”就是湛钢“D型”煤场，成功实现了“用煤不见煤、用矿不见矿、运料不见料”的绿色清洁生产。这个全球领先的绿色环保智能化的原料场由上海宝冶负责施工，封闭式环保原料储存技术、低能耗粉尘治理技术、清洁化生产系列技术、固废回收和综合利用技术、全行业首次成功研发应用的原料物流仿真分析技术、智能化环保原料场技术等系列先进技术在本项目中的成功应用，为打造工程投资最省、运营成本最低、环保与社会效益最佳的多赢标杆示范工程项目发挥显著作用。

挥洒激情　谱写着举世精品篇章

宝钢人意瞩高端，于立项之初就确定要建设一座现代化、生态化、高技术、高效益的碳钢板材精品基地。使命在肩，宝冶人不能只交合格答卷，必须交出优异答卷。

2012 年 5 月 31 日，湛钢项目在东海岛正式动工。那时的东海岛还是一块待开发的土地，低矮陈旧的沿海村落，荒无人烟的沿海滩涂。工程建设初期，条件极其艰苦，所有的一切几乎都是从零开始。面对问题绝不退缩，面对困难尽锐出战。此后的东海岛上，1 千多个日日夜夜里，建设大军汇聚于此，迎晨曦、送晚霞，大海的湛蓝与悦动的中冶蓝色交相辉映，成千上万的工程机械彻夜轰鸣、“咣、咣、咣”的打桩声此起彼伏，在这里尽情挥洒激情与汗水的宝冶人已经奏响湛钢序曲，只待湛钢崛起之美梦成真。

速度，对业主意味着成本，对施工单位则是效率、技术和服务最直观的体现。在湛钢四年多的建设历程中，宝冶人以“一天也不耽误、一天也不懈怠”的奋发姿态，同时间赛跑，同各种自然灾害天气争分夺秒。

2015 年 9 月 25 日，宝冶施工的世界在建的最大钢铁项目湛钢一号高炉顺利点火投产，提前工期三个月，这是宝冶人用两年时间创造出的世界钢铁工业奇迹，向世界展现了中国钢铁业界的最高能力和国家改革开放带来的巨大成果。

2016 年 7 月 15 日，湛钢又迎来一个重要的关键节点——宝冶承建的二号高炉胜利点火试生产，比原计划提前了整整 60 天，预示着湛钢已经具备年产千万吨钢的能力，湛钢的试生产经营步入一个全新的加速阶段。宝冶又绝无仅有地承担了两座容积 5050 立方米特大高炉建设，其中 1 号高炉计划 2015 年 11 月投产，2 号高炉计划 2016 年 9 月投产，任务艰巨而又光荣。湛钢 1、2 号高炉最大限度实现了高炉的工艺及技术、设备的自主设计和集成。高炉总体工艺技术和装备水平高于目前国内高炉的现有水平，国产化装备比例超过国内同类型高炉。

“艰难困苦，玉汝于成”。年轻的湛钢，已经迈开崭新的步伐，一幅风生水起、蹄疾步稳的湛钢腾飞蓝图跃然可见；行进在新时代最前列、勇当新征程尖兵的宝冶人，激昂地踏着新时代的鼓点与旋律，续写新的传奇篇章。

越南河静钢铁：在世界舞台奏响冶金建设最强音

在越南河静省永安经济区，坐落着迄今为止中国在海外承建的最大钢铁项目——台塑越南河静钢铁厂。建成后不仅将成为东协自由贸易区内最大的钢铁厂，也将成为东南亚乃至世界钢铁建设与运营的样板工程。

面对“一带一路”带来的历史性机遇和广阔的市场空间，台塑河静钢铁项目不仅为上海宝冶打造全球最大最强最优冶金建设运营服务“国家队”书写崭新篇章，是中国国家战略和世界经济深度融合的一次拥抱，更是“一带一路”上最动人的交响乐！

由上海宝冶承建的越南台塑河静钢铁炼钢项目自 2013 年 7 月 4 日开工，历经各种艰难曲折，炼钢厂于 2016 年 6 月全面投产。

三年来，上海宝冶项目建设团队在越南见证了这片土地上每一天的变化，钢结构厂房一天天长大，管道和电缆桥架不断延伸，设备和仪表逐步就位。

三年来，宝冶人在中冶集团做冶金建设国家队的伟大征程中，经受住了 5・14 暴乱事件的考验，承受了高温和雨季的肆虐，克服了语言障碍和理念碰撞，解决了物资供应和作业资源匮乏等诸多难题，上上下下一盘棋，在“一带一路”建设中充分展现了央企的风范。

亮剑海外：实力与梦想的交映

作为越南迄今为止最大的外资项目，台塑河静钢铁建成后将成为越南乃至东南亚最大的钢铁基地。而炼钢工程是台塑河静钢铁基地最大的施工总承包工程之一，也是宝冶有史以来所承建的最大海外冶金工程。

宝冶承建的炼钢转炉和炼钢连铸项目，是冶金项目中相对较难的工程，设备安装难度大，需要各专业相互配合，交叉施工，从钢结构开始安装到汽化系统设备、上投料设备安装，都是根据结构进度穿插进行的，其中连铸区域的大包回转台为整个连铸单件最重设备，重约 67 吨。为了完成项目任务，组建了最优秀的团队，积极运用建筑信息模型（BIM）技术和基于 BIM 技术的 4D 项目管理，并多次组织大干 90 天、大干 60 天劳动竞赛，充分激发全体项目员工的积极性与创造性，把大家的智慧与力量拧成一股绳，以“超越自我敢为人先”的精神，创造了单月浇筑混凝土超过 10000 立方米、高峰期钢结构吊装月均完成超 10000 吨、屋面墙皮彩钢瓦安装日均完成达 3000 平方米等多项施工速度，为河静炼钢工程交上了一份份骄人的成绩单。

河静炼钢厂一期新建项目有炼钢转炉和炼钢连铸两部分，转炉工程包括 300 吨脱磷转炉 1 套、300 吨脱碳转炉 2 套、RH 炉 2 套、双工位 LF 炉 1 套、吹氩站 1 套；连铸工程包括 8 流小方坯连铸机 1 套、6 流大方坯连铸机 1 套、2 流板坯连铸机 2 套。工程量就拿大家都熟悉的鸟巢做对比，鸟巢的建筑面积25.8万平方米，整个炼钢厂主厂房建筑面积21万平方米；鸟巢总用钢量约为11万吨，混凝土浇筑量约18万立方米，而炼钢厂钢结构工程量15万吨，混凝土工程量更是达到58万立方米，是目前国际上最大的双高跨炼钢厂房。其结构类型为全钢结构多层框架和单层多跨结构加彩钢瓦围护结构，最高9层，达74米；彩钢瓦工程量为49万平方米，相当于68个足球场；设备安装工程达31000吨、行车安装11000吨、单台起重量480吨（家用小汽车平均重量按2吨计算，它可以一次吊起140辆），电缆敷设工程量达2800千米。

一串串数字代表着一个个专业、一个个区域、一个个节点，劳动竞赛活动将这些散落的点、线、面串起来，变成实实在在的厂房，梦想终就成真。

2014年开年后，宝冶人立即组织大干90天劳动竞赛，推动了桩基工程、基础工程进度。尽管当年5·14暴乱事件给整个项目建设带来极大影响，但宝冶人积极、沉着应对，将损失和影响降到最低。8月复工后，迅速形成大干局面，现场形象明显改观。

进入2015年后，劳动竞赛更是热火朝天，频频掀起施工高潮。2015年2月28日召开大干60天劳动竞赛动员大会，设立70个关键节点，5月又组织了第二个大干60天，加大马力，全速推进工程建设。

敢为人先：管理与创新的交融

上海宝冶“超越自我　敢为人先”的企业精神在越南河静炼钢项目

上得到充分的展现。

BIM 技术和基于 BIM 技术的 4D 项目管理使施工如虎添翼。宝冶在河静项目配置了 BIM 专业团队，以服务器作为数据库终端，并配备专业图形工作站。团队基于 REVIT 平台创建多专业模型并整合多专业模型进行深化设计，如土建、钢结构、管道和电器各专业协同建模，模型碰撞检查，协同修改方案。技术人员对一部分方案采用先建模再出图的方式，相比之前 AUTOCAD 直接出图节省了大量的时间。通过“读图 + 建模”“设计方案 +BIM 建模 + 优化协同设计 + 出图”的工作模式，每个技术员对分管片区图纸更加熟悉，很多设计问题提前暴露，方案设计更加全面完善，后续的相关技术服务变得轻松易行。由于模型具有直观易懂的特点，技术人员拿模型给施工作业人员交底，方便查看全场的工程结构，理解不同结构体之间的空间关系，为施工创造了良好条件。BIM 技术的深化应用使河静项目的模型数据库越来越丰富，不断丰富的模型数据库给项目建设带来了更多便利。

越南河静炼钢工程地处热带雨林气候，全年有 8 个月为雨季，对管道焊接影响极大。炼钢连铸工程管道有 12000 吨，这么大的量在现场制作安装一般需要 8 个月时间，而且高空作业增大了危险系数，为此，宝冶人自行开发了专用软件，在国内设置“BIM 技术管道预制加工厂”，从而将原本应在越南施工现场进行施工的管道制作，全部放在国内进行预制生产，解决了综合管网分段、材料精确统计、焊工和焊缝信息录入等问题，只用了 4 个月时间完成全部管道的制作安装任务。现场焊接量减少 45%，材料节约 3%，充分体现了绿色环保施工的理念。

勇于担当：骨子里流淌的敬业忠诚

踏出国门的那一天起，虽然知道未来的路充满了艰险，但只要心往一处想，力往一处使，就一定能战胜任何困难。对党和国家事业的忠诚，绝不是口头上的作秀，而是无条件的、熔铸于骨子里的信念忠诚、激情澎湃的热血忠诚、干事担当的行动忠诚。

台塑河静项目位于越南中北部的河静省奇英县，是一块千百年来一直沉睡着的海滨滩涂。受特殊地理环境影响，这里常年酷热难耐，尤其在四至六月“老挝风”肆虐的时候，一早起来就是“蒸桑拿”，就算栖身树荫仍然汗流浃背；而到秋季，南海东部狂飙而来的台风，又会无情地摧残一切阻挡物。尤其是2013年，项目厂区连续遭遇两场强台风袭击，狂风暴雨不断，整个基地处于汪洋之中，当时厂区里抽水机的马达轰鸣从未停歇过。

与恶劣环境相伴的，还有物资匮乏、交通落后，这样的工作环境，对于项目本身及施工人员来说，都是严峻的考验。

就在众志成城地投身于河静钢厂建设时，一场突如其来的5·14暴乱事件爆发了，对于亲身经历那场事件的宝冶人来说，那是一生刻骨铭心、难以摆脱的悲剧梦魇。

5·14暴乱事件后，台塑曾反复地恳请承诺，希望继续建设，事实上，彼时暴乱撕裂的伤口并未愈合，曾经繁华的街道上人影稀疏、满目萧瑟。于是，2014年6月，鉴于台塑钢铁建设事业的大局，宝冶人踏着 5 · 14 暴乱事件未曾消散的余波再赴征程。项目施工从点点滴滴开始逐渐走上轨道。这个过程同样充满着风险，劫后的台塑钢铁建设现场，队伍基本稳定，施工进度也按照台塑调整后的计划网络有序推进……一个个单体的顺利完成，一座座工程的耸然矗立，宝冶人的担当精神在此刻体现得淋漓尽致。

2017 年的 5 月 29 日，就在端午节的前一天，越南河静钢铁厂迎来了激动人心的一刻，经过暴风雨的考验，一号高炉举行点火仪式，当第一炉铁水奔涌而出、火花四溅的那一刻，不只是河静钢铁厂建成投产的标志，更树立了中国冶金技术出海的里程碑。

“走在前面”“做别人做不到的事”是长久以来上海宝冶对自己的要求，宝冶人亮剑海外铸精品工程，在“一带一路”建设中书写了新的传奇！

马来西亚关丹钢铁：落地生根在“一带一路”上的闪亮“明珠”

2018年8月16日，上海宝冶施工的350万吨联合钢铁项目炼铁工程二号高炉点火试生产，标志着历经近两年的艰苦奋战，由中马两国合作共建的马来西亚最先进的钢铁联合企业全线贯通，标志着“一带一路”钢铁工程建设再结硕果。

自2012年，中马两国总理亲自推动、两国政府合作共建马中关丹产业园区，与中马钦州产业园一起，成为世界上首个互相在对方建设产业园区的姊妹区。马来西亚联合钢铁项目是首个入园项目。该项目不仅是马来西亚政府重点引进项目，也是我国实现国际产能合作的重大项目，是中马两国在“一带一路”开展产能合作的创新探索，对于推动中马双边经济贸易，落实“一带一路”建设具有显著的示范效应。项目具有较大的成本优势，马来西亚政府将其作为淘汰当地高耗能、高成本、低产出的小钢厂、致力于加快现代钢铁行业发展的重要安排。作为马来西亚首个海外钢铁行业全流程项目，项目一期设计年产350万吨高端棒线材和H型钢，市场辐射东南亚及周边地区，建成后将成为“一带一路”最具竞争力的钢铁厂，带动上万人就业。

以中国速度推进“一带一路”建设

加快“一带一路”建设、推进国际产能和装备制造合作，是党中央、国务院统筹国内国际两个大局，构建全方位对外开放新格局所作出的重大战略决策。中冶集团积极响应“一带一路”倡议，紧紧抓住“一带一路”发展机遇期，加快国际市场布局，以“冶金标准 + 全产业链”的方式，大幅提高中冶在海外冶金的市场份额和品牌影响力。

自 2016 年 11 月起，宝冶在短时间集结大量的人、材、机等资源全力投入马来西亚联合钢铁建设。为“一带一路”建设一步一个脚印推进实施，一点一滴抓出成果，身体力行地见证着“中国速度”。马来西亚钢铁联合项目自原始森林拔地而起，蜕变成有产业工人簇拥的钢铁巨人。该地气候高温多雨，时常雨泄如注、工地如泽，形成一道披蓑戴笠的特殊风景。因海外工程的特殊性，有近三成的外籍员工语言不通，难以传递施工方法，增加了公司统一管理的难度。并且在施工过程中，遇到了海上物流速度不可控、空运价格高昂等运输问题，无法像国内一样调配设备资产；更毋须提技术上的难关，像几座大山压在每个人的肩上。宝冶人组织挑灯夜战，发挥“一天也不耽误，一天也不懈怠”朴实厚重的中冶精神，倒排工序，采用蹲点式把关，促使干部和群众一起坚守在现场。数千人十几个月没有回家，近八成员工自愿放弃一年两次的休假，秉持着舍小家为大家的精神共同见证着“钢铁巨人”的成长。在指挥部的组织下，这个沉寂的小城掀起拼抢一百天、冲刺六十天一波又一波的立功竞赛大干热潮，实施“5+2 白加黑”的管理模式，用雨水中泥泞的身体、烈日下流淌的汗水保住了每一个重要节点。

项目于 2016 年 11 月 21 日正式开工，2017 年 11 月 20 日 1 号高炉整体封顶，2018 年 2 月 8 日 1 号热风炉成功点火烘炉，3 月 22 日具备烘炉条件，3 月 26 日正式点火烘炉，5 月 17 日一号高炉点火试投产，8 月 16 日二号高炉点火试投产，共历时 21 个月，顺利建成马来西亚容积最大、工期最短、工艺最先进的两座高炉，用“中国速度”完成了马来西亚冶金史上的新奇迹。

关键技术自主可控

“一带一路”建设的发展能量和动力来自乘势而上的主动担当和积极作为。联合钢铁项目采用了钢铁全流程冶炼工艺，以及环保原料场、紧凑式“一罐制”、高效低耗高炉技术、直接轧制技术等先进环保技术，并通过设计带动核心技术、核心装备、项目管理、运营服务等冶金全产业链出口，为马来西亚钢铁绿色制造、智能制造贡献了具有竞争优势的“中国方案”。

马来西亚是一个种植业国家，重工业比重较小、相对落后，钢铁产业则主要集中在小型轧钢厂上，技术水平与自动化程度很低，亟待转型升级。联合钢铁入驻马中关丹产业园，对马来西亚经济建设和技术进步均有着重要的意义，作为马来西亚最大的钢企，和中国大陆在海外投资的第一个现代化全流程的综合性钢铁厂，是中国企业在海外首次采用全套中国标准和中国装备建造的联合钢厂，并首次实现全产业链“走出去”，在带动中国优质产能出口的同时，有助于促进马来西亚工业水平提升，实现合作共赢，受到中马两国政府和领导人的高度重视。

作为马来西亚首个海外钢铁行业全流程项目，具有炼铁工艺新、起点高、交错交叉多等特点，其工程量大、施工工期紧、单体工程多，高炉区域与热风炉区域、上料系统等施工场地布置紧凑，高炉本体的专业安装工序交叉配合极为复杂。其中整个炼铁工程场地十分紧张，工艺布置极为紧凑，马来西亚联合钢铁高炉工程钢结构安装量却达到21500余吨，管道安装量3200余吨，导致现场部分结构、管道吊装难度极大。尤其是高炉上料主通廊一号高炉上料主皮带Z1段，是起吊高度较高、单件重量最重、环境最为复杂，是东南亚冶金行业内吊装难度最大的结构。宝冶人积极寻求解决方案，首次在国外采用350吨履带吊和400吨履带吊进行双机抬吊，从技术方案入手对通廊吊装进行严密的策划，并首次在海外利用BIM技术，动画模拟Z1段吊装全过程，整个施工仅用5个小时就位，实现上料主皮带通廊全线贯通。

该工程混凝土体量高达17万立方米，需要持续施工，高炉炉基对于混凝土的要求较高，马来西亚当地水泥供应商搅拌站及从未有过大体积混凝土浇筑的经验。项目部在开工前期就对当地搅拌站及水泥供应商加以调研，并反复试验，最终根据当地实际情况，制作出相应的配合比，从材料到浇筑工艺上保证高炉炉基大体积混凝土的顺利浇筑，用精益求精的匠心与长时间施工的吃苦耐劳精神填补了海外工业项目大体积混凝土浇筑的空白。

助力马来西亚经济发展

联合钢铁所在地——关丹，西马东海岸最大的城市，面向南中国海，人口约 34 万人，这个曾经沉寂的小城，因为 30 公里外的联合钢铁项目全线贯通而不再沉寂，将从昔日的原始森林，蜕变成繁忙的钢铁生产线和热闹非凡的产业工人聚集地。

马来西亚重工业比重较小、相对落后，钢铁产业则主要集中在小型轧钢厂上，技术水平与自动化程度较低，亟待依托技术输入实现转型升级。联合钢铁的全线贯通将有助于马来西亚在合作中实现技术转移，有助于促进马来西亚工业水平提升，产生可观的经济效益，实现中马双方合作共赢，受到中马两国政府的高度重视。

联合钢铁项目总投资金额约 100 亿元人民币，设计年产棒线材和 H 型钢 350 万吨，直接经济贡献人民币约 140 亿元 / 年，投产后可培养各类专业技术人员约 3000 名，将带动周边配套的工业和服务业 10000 余人口就业，预期未来将吸引大批上下游企业，形成一个钢铁产业基地，促进当地经济发展。同时，可有效改善马来西亚钢材长期以来高度依赖国外进口的局面。

以和谐文化温暖驻外员工心灵

一个幸福的家，可以让人感到安全、温暖和强大的凝聚力。由于各国政治、宗教、文化差异大，且当地高湿度、高温度、雨季绵长，使初来乍到的国人易发红疹、肠胃不适等身体不适的情况。考虑到异国之苦，持续关爱海外员工，做细做优关爱举措，为员工做好生活与精神上的护航。首先，对员工家庭情况开展调研，构建档案，针对性开展关爱工作，安排专人做好出入境签证办理、机票定制、税务法律等服务，为员工解决后顾之忧；并加大对员工生活区的投入，保证工人能够在吃饭和休息上得到良好的环境保证。其次，开展专业技能培训、英语培训班等课程，提高驻外员工的职业素质，并多次举办篮球赛、徒步活动等丰富的文体活动。并以生日宴、传统节日慰问等形式让员工感受到国家的、企业的温暖，在遥遥千里之外感到一丝慰藉。

马来西亚联合钢铁项目的顺利实施，宝冶人带动“中国建造”走出国门，打造“一带一路”新标杆。在带动中国优质产能出口的同时，对落实“一带一路”建设具有显著的示范效应，有助于促进马来西亚钢铁业水平提升，身体力行地诠释“冶金建设国家队排头兵”的央企责任，为实现冶金主业“再拔尖、再拔高、再创业”，加强国际化布局再次迈出坚实一步。

精湛技艺独领风骚　大型公建绽放异彩

1998年，上海宝冶成为中冶集团的全资子公司。

在全球经济一体化的发展浪潮中，上海宝冶审时度势，以高瞻远瞩的眼光上下求索，在保持冶金建设国家队实力担当的同时砥砺前行，率先进入从冶金建设市场向建筑市场的转型发展期，并于2005年取得房屋建筑施工总承包特级资质，成为中冶集团首家双特级单位，总承包施工的第一个大型标志性公共建筑——厦门国际会展中心一期项目成为宝冶转型发展的里程碑。

凭借多年的积淀、传承和发展，上海宝冶在从计划经济转向市场经济的过程中，成功实现从冶金建设领域向民建领域的转型，建设足迹遍布全国各地，涉及各行各业。时至今日，上海宝冶以国内领先的建筑全产业链竞争优势，运用新技术，拓展新产业，聚焦大型公建、超高层、市政基础设施、主题公园、综合管廊、智慧城市、美丽乡村、投融资开发等领域，承建了诸多彰显现代建筑文明的标志性工程，综合实力位列“中国建筑业竞争力百强企业”前20强，企业发展不断焕发勃勃生机。

20年间，宝冶以上海为依托，全面参与全国各地各类关系国计民生的公共及民用建筑、市政、交通、新兴电子等工程建设，全力拓展非钢市场，逐步扭转工程承包主业高度依附于冶建市场的局面。特别是进沪四十年在宝钢建设和上海国际化大都市发展建设中，以全新的理念、广阔的视野、创新的精神，以长江般气势的企业发展融入了市场经济的大海。不仅在传统经济发展中，为中国成为世界第一钢铁生产大国作出了突出贡献，而且在现代经济发展，尤其是现代大型公共建筑建设中，如北京奥运“鸟巢”、上海世博建筑群、“一带一路”高峰论坛主会场、世界大学生运动会场馆、亚运会场馆、全运场馆等多项工程建设中大放异彩，向世界展示了中国建筑企业的雄厚实力。

世界级的“鸟巢”，宝冶人的永久自豪与骄傲

这是一个英雄辈出的时代，这是一个奇迹不断被创造的年代。2008北京奥运会标志性建筑——“鸟巢”，是一座承载中华儿女百年奥运梦想的建筑神话，也是奥运建筑史上具有里程碑意义的独特的历史性、标志性建筑，整个建设过程都成为世界瞩目的焦点。

而“鸟巢”工程建设作为史无前例的奥运建筑，理所当然载入上海宝冶奋勇前进的宏伟历史画卷，因为从来没有一个奥运工程像“鸟巢”一样，如此受人期待，如此受人关注，如此意义重大，令参与的建设者如此自豪！

在北京，就在“鸟巢”工程建设中，宝冶人荣耀地参与了奥运的历史，为提升中国钢结构技术水平作出了重要贡献，实现了自己的奥运梦。

奥运梦圆的地方

2008 年中国北京举办国际奥林匹克夏季运动会，这是人类文明的历史新时期轮回。经历了时代的风风雨雨，奥林匹克不仅仅是一项体育赛事，更是大家情感和热情的共同集中点。在同一个世界，有同一个梦

想，而身临其中的每一个人都有自己的奥运梦。这个梦不仅仅是参加竞技的运动员能有，所有的人无不想以各种方式直接或间接参与其中，于是有了志愿者，有了火炬手，有了圣火传递的种种活动。大家把“参与奥运，奉献奥运”作为一种美好的向往，把实现奥运作为一种美好追求。

作为建设者也有奥运梦，而最美的梦莫过于参与奥运建筑的工程建设。上海宝冶十多年来先后建设了汕头、威海、深圳、苏州、芜湖、台州、无锡等地许多体育运动场馆，并在以南京奥林匹克体育场为代表的工程中创造了许多中国的世界纪录。而中国北京举办 2008 年奥运会喜讯传来，宝冶人就开始了奥运场馆建设寻梦之旅。幸运往往是一种缘分。而这种缘分又往往带有必然性。因为象征宝冶建设实力与品牌的大跨度钢结构技术对丰富多彩的百年奥运建筑来说，具有极其特殊的意义。当现代奥运会来到具有悠久历史文化的中国时，机遇降临到有充分的准备者。面对想承担奥运建筑工程的众多强有力的对手，国家体育场“鸟巢”钢结构施工一半订单还是花落宝冶。国家体育馆“鸟巢”建设又给宝冶大跨度钢构技术提供了更大的展示平台和实践机会。

众所周知，宝冶在多年承建的 40 多个大型体育场馆和会展中心施工中进行不断摸索和技术实践，完成了具有世界先进水平国家级的大跨度空间网格钢结构设计制作、安装新技术开发项目。这是具有自主知识产权的真正意义上的原创性新型研发技术。而这项技术又生逢盛事，用其所用，被宝冶用到了精品“鸟巢”的建设上。其中的大截面、大跨度超重管桁架大面积高空散装技术，时变结构的跟踪分析模拟及自动建模技术，大空间结构稳定、抗震、抗风的数值模拟技术，新结构体系开发新型节点体系技术等都为宝冶建设打造“精品鸟巢”发挥了作用，这也是宝冶科技奥运理念实现自主创新实践的集中体现。

把顶级设计变为现实美景

“鸟巢”国家体育馆是不折不扣的世界级的顶级建筑产品。其建造理念一是“绿色奥运”，二是“科技奥运”，三是“人文奥运”，并采用了自主创新的环保、节能和新能源措施。国内和国外许多优秀的建筑技术和工艺成果都在这个工程中充分显示出来。特别是钢结构建筑的最新技术，最新材料，最新工艺的采用，集中体现了其设计和施工最高水平。正因如此，“鸟巢”工程的设计在美国《时代》周刊精选出的全世界 100 个最有影响力设计中，夺得建筑类最具影响力设计的桂冠。

而“鸟巢”的设计者雅克·赫佐格和皮埃尔·德梅隆被誉为瑞士富有远见的建筑师、实用主义理论家。他们与众不同的设计方案赋予建筑物无限的想象空间和精湛的艺术表现力。在“鸟巢”设计中，设计者用新潮的理念，注重视觉效果，以精确、富有创造性将幻想融入当代建筑学领域。对于其建筑思想，赫佐格主张：不盲从任何一个潮流，不遵循某种风格，而要根据不同的时空造就不同的建筑。德梅隆对“鸟巢”则阐述：“体育馆的整体结构富有表现力，不仅告诉人们入口在哪，还能让人产生丰富的联想，有人就形容它是鸟巢。实际上，我们还可以把它解释成中国建筑上的东西，如菱花隔断、有冰花纹的中国瓷器。”它是当代中国的建筑；它与中国文化有密切联系；并要成为“当代中国最令人瞩目的标志”。

毫无疑问，“鸟巢”的设计是世界大师级的。但再好的设计蓝图，也要通过建设者之手来实现。而要把世界顶级设计蓝图变为美丽的现实，需要的也是世界级的水平。尤其是对钢结构施工而言，用国家体育场项目部钢结构顾问、总工程师和总承包部顾问、中国工程设计大师刘树屯的话说：“它是目前国内外规模最大、结构最复杂、施工面临最大挑战的体育场工程。”就在这个工程中，宝冶建设者体现了超人的智慧和惊人的实干能力，把重重难关踩在了脚下。对卸载的难题，宝冶的施工人员采用机器人液压同步控制系统来进行。分别由多个区域控制器来进行集中监控，通过液压顶升滑移进行了严密的程序化控制。对超大巨型超重构件安装难题，建设者通过建模找出构件的重心，吊点的设置和吊装的加固措施做到安全性高、风险小。对高空吊装风荷载大和现场复杂情况，建设者对吊机定位还预选放样，在计算机中进行模拟操作，以保万无一失。对“鸟巢”施工的支撑塔架设置和拆除量大、难度大的课题，宝冶自行研制开发了“新型多功能可拆卸钢结构施工胎架”，既降低工程成本，又安全可靠，还减少了施工周期。对构件组装、拼装及安装过程中的测量定位难题，用全站仪等先进的测量仪器，保证了构件的轴线、标高和形状的准确性，保证空间定位的准确性。在“鸟巢”工程施工中，开发了超大钢结构件吊装综合技术、塔架与卸载技术等多项关键技术。宝冶建设者硬是在一场世界级的硬仗中，以业主肯定的高质量、快速度、保安全完成了“鸟巢”工程施工。把世界顶级的创意设计变成了现实中顶级的建筑产品。

值得一提的是，“鸟巢”不仅仅夺得世界建筑类最具影响力设计桂冠，还被列入2007年世界十大建筑奇迹，这也是从另一个角度上对“鸟巢”建造成功的高度评价。

建设者成为被零距离宣传的新闻对象

建设者被称为“无名英雄”，在工程建设中默默无闻，在工程建完后更无人知晓。媒体对建设者的采访与报道并不多见，但“鸟巢”是个例外。

人们在为“鸟巢”建筑叹为观止的同时，也对建造技术赞扬不已，进而把目光投向了“鸟巢”建筑的建设者。因为大家越来越认识到美轮美奂的奥运“鸟巢”建筑，是巅峰的建造技术的集中体现，这都离不开建设者的智慧和辛劳。“鸟巢”在建筑领域成为一座划时代的丰碑，是一曲凝固的乐章。而“鸟巢”的建设者成为一道美丽的风景线，成为一曲流动的乐章。

2008年2月底3月初，一周之内，国内知名媒体东方广播电台，还有《解放日报》记者专程来到宝冶进行零距离深入采访，了解“鸟巢”建筑施工，专题对工程先进性和建设者进行报道。3月5日，《解放日报》以《上海“铁鸟”衔“钢”筑“巢”，上海宝冶承担国家体育场馆结构安装工程》为题，介绍了宝冶以鲲鹏之志，创世纪之功建造“鸟巢”的事迹。报道开门见山说：“北京奥运会主体育场‘鸟巢’即将全部竣工。筑成这只造型奇特的钢‘鸟巢’，离不开众多心灵手巧的‘铁鸟’——施工单位的智慧。其中，上海宝冶圆满完成了东区钢结构工程的施工任务。”报道专门还详细介绍了“鸟巢”建造的艰难和建设者超人的技艺：“临时支撑搭架的卸载是一门大学问。由于它们承载着整个‘鸟巢’的巨大重压，无法一下子拆除。因此施工单位采用液压先进技术，通过计算机同步控制系统，保证整个卸载都同步进行。每次把‘鸟巢’顶起一点点，然后一层层抽去垫在‘鸟巢’和搭架之间的钢板，再让‘鸟巢’慢慢回到原点。这样的慢工细活，使 78 根塔架和‘鸟巢’脱离接触，塔架最终安全拆卸”。3 月 3 日的东方广播电台则在黄金时段的《990 早新闻》中，从知识产权提升竞争力的高度反映了“鸟巢”工程的中冶集团建设者的了不起。播音员以悦耳的声音动情地介绍说：“2008 年北京奥运会一天天临近，奥运会主体育场‘鸟巢’的建设者，宝冶的员工心情也越来越激动。作为‘鸟巢’钢结构安装工程的直接参建单位，凭借‘新型多功能可拆卸钢结构施工胎架’这样的自有知识产权技术，宝冶在众多竞争中脱颖而出。而独一无二的‘鸟巢’钢结构安全按时优质地安装成功，宝冶完全有信心迎接任何复杂钢结构建筑的挑战。”东方广播电台还对“鸟巢”的成功作了热情点评：“在‘鸟巢’钢结构工程中，宝冶成功地应用了‘新型多功能可拆卸钢结构施工胎架’等四项自有知识产权技术，正是这些专利技术使企业拥有了超群的竞争力。宝冶能在一个又一个重大工程建筑中相继获得成功，知识产权‘护航’功不可没。”并将宝冶“鸟巢”知识产权所取得的成就上升到上海城市竞争力来进行评价。

宝冶“鸟巢”工程建设者得到国内知名媒体的充分肯定，建设者、建设单位作为重要新闻对象被社会媒体重点密集宣传也是罕见的。

“双十大”谱写新纪录

上海宝冶建设的“鸟巢”工程，不仅仅是“难度”工程，而且还是形象工程。因为这个工程影响早就超越技术施工的层面，在施工过程中就成为社会关注的焦点。特别是宝冶承担的“鸟巢”卸载这一工程关键环节前所未有地得到社会公众的高度重视和关注，在一年里两次被评为“十大新闻”。

北京奥组委官方网站等媒体主办了“2006年度北京奥运十大新闻评选”，评选结果在北京的香格里拉饭店的专门仪式上揭晓，经过广大网民的票选，“中国政府高度重视奥运筹办工作”“‘鸟巢’钢结构完成卸载，场馆建设取得重大进展”等十条新闻最终被网民和专家评选为2006年度十大奥运新闻。依照投票，“鸟巢”工程排在第三位。对此，北京奥组委专家技术部部长杨义春自豪地对“‘鸟巢’钢结构完成卸载，场馆建设取得重大进展”的建设成就进行了动情的点评。他说：“关于‘鸟巢’钢结构工程顺利进展的新闻，应该说‘鸟巢’工程是奥运场馆投资最多、规模最大、技术含量最高，应该说也是建设难度最大的标志性的工程。‘鸟巢’工程的顺利进展应该说宣示了北京承办奥运的诚信、守诺，体现了我们国家持续增长的自主创新能力和综合实力，也是科技奥运理念的一次伟大实践。我相信如果到了2008年8月，我们当中的同志们、朋友们有幸坐在奥运会开闭幕式的座席上，我相信你一定会为‘鸟巢’的独特而赞叹，也一定会为奥运会有特色、高水平而自豪。”

“鸟巢”工程建设继列入 2006 年度北京奥运十大新闻后，紧跟着在建筑业的十大新闻评选中又上榜单。中国建筑业十大新闻评选强调有时代性、代表性、影响力、权威性，具体到工程更是强调是热点工程、重点工程，要有品牌效率；自主创新技术含量。而宝冶参建的北京奥运会主会场“鸟巢”被称为是极为复杂钢结构工程。在十大新闻的揭晓仪式上被领导和专家专门介绍，尤其是赞扬“鸟巢”钢结构卸载，誉为“是为钢结构工程自主创新的品牌谱写了中国建筑史上的新的一页”。

正是有了不断创新的追求，奋斗不息，磨剑不停。有几十年历史的宝冶宝刀不老，锋利无比，奥运工程，扬名天下。所承担的奥运北京国家体育场“鸟巢”工程和奥运北京五棵松体育中心体育馆（篮球馆）钢结构工程双双获得中国钢结构工程最高奖项——中国建筑钢结构金奖。

宝冶人奥运史上永远的自豪与骄傲

举办 2008 年夏季奥林匹克运动会是具有悠久历史和文化的中国北京的骄傲。而能够圆满完成这座世界级的钢结构精品工程半壁江山施工任务，则是宝冶人奥运史上永久的自豪与骄傲。

难以忘记，党和国家领导人以及北京市领导多次来到工地现场参观指导。2006 年 4 月 6 日下午，时任北京市委副书记、市长王岐山，时任北京市市委书记、北京奥运会组委员执行主席刘淇冒雨来到建设工地看望建设者。

2006 年 9 月 17 日，时任北京市市委书记、北京奥运会组委员执行主席刘淇到工地现场祝贺“鸟巢”卸载成功。

更难以忘记，中华人民共和国成立 57 周年国庆日上午，时任中共中央总书记、国家主席胡锦涛来到北京国家体育馆建设工地，看望节日期间坚持在工作的工程建设者。宝冶有 20 名管理人员和焊工代表接受胡锦涛总书记的慰问。

现在，宝冶人的自豪与骄傲，已经同“鸟巢”这座被世界称为奇迹的伟大建筑共存。位于“鸟巢”正西侧 AB 入口处，专门立了刻有国家体育场门牌的一座纪念柱。这是不同寻常的纪念柱，因为这是“鸟巢”最正的一根钢柱，也是“鸟巢”的正门。从这里走上去就是“鸟巢”的贵宾区。“鸟巢”纪念柱上的字采用钢雕刻字法，十分令人注目。更隆重和特别之处就在于在这个位于正门的纪念柱上，将“鸟巢”建设起到关键作用的人名规则地铭刻，并分 29 列排列在钢柱上，人数虽只有 113 人，但宝冶的建设者之一——陈桥生榜上有名。2008 年 6 月 28 日，还在国家体育场“鸟巢”现场举行了隆重的竣工仪式。北京市市领导不仅向有关单位发放竣工验收合格证书，还向参建单位及有关人员发放纪念证书，共同纪念这一历史性的时刻。

“鸟巢”建设的影响不仅是中国的，也是世界的。时任国际奥委会主席罗格赞美“鸟巢”说：“‘鸟巢’会成为像悉尼歌剧院一样的标志性建筑。它将给北京留下一份不同寻常的遗产。”英国《泰晤士报》称，“鸟巢”是全球在建“最强悍”工程。美国《商业周刊》称，“鸟巢”是现代十大新建筑奇迹之首。

“鸟巢”工程建设结束了，但更高的追求开始了。宝冶弘扬更高、更快、更强的奥运精神，在不断创新中超越自身的记录，在不断的记录超越中创造卓越，在不断创造卓越中推动企业的发展，正在努力创造更多的自豪和骄傲！

辉煌，在中国2010世博圆梦的地方

“多么辉煌，多么令人神往，在那中国2010年上海世博召开的地方”。上海——这个中国母亲河长江出海口的一颗璀璨明珠，因为有了规模空前的世博，而更加展现其东方之珠的美丽形象！

而各具特色的建筑是大上海城市美丽的地标。随着人们盼望的中国上海2010年世博召开的日子不断临近，众多不同国家、不同风格的美丽世博建筑掀开了神秘的面纱，一个新的“万国建筑群”呈现在上海浦东，呈现在全世界的关注面前。

建筑让城市更美好，而“城市让生活更美好”，2010年中国上海世博的众多精美的建筑施工，记载了走向国际化的上海宝冶的辉煌！

比梦更美的圆梦

梦是人们对美好追求的一种憧憬，而圆梦则是美好追求的一种美丽的实现。《人民日报》海外版曾以《百年世博梦：陆士谔的惊人预言》发了一篇文章。文中说：“1908年《天津青年》杂志向国人提出中国何时才能举办奥运会。1910年，晚清小说家陆士谔在《新中国》中预言万国博览会将在上海浦东开幕。由此，奥运和世博两颗梦想的种子便深深植于中华民族和每个中国人的心中，它们成为国人孜孜以求的目标，成为国人心中难解、难舍的情结。”

当今，中华民族奥运、世博的美好梦想的种子已在中国大地落地开花。而令建设者骄傲的是，上海宝冶是中华民族奥运、世博梦圆的重要参与者，为奥运和世博圆梦作出了重要贡献。宝冶曾在奥运“鸟巢”这座承载了中华民族百年奥运梦想的建筑神话的建设中，面对这座被称为国内外规模最大、结构最复杂、施工面临最大挑战的体育馆工程，高质量、高速度、保安全完成这座顶级建筑产品的施工任务，该工程已被列入世界十大建筑奇迹。今天，“鸟巢”正门纪念柱上已永久刻上了宝冶建设者的名字。鸟巢已成为建设者圆奥运梦的永久的标志性纪念建筑。紧接着奥运圆梦之后，宝冶建设者再圆中华民族的世博梦，亲手将前人的预言在自己的勤劳的手中实现。而 2010 年世博梦实现将是更辉煌、更空前的。新年伊始，时任中共中央总书记、国家主席、中央军委主席胡锦涛就在新年贺词中向全世界发出世博邀请。在 2010 年上海世博会倒计时的 100 天时，《人民日报》又专门发表了世博专题社论。社论说：“即将于 100 天后在中国上海上演的世博会，注定是中国现代进程中具有历史意义的重大事件。”“举全国之力、集世界智慧而成的上海世博会，将再助推中国从大国到强国的跨越。”

宝冶建设者是令人自豪的。自豪之一是中国 2010 年上海世博对宝冶的选择。因为中国速度、上海精度——这是上海世博会建设者们用拼搏铸造的精神。宝冶正是这种中国速度、上海精度的最优秀团队体现，光荣接受了 2010 年上海世博的选择。在世博工程中宝冶承担了大量的场馆和其他工程建设，仅场馆就涉及七十多个国家的参展，成为承担世博工程最多的央企之一，树立了中国速度、上海精度优秀团队品牌形象。

自豪之二是经受了世博工程建设的严峻考验。时任世博局局长洪浩在接受记者采访时表示，往届世博会上总有一些展馆无法在开幕时按时开馆，而上海世博会将力争少出现这种情况，把精彩盛会尽可能完美地呈现在参观者眼前。据统计，历届世博都有约10%左右的拖期工程，而在宝冶建设者手中，在时间紧、任务重、难度大的情况下，所承担的场馆、高架步道等工程项目均按合同工期达到进度要求。

自豪之三是宝冶建设者以精彩的世博表现，精彩的世博业绩，获得世博工程攻坚战中一系列“军功章”。参战的宝冶所属单位的荣誉有：全国“工人先锋号”集体、上海市重大工程立功竞赛优秀集体、世博文明工地、上海市文明工地、上海世博会工程建设优秀集体、世博园区现场安全质量综合考核优胜单位等。

理想的梦美，理想的梦实现更美。陆士谔若知道建设者以最卓越的表现实现他的梦想和预言，定会梦中长笑！

产业链舞起的一条龙

绿色环保建筑是2010年上海世博从场馆到各类建筑的重要特征。而钢结构建筑正顺应这一潮流，以力学性能优、承受动载能力强、制作周期短，环境污染小，抗震性能优越、质量易保证、施工进度快、绿色环保好而成为上海世博会的主导性的建筑，并在设计，制造、安装的全过程中得到充分体现。正是符合了世博工程建筑要求，宝冶钢结构设计、制造、安装还包括检测一条龙在世博工程建设中得到充分的表现。

市场机遇从来是属于有准备者的，钢结构产业从钢结构建筑设计，钢结构成品制造，钢结构构件安装，钢结构检修，钢结构检测有多个环节，要形成完整产业链不是一日之功。宝冶在承揽世博众多总承包工程和专业承包工程中的单体建筑就有几十个，订单接踵而来，工程一个个圆满完成。宝冶钢结构产业的独有的完整产业链综合优势起到重要作用，而这些源于全面持续发展的综合积累，厚积薄发使得中冶宝冶钢结构产业成为腾飞的支柱产业。

在发展战略上，宝冶一是深刻认识钢结构建筑绿色环保的特点。按照其产业与建筑企业关联性和建筑企业可持续发展要求，始终坚持明确的产业设计、制造、安装、检修、检测一条龙发展战略。二是及时把握钢结构建筑已经成为21世纪建筑结构时代发展潮流。大力开拓广阔的市场，不仅仅是大型冶金钢结构建筑，还早就开始涉足以会展中心、体育场馆为代表的大型公共钢结构建筑的建设，并形成优秀品牌。三是敏锐地跟上国家密集出台支持和发展建筑钢结构行业的中长期规划和政策。积极参加国家有关钢结构行业工法标准的编制工作，并按照政策和有关规范标准导向，不断提升钢构设计、制造、安装、检修、检测标准化水平。

在科技创新上，宝冶针对大跨度空间网格钢结构发展新趋势，前瞻性调动企业的各类资源，完成了国家立项的大跨度空间网络钢结构制作技术开发，形成了一整套设计计算、加工制作、工程安装、施工技术标准和规范等关键技术。填补了国内空白，有的达到了国际先进水平，宝冶还与高校、科研院所联合攻关，所形成的《现代钢结构稳定性关键技术研究与应用》成果获得国家科技进步二等奖。该技术成果在南京奥林匹克体育中心、北京奥运“鸟巢”工程以及现正在建设的世博工程、亚运会工程、世界大学生运动会工程等得到成功运用。

开先河的设计

设计是钢结构产业的龙头，没有设计的钢结构产业是不完整的。宝冶从上游抓起，已拥有建筑设计甲级资质，而钢结构工程设计是宝冶建筑设计的传统优势，并已为工业建筑、公共建筑、商业建筑等设计了许多经典钢结构工程，不少还是设计施工总承包，在业界一直享有很高声誉。尽管2010年上海世博场馆的外国场馆极少有施工单位进行设计施工总承包。但宝冶却在强手如林的竞争中承担了波兰馆设计施工总承包，这是在宝冶承担的众多世博总承包工程中一个开先河的突破。

正是宝冶一系列的产业发展积累，使得宝冶在世博工程中舞起钢结构产业一条龙，为世博提供了优质的服务，为各方所注目和重视。

难解的世博情结

精美的波兰馆以“人类，创造力，城市”三个概念形成“人类创造城市”的主题，展现了波兰建筑成就。该馆无论在白天还是夜晚，都以其独特的外观吸引参观者。馆内的展示空间按若干小区域分割，用于小型展览、音乐演出、售卖物品等。方案设计灵感取材于波兰民间艺术，整座展馆由巨大波兰民间传统剪纸图案形成美丽的外立面。通过独特的视觉刺激，让观众获得有趣的体验。波兰馆建筑在材料和空间上体现了现代感，突出了建筑的空间与体块造型，建筑整体造型似用矩形体切割、拼合而成，在奇异中求同，形成和谐的外观效果。进入馆区斜切三角巨块形成主入口效果，使建筑整体有特别的视觉冲击力，整幢建筑不设一根雨水管，雨水通过建筑面层材料的镂空的拼花流入天沟之中，通过屋面本身的坡度排入墙面，进而排入建筑周边的盲沟中。整个波兰馆除左立面垂直地面外，其余外立面均与地面呈 80° 角向建筑内部倾斜，屋面根据展厅区和生活办公区分为高低两块，充分体现建筑力与美的有机结合。

在表达波兰馆特别的建筑创意中，作为设计施工总承包的宝冶，遇到很多在普通工业与民用建筑设计工程中没有遇到的难题。宝冶以超常的领悟力进行创新和优化设计。从接单到施工，时间紧、任务重，又是宝冶第一个直接同外方打交道的设计施工总承包工程，由于宝冶作为设计施工总承包，在设计上考虑施工如何科学合理，安装如何便利，质量进度如何确保，设计施工总承包的一体化，使宝冶圆满地完成建设任务，受到各方的好评。

作为大型建筑施工单位，宝冶钢结构加工制作能力同样实力不俗，其产值产量一直位于全国钢结构企业前列。宝冶在世博承担了美国馆、非洲馆、荷兰馆、卢森堡馆等多个场馆工程，还有世博高架人行平台工程，其中有许多项目都是上万吨的钢结构工程。加上世博配套的大型交通枢纽工程，钢结构制作量大、项目多、时间紧、线长、面广，难度很大。作为钢结构建筑最后成形，结构安装是非常重要的一个环节。宝冶施工的主题馆是世博会有史以来室内展览面积最大，展示内容最丰富的场馆。主题馆占地面积达 11.5 公顷，总建筑面积达 14.3 万平方米。它是演绎上海世博会“城市，让生活更美好”主题的核心场馆，是上海世博会永久性重要建筑之一。该主题馆创造了三项世界“之最”：一是主题馆屋面 2.8 兆瓦太阳能光伏新能源为世界最大单体面积太阳能屋面；二是主题馆东西立面 5000 平方米的垂直生态绿墙为世界最生态墙；三是主题馆展览面积达 25000 平方米的西展厅为世界最大双向大跨度无柱展厅。

宝冶在这个工程中，钢结构安装量高达 17000 吨，由于种种原因造成的影响，其中占总量 70% 的 13000 要在 2008 年 11、12 两个月中完成，以确保工期后墙不倒。宝冶参战单位全力以赴，苦干加巧干，克难点、抢节点，保重点，出色完成任务，创出了钢结构安装奇迹。使这个重大项目成为世博永久性建筑率先完成施工的展馆。

胜利是对奋勇拼搏的宝冶人最好的奖励，在世博主题馆钢结构安装“成绩单”上，宝冶创造了不少纪录。如创造了上海世博钢结构单月安装钢结构 8050 吨的最高纪录。还有世博主题馆钢结构安装东区大面积屋面滑移创造了比计划工期提前整整 20 天的施工纪录。另外宝冶钢结构安装的南北跨度 180 米的大跨度空间双索张弦桁架跨度为国内之首。宝冶在世界最大的、同时可同时驶入 4 架波音 737 飞机的双向无柱展厅的钢结构安装施工中，对大型钢结构件采用了先进的机器人滑移安装技术高，空滑移距离达 180 米，在国内也是首屈一指。

2010 年上海世博会建筑作为公共展馆，与以往任何一届世博会相比，更体现各国建筑科技水平，特别是现代钢结构建筑科技水平。与此同时对钢结构检测提出了更高的要求，宝冶不仅在世博钢结构建筑工程设计、制造、安装上大显身手，还以其独有的钢结构检测实力为世博打造钢结构精品工程提供施工过程控制的检测和施工交工的验收检测，为世博项目建筑施工保驾护航。

精美建筑的“鲁班”传人

在上海 2010 年世博会工程建设中，“鲁班的传人”建造的精美世博工程可谓是跨越国门，向世界亮相。2009 年 3 月，《解放日报》以“中国工人，我们是在造艺术品”为题，赞美了宝冶建设者在非洲馆的施工技艺，2010 年 2 月，《解放日报》又专门载文赞扬了非洲国家联合馆建设。

不仅是非洲国家联合馆，宝冶总承包建造的卢森堡馆也是“新时代鲁班”精湛技艺的缩影。卢森堡馆设计成被绿树环绕的森林中的古堡。具有独特的外观造型和复杂的内部结构。既有古典气质，又体现了现代潮流。整个城堡式建筑上，内外包括地面、屋面、墙面等覆盖了 15000 平方米的新型耐候钢板。这种钢板外立面不用油漆，全靠自然氧化而不会锈蚀的钢板本色形成一种古朴的城堡咖啡色。这种由世界最大钢铁企业赞助，将用于船舶的钢板用在建筑上在中国还是首次。同时城堡式的建筑设有开启式平台，合上成为房间，打开则为眺望浦江的观光平台，整个建筑人称“亦小亦美”。宝冶承担的建筑施工还包括内部装饰。工程施工新材料、新工艺运用特点突出，施工难度大，特别是耐候钢薄板制作安装。由于古堡状的场馆不是横平竖直的方正结构，内部展厅也是异形的，就连窗户都形状各异，大小各异，开启方式各异。仅施工材料下料，规则的只有20%，不规则的占80%。而在不规则形状的建筑上大面积使用新型的薄钢板，精度要求每平方米误差以零点几毫米计算，工艺、技术等都具有先进性。施工中要控制变形，各个接点、拐角、棱角接口要高度吻合，要达到密封要求，需要技艺的精湛和科学的精算。针对耐候钢板大面积薄板安装难题，宝冶施工人员大胆创新，为避免应力变形，不用焊缝焊接方式，而像做精细的工艺品一样，制作了专用的C型插件，创新地采用了插槽式安装法。为保证最终施工大面积不规则薄板材插槽模式安装能准确定位吻合，宝冶对概念设计进行精确的深化设计，仅图纸就出了5000多张。还采用了空间三维定位，进行建模定型。并通过高精度激光切割、抛丸除锈，钢板平整处理等工艺，确保制作高度精确。特别是通过电脑合成和工序运作推演，保证了现场具体安装的可操作性，使得不规则、大面积建筑体薄板新型插槽式安装在平整度、间隙度等上的误差达到高精确度，被称为完美。复杂的卢森堡馆工程施工，让建设者的高超技艺得到了充分的显示。

在建设过程中，各方对被称为“欧洲绿色心脏”的卢森堡馆建设十分重视，卢森堡大公国经济外贸大臣亲自参加卢森堡馆开工仪式，中国驻卢森堡大使视察了建设中的卢森堡馆，中央电视台第九频道节目组对卢森堡馆进行了专题采访。卢森堡其他一些政府官员等也都到过卢森堡馆施工现场。各方都对卢森堡馆的精美施工予以肯定。在 2009 年 11 月 19 日，卢森堡驻华大使和耐候钢板国外赞助商一行到世博卢森堡馆视察时，卢森堡驻华大使对宝冶能把卢森堡馆这一大胆前卫建筑构想变成精美建筑的现实表示叹服。耐厚钢板国外赞助商公司副董事长、总经理一行则赞扬全面细致的卢森堡馆施工开辟了耐候钢板一个新的应用领域，对宝冶建设者的聪明才智予以高度评价。

万国建筑群中的美丽世博

上海的浦西外滩因有“万国建筑”之称而闻名于世，而上海世博会建筑则被誉为“新万国建筑群”得到各方高度的评价。世博建筑也成为人们集中的关注。

宝冶在 2010 年上海世博会园区建造的建筑也十分精彩。建设的场馆有中国的、有外国的，但大部分是外国的。有总承包、有专业承包，但绝大多数是总承包。在世博工程奋战中，上海宝冶建设者经历了人生难忘的日日夜夜，对自己辛勤劳动的成果充满了特殊的感情。那蒙蒙细雨中荷兰馆的快乐街；那朝霞辉映下的非洲馆巨大的彩色图案墙面；那夕阳夕照下卢森堡馆的古堡；那白雪覆盖的世博彩虹——高架步道；那夜幕下灯光闪烁的波兰馆别致的民间剪纸图案外墙等，都是他们认为的最美丽的风景。

2010年上海世博主题馆是世界级的国际一流的标准大型巨无霸展馆，是世博一百多年历史上最大的主题馆。其明快的线条、多变的几何图形、金属色建筑、现代科技的综合运用，令人耳目一新、感叹不已。宝冶承担2010年上海世博会主题馆钢结构制作安装任务，创下了大跨度空间双索张弦桁架安装新纪录，形成了针对世博史上最大、最先进的主题馆空间安装新技术。世博主题馆有三大亮点特别引人注目。一是世界面积最大双向大跨度无柱展厅。主题馆西侧展厅南北向跨度180米，东西向跨度126米，为国内最大的双向大跨无柱空间。25000平方米的超大展厅可容4架波音737飞机同时驶入，面积相当于3个标准足球场。而东厅2层各有17000平方米。还有几万平方米的地下厅和下沉式广场等。展厅空间不仅能满足世博会期间主题布展的需求，在会后更成为上海中心区域稀缺的超大室内空间资源，将成为上海的“城市客厅”。二是世界最大垂直生态系统单体绿化墙。主题馆东西立面金属结构面、金属种植面板、种植土、绿化植物和滴灌系统，共同组成6000平方米的垂直绿化，可吸收大量二氧化碳和节约大量能源。三是折纸型屋面为国内最大光电建筑。主题馆屋面积达到近6万平方米，其中3万平方米的屋面设太阳能板，年发电量达到2.8兆瓦，成为国内最大的光电建筑一体化的单体建筑。

中国2010年上海世博会主题馆为世博会永久保留建筑。世博会期间，主题馆的三个展馆“城市地球馆”“城市生命馆”“城市人馆”将分布于中庭两侧；东北角上，4000平方米的下沉式室外广场，将与近4万平方米的地下空间相连，流动的人工瀑布令整个广场弥漫着休闲的气息。而在世博会结束后，主题馆将转为国际一流的标准展览场馆，与周边中国馆、星级酒店、世博中心、世博轴和演艺中心共同打造以展览、会议、活动和住宿为主的现代服务业，主题馆将成为经典而又现代的传世之作。

动感、时尚的美国馆是宝冶总承包施工的2010世博会最大的国家馆之一。美国宣布参加2010年上海世博会的时间晚，给宝冶施工时间极短。因此各专业交叉作业，同抢进度，面临许多意想不到的困难，许多人认为按期完成施工任务难上加难。但宝冶以其总承包雄厚实力，把不可能变成可能。美国一宣布参展没几天，2009年7月，宝冶正式开始进行神速的施工。2009年8月，开始钢结构吊装。2009年10月14日，时任美国驻中国大使洪博培与时任上海市政府副秘书长、上海世博事务协调局局长洪浩在世博工地用毛笔为美国馆的支撑横梁“点睛”，庆贺美国馆钢结构顺利封顶。此次钢结构封顶仪式标志着美国馆已经完成主体结构的建设。随后，宝冶又快马加鞭开始其他多项施工，各方无不惊讶宝冶在美国馆施工的“神来之笔”。

当你来到美国馆，首先你会看到上海世博会美国馆的核心设计是一个象征着从西方到东方的入口，旁边还有一对鹰翅，欢迎客人进入温馨的被树环绕的城市小院。观众将在美国馆的外墙上看到巨大的视频墙，上面有瀑布流过，产生了奇妙的动感。

养眼、美丽的阳光谷（世博轴）是贯穿世博园区的大型通道，而世博轴上6个“阳光谷”和巨型的白色索膜结构将成为世博期间的一道亮丽景观，并成为永久建筑被保存下来。这6个“阳光谷”形态不一，好似随手勾勒的旋转曲线。每个谷约 14 层楼高，最大的底部直径约 20 米，最大的顶部直径约 90 米。如果说底部是个篮球场，悬挑至顶部就豁然开阔成一个足球场。而由 13 根型桅杆、数十根斜拉索和 69 块巨大的白色膜材幕组成的索膜结构连接着“阳光谷”。幕布被错落装在世博轴顶部，如巨大的羽翼飞掠过世博轴上空，又好似蓝天下飘浮着朵朵白云。不仅能为参观者遮阳挡雨，更是极富艺术表现力。每片幕布相当于 4 个标准篮球场面积，且尺寸无一相同。最大跨度有一个标准足球场两个球门之间的距离那样宽，总面积约 6.4 万平方米，这一超大体量规模的全索膜结构在国内尚属首次。

“建筑让城市更美好，而城市让生活更美好！”建筑是城市物质实体的主体，又承载着文化、历史、精神和审美情趣，是塑造和展示城市形象的重要方面，是城市的重要名片。而 2010 年上海世博会建筑则是中国大国崛起、上海国际化大都市腾飞的崭新名片。

在 2010 年上海世博召开的这个美丽地方，一个成功的、精彩的世博会一定会使你永远难忘！因为这里还有建设者用激情、智慧、汗水谱写的现代精美建筑宏大的篇章！

“金砖”会客厅，宝冶出品

2017年9月3日至5日，金砖国家领导人第九次会晤在厦门举行。由上海宝冶倾力打造的2017厦门金砖会议主会场——厦门国际会议中心和会展中心引起世人瞩目。宝冶人以匠心技艺和对品质的不懈追求，铸造时代建筑精品，让中国建筑以华美的姿态登上国际舞台，在大放异彩的同时，赢得世界赞誉，为世人呈现中国制造的建筑传奇！

1998年，上海宝冶承建的厦门国际会展中心一期工程成功拉开宝冶进军大型会展中心和体育场馆建设的大幕。十几年来，厦门国际会展中心一期至四期以及改造工程的建设，均交付上海宝冶总包建设，这源于厦门人民对上海宝冶的认可和信任，也由此实现从传统冶金施工领域向高端民建公建转型发展的“华丽转身”。

胜利登上第一台阶

1999年5月28日子夜，将跻身21世纪世界展览名城之林的厦门国际会展中心中央展厅地下室封顶，提前3天胜利登上了这项大型工程建设的第一个台阶，标志着该工程将从地下向地上全面推进。

厦门国际会展中心建成后将成为中国最大的国际投资博览会基地、

中国最大的国际招商中心和海峡两岸经济合作基地。这项工程建成后，对促进中国经济的发展和带来的经济效益，是无法估量的。原设想一年一度中国投资贸易洽谈会在这个会展中心举行。为确保工程质量，新拟定 2000 年 4 月 8 日第四届台交会按期举行、2000 年 7 月 31 日全部工程竣工的建设目标。即使按照这个目标，这项总投资达 15 亿元的巨大工程工期也是十分紧凑的。

1998 年 12 月 30 日，当宝冶接到中标通知书以后，从人力、物力和施工机具等方面，以最快速度进行千里大转运，集结施工队伍 2200 人。1999 年 1 月 8 日破土动工。厦门会展中心主楼分为五个施工区域。三区中央展厅地下室以及连接主楼和辅楼的六区连廊地下室封顶，是整个会展中心建设的第一个台阶，也是一个关键性的节点。因为三区从地下室到上部结构层次多、施工难度大，且主楼的主要设备分别分布在从地下室到多功能厅的各层平台上，结构安装难度最大的巨型弧形屋盖也在该区。三区地下室封顶，标志着地下工程出土，开始向地上推进，确保上部结构连续吊装，并使整个工程建设全面展开。

为确保这个关键性节点的实现，集结近千名施工队伍。他们自今年初投入紧张施工以来，没日没夜，也没有双休日和节假日。自进入地下室底板、墙体和顶板大体积混凝土浇灌以后，又遇上了连绵阴雨，他们冒雨连班作业。由于工程建设需要，参战职工连续 5 个月没有回上海探亲。公司工会给参战职工家属孩子照相，将相片寄给参战职工，工程项目部又将参战职工在工地奋战时的照片寄给他们的亲属，受到职工和家属的欢迎。这一切，又激励着参战职工更加忘我工作，把工程建好。地下室工程从4月6日浇灌第一块底板至5月28日最后一块顶板封顶。前后只用了53天。中央展厅地下室封顶这个关键性节点的实现，使宝冶在厦门会展中心工程建设中初露锋芒，也使业主、监理对宝冶刮目相看。

创建新技术应用示范工程

由加拿大B+H公司设计的厦门国际会展中心，可谓世界博览业的杰作。首期工程总建筑面积12万平方米，设2000个国际标准摊位，由主楼和辅楼两幢建筑组成。主楼全长418米，高42米，共5层。造型设计上由中间向两翼弧线翘起，体现蓬勃向上的精神。主楼中央的月牙形建筑造型是整个建筑的点睛之笔。内有3000平方米的大型多功能厅。可供3000人集会或2000人宴会，两侧大面积玻璃幕墙，东可观赏室外海景，西可鸟瞰城市景观。展厅两翼各有一个6500平方米的无柱空间，创全国展馆之最。

厦门国际会展中心在其规模功能、建筑空间、辅助设施、交通组织、展览服务、信息服务等方面达到国内一流，与国际接轨。其中十几项软硬件为国内展馆首创或名列前茅。首期工程建立了庞大的电子信息网站和方便快捷的信息服务系统，是目前国内功能最完善的信息化、智能化展馆之一，体现出现代电子信息技术与建筑艺术的完美结合。

对这样一座跻身世界名城之林的建筑，理所当然要求有世界一流的建设质量。

宝冶是全国科技进步先进企业，通过不断开发攻关形成十大技术系列和建成相应的十大试验室。为了高质量高水平的建成厦门国际会展中心，宝冶将这些技术综合应用到这项工程中去，将这项工程作为创建新技术应用示范工程。申报积极开发、创新和推广应用的新技术有18项之多。

对国家一级总承包企业的检验

1993年8月，建设部向宝冶颁发了国家一级总承包企业资质证书，从而使宝冶成为中国建筑业的龙头企业。这张资质证书，是进入国内外建筑市场的“特别通行证”。

尽管宝冶取得了国家一级总承包企业的资质，但仍然缺乏大型工程尤其是大型民用建筑工程总承包管理的实践和经验。宝冶曾经对浦东耀华皮尔金顿二期工程、南通船厂、上海科勒有限公司等工业用工程实行过总承包施工管理，那是在宝冶内部各专业单位和外协队伍之间进行管理，相对要容易一些。

厦门国际会展中心是世界博览业的经典之作，是厦门市的“一号工程”，各参战单位是国内的“王牌军”和一流的专业队伍，厦门市市政府和业主对这样一项工程的总承包管理和工程质量要求非常严格。宝冶对这样一项工程进行总承包施工管理，对宝冶来说，确实是一个严峻的考验。宝冶工程项目部加强了施工现场的管理，从一开始的开放性管理到现在进行封闭式管理，施工现场秩序井然，安全、质量管理处于受控状态，创厦门市的文明工地。

在一期工程的建设中，宝冶以完美的服务诠释了作为央视的实力担当，经过5个月的奋力拼搏，取得厦门市人民的认可，得到来自各方面的赞扬。尽管宝冶这支队伍取得了厦门市人民的初步认可，但宝冶参战职工始终保持清醒的头脑：厦门会展中心工程建设和总承包管理工作必须从“零”开始，继续开拓前进。

宝冶与“厦门”的不解之缘

2017厦门金砖会议期间，上海宝冶现场后勤保障人员为金砖会议保驾护航，自1998年，上海宝冶承建当时国内占地面积最大、展厅层高最高、单体体积最大的展馆——厦门国际会展中心一期工程，成功拉开进军大型会展中心和体育场馆建设的大幕。宝冶人便与厦门结下了不解之缘，先后承建厦门大学访客中心及演武运动场改造、闽南古镇B-E部工程、厦门天马第6代低温多晶硅生产线项目、戴尔新厂工程、友达光电（厦门）工程、厦门西海湾邮轮城主体工程等重大工程。

由上海宝冶承建的厦门国际会议中心，是金砖国家领导人第九次会晤的主会场。总建筑面积14万平方米，长470米，其中地下室建筑面积28000平方米，是厦门市标志性建筑之一。该工程荣获福建省“建设杯”奖（省优质工程奖）。一期工程先后荣获中国建筑钢结构金奖、全国用户满意工程、全国建筑业新技术应用金牌示范工程和福建省“建设杯”奖（省优质工程奖）。2008年，宝冶承建厦门国际会展中心二期工程。以180天的宝冶速度，圆满完成建设，确保了中国第十二届经贸洽谈会议的如期举行。2011 年，宝冶承建厦门国际会展中心三期工程。该工程荣获福建省优质工程奖、中国钢结构金奖、厦门市建设工程“鼓浪杯”奖（市优质工程）金奖、2013 年度全国冶金建设行业 QC 成果一等奖、市级文明工地等奖项。2015 年，宝冶承建厦门国际会展中心四期工程。该工程获厦门市建设工程鼓浪杯奖（市优质工程）金奖、市级文明工地等奖项。2016 年 12 月，金砖五国厦门会晤工商峰会主会场定于厦门国际会展中心。宝冶承揽了厦门会晤工商峰会主会场、新闻中心、餐厅等改造项目。项目管理团队坚持高标准、严要求，克服了各种施工困难，打造了 25 天内完成从钢结构图纸深化至提升卸载完成、40 天内完成钢结构验收的建设新速度，展现了央企的风貌与担当，为金砖五国峰会的顺利召开保驾护航。

闽南民众常说，“爱拼才会赢”，这其中蕴含着一种锐意进取的精神。厦门这座城市的成功实践，折射着 13 亿多中国人民自强不息的奋斗史。宝冶人一天也不耽误，一天也不懈怠，在这座城的奋斗史中，上海宝冶不负使命，务实创新，倾力打造时代经典，见证“金色十年”开花结果。千年潮未落，风起再扬帆，下一个“金色十年”，宝冶与厦门再叙峥嵘。

品牌打响“新会都”，美誉扬名“APEC”

2014年亚太经合组织（APEC）领导人会议周活动于11月5日至11日在北京隆重举行。为迎接这次会议，上海宝冶身负重任，不辱使命，顽强拼搏，在北京重点工程APEC和G20两大著名国际会议工程——北京金雁饭店和雁栖湖国际会展中心，打响品牌，美誉扬名，再次在重大盛会的重大工程中唱响企业品牌之歌。

山抱水，水依山。作为首都北京三大国际开发区之一的北京雁栖湖经济开发区，不仅以生态发展示范区秀美的生态环境吸引人气，而且又以众多世界500强企业入驻引起广泛关注。近年来，更因建造一个新型的“雁栖湖国际会都”闻名遐迩。一流施工单位也因突出的表现夺人眼球，上海宝冶就是其中的佼佼者。

来到位于雁栖湖生态发展示范区核心区域，就可以看到为APEC、G20两大著名国际会议新建的两个典型标志性建筑：一是大型场馆——北京雁栖湖国际会展中心，二是高层建筑——五星级“日出东方”酒店。这两大建筑为号称“南有博鳌，北有新会都”的雁栖湖增色不少。而这样重大的项目，复杂的钢结构工程均出自上海宝冶之手。当年也正是这支队伍在北京建设了“鸟巢”工程，扬名奥运会，这次又使宝冶“品牌打响‘新会都’，美誉扬名APEC”。

又一舞台“新亮相”

上海宝冶是业内公认的“大型场馆建设的行家里手，无论是数量还是质量都号称行业的品牌主力大户”。十年来，宝冶所建造的会展中心、会议中心、体育场馆、文化场馆达七十多个，已遍布全国各地。同时宝冶在高层建筑市场也是突飞猛进。如科威特银行大厦、被誉为珠澳第一高的“珠海十字门”集商务和高级酒店为一体的珠海中心等都是宝冶的杰作。

首先，日出东方精品酒店为接待各国首脑和来宾的高端酒店，要承接 APEC 会议和 G20 峰会，特别是必须确保 2014 年在中国主办的 APEC 领导人非正式会议按时召开。而雁栖湖会展中心，其功能不仅仅是会展，会议期间，还可举办国家领导人峰会、国际组织论坛的顶级国事外交活动，成为“世界会客厅”。工程建设可谓国际影响大、政治意义大、工程压力大、品牌影响大。

工程建设必须要体现“中国速度”。因为一接手工程，在时间上就已“火烧眉毛，急上加急”。就拿“日出东方”高层酒店主楼来讲，难度不小，建筑采用的是钢筋混凝土核心筒和钢框架混合结构体系，钢框架由钢管混凝土柱和钢梁结构构成。主楼平面呈椭圆形，立面呈圆形，整体呈现“日出东方”之态，钢结构总量预计约近万吨，其大型双曲面结构在国内极为少见，也被称为“不可思议的建筑”。该工程还是北京市政府重点工程，建成后不仅是 2014 年在中国主办 APEC 领导人非正式会议的接待酒店，这也是北京市雁栖湖风景区唯一的涉外五星级酒店。由于情况的变化，业主将该工程目标工期大大提前，宝冶钢结构施工绝对施工工期压缩10%，对项目的组织和实施造成很大困难。而北京雁栖湖国际会展中心钢结构项目也同样是北京市重点工程，是APEC和G20峰会最大建筑体，是主会议中心，仅供记者使用的席位就达300多个，钢结构已超万吨。时间上要求也非常紧张。正是在这样的大背景条件下，作为曾经参加“鸟巢”工程施工的王牌军，又开始在新的舞台上精彩亮相。

创新新突破的“新舞台”

随着时代发展，低碳环保的钢结构建筑越来越多，而钢结构工程施工也同样在不断进步，国家也大力倡导钢结构工程采用世界先进的低碳环保模块化施工方法。上海宝冶曾在特大型高炉建设中集中采用模块化施工，创出施工建设优质高速的世界纪录，又首次在大型公建工程北京雁栖湖会展中心钢结构安装采用模块化施工、取得新突破。

先进的低碳环保节能雁栖湖国际会展中心工程，由多榀径向桁架组成。模块化施工要将圆形中央桁架屋顶结构和桁架内部通风管、机电管线等组合成块，整体安装，顶部的提升结构达数千吨。由于会展中心建筑的复杂性，模块化施工并非易事。各个模块要准确在现场高空施工对接，必须首先高度准确地事先进行可视化的直观模拟。进行高度准确的计算、分析。为此项目部组织了专门的BIM（建筑信息模型）小组，运用建筑信息化先进技术，将进入模块化施工的电气、消防、暖通、排烟、供热等各个系统的错综复杂管线等，通过参数化的建模，模拟了施工建造的过程，把现场可能遇到的问题，集中列项，提前预知，并运筹帷幄，制定了许多解决方案，为模块化施工打下良好基础。

又快又好的“新纪录”

品牌是企业文化、企业管理、企业实力的综合体现。这在北京雁栖湖工程中得到充分体现。表现在工程中，就是又快又好。

兵贵神速，在速度上，图纸未出，宝冶施工团队就提前进场，开始做施工准备；出图不全，宝冶也积极主动想办法。根据结构模型、三维模型，提前确定了所需材料规格和数量，会展中心13000多种型号，截面尺寸及长度各异的大量材料采购，周期一般需要3到4个月，但实际只用了2个月，为工程赢得了宝贵时间。而施工时会展中心中央桁架安装各方都认为按时完成难度很大，但经过争分夺秒，顽强拼搏，精细高效施工，比原工期节点提前一个月，受到一致好评。还有日出东方高层酒店工程施工，宝冶又进行了大胆的创新改进。在前期土建基础施工滞后、施工过程中核心爬模严重滞后的情况下，经多方充分论证的前提下，在现场吊装条件不好的复杂环境中，又新增加履带吊，巧妙将各种不同吊具交叉流水使用，科学周密地进行大整体、全方位的有序施工，为主搭结构赢得45天宝贵工期奠定了整体施工胜局。

不仅要快，同时要好。以“铁军”著称的宝冶这方面也同样显示了

"攻必克，战必胜"的铁军风范。如雁栖湖国际会展中心工程的大型钢结构，要达到各种设计要求，焊接也是重点。针对该项目钢结构构造复杂，焊缝密集量大，特别是工程中铸钢材质与其他材质原板焊接工艺要求高，还要克服北方冬天严寒天气对焊接不利影响的要求，宝冶多管齐下确保了质量受控。业主组织的第三方检测合格率为 100%。并高度赞扬宝冶在北京雁栖湖国际会展中心钢结构项目中的施工质量。

上海宝冶在经典的全运会南京"奥林匹克体育馆"、奥运会北京"鸟巢"工程、世博会上海"主题馆"工程，世界大学生运动会深圳主体育馆，还有亚运、青奥会、亚青会等工程的众多舞台的精彩"表演"早已名扬中外，但在重大国际影响的 APEC 会议和 G20 峰会建造中，可谓是"品牌谱新曲，意义不平凡"。

筑梦迪士尼乐园，打造梦幻明日之城

当前，世界各国都在积极研究自身的文化优势，挖掘民族特有的文化内涵，努力建设独具特色的主题公园，使其成为经济发展新的增长点，并以此为契机带动全行业参与21世纪的国际竞争。近年来，中国的特色主题工程建设也呈现出高速发展的态势，全国各地都凭借独特秀美的自然景观和丰富多元的人文内涵，掀起了特色主题工程的建设高潮。迪士尼乐园历来是全球最具吸引力和影响力的主题乐园之一，作为中国内地首个、亚洲第三个、世界第六个迪士尼度假区，上海迪士尼项目从前期谈判、国家核准到开工建设，一直以来都是社会各界高度关注的对象，成为上海未来的旅游新地标和上海建设世界著名旅游城市的新名片。

非凡的平台，非凡的接轨，非凡的工程，非凡的团队，非凡的文化，非凡的荣誉，上海宝冶在迪士尼项目中充分展现了能打硬仗的非凡风采！宝冶人以卓越的表现开启了筑梦迪士尼乐园之旅，用实力保证了明日世界项目率先全部开放并投入试运营，不仅得到了外方的好评，也被各方高度认可。

上海宝冶总承包建设的迪士尼核心景区——明日世界项目，包括全球首发的“创极速光轮”、全新的星际探险射击式项目“巴斯光年星际营救”以及喷气背包飞行器等，是迪士尼乐园中乘坐型游乐项目最集中的区域。该项目选用了富有想象力的设计、尖端的材料和系统化的空间利用，体现了人类、自然与科技的最佳结合，带给游客精彩绝伦的娱乐体验。

对迪士尼这样一个按国际化标准和要求建造的工程，众多国内建筑企业都没有类似经验，但参与项目的都是行业内各路的佼佼者。上海宝冶总承包的明日世界项目是世界级的高端游乐项目工程，不仅包含建筑物，还包括内部装饰工程及室外工程；包括安装演出和游乐设施，还包括主题灯光和艺术玻璃、演出布景电气、娱乐演出设备等特殊设施，是全方位的“交钥匙工程”。

非凡的工程　非凡的标准

上海宝冶总承包建设的明日世界项目是全新开发的游乐项目，在全世界迪士尼乐园中独一无二，众多一流的高手都非常重视这样顶尖的工程对企业的品牌效应。在激烈的角逐中，能拿到这样的工程已属不易，而能够真正与国际团队接轨，按要求干好工程，更需要提升层次。

从总体性质看，该项目国际化程度高，资源来自全球，对总承包商的国际工程管理能力提出了挑战。从项目规模看，整个工程是一个复杂的项目群，涉及主体和单位众多。从建筑特点看，游乐项目结构复杂，建筑外形各异，增加了测量控制的难度，需要更科学更精确的结构测量。从施工组织看，工程量大、施工组织难度大，尤其是充足的机械设备及劳动力资源投入、精细的施工组织，对总承包提出了更高要求。从技术标准看，一些建筑具有新颖的结构体系，钢结构的加工制作及吊装难度高，游乐及演出设施安装周期长，成品保护要求高，“无尘”要求严，还有演出布景、游艺设备安装的元素多，施工难度大。

针对工程的性质特点，项目建设过程中运用BIM技术、P6软件等进行科学、规范、精细化施工组织管理，达到进入大数据时代的新的高科技施工组织层次，由业主专职授权的计划工程师，采用软件负责计划管理工作。宝冶针对P6系统成立组织科技开发班子，进行“工程项目进度与资源管理新技术研究及应用”的专题攻关，完成了该科技开发项目结题。该系统的应用，将计划限制的几十个条件、关键日期、众多关键节点，以及根据工程主要实物量曲线要求进行商品跟踪时间表，全部详细清楚地列出，统一实施数据化精确管理。在计划过程合同执行中，根据现场进展科学地及时做出反应和调整。在大计划的框架内，根据业主的要求和现场实际情况变化，不断适应管理和工程进度要求，这些都通过P6软件使计划控制更加及时高效。通过对多项目进行同步管理，可体现项目内及项目间的关联，可对多项目及大型项目分解管理，使宝冶的施工科学管理上升到全新的更高层次。

针对迪士尼项目特点和业主对施工科学把控的要求，迪士尼项目施工还采用VDC先进技术，通过虚拟设计和施工将工作范围和工序优化组合。这种将BIM和进度相结合的方式也是当前建筑行业的前沿技术。通过可视化模拟，将工程项目进度和3D建筑信息模型相结合；又通过建筑信息模型与施工进度计划相链接，将空间信息与时间信息整合在一个可视化的4D模型中。此举可加强对施工过程进行事前、事中和事后控制以及动态管理，改进和优化施工方案，对施工工序调整、施工方案优化以及进度控制等方面发挥重要作用，为建筑施工企业实现信息化管理奠定基础。宝冶针对VDC技术进行了科研立项，以迪士尼项目为重点进行科研开发，组织相关人员进行专门软件培训和理论知识学习，通过不断实践，使得VDC技术在迪士尼工程中普遍推广，积累了项目施工模拟、进度管理、资源管理和场地布置的动态管理新经验。

非凡的任务　非凡的团队

明日世界项目游乐设施品种丰富，各类设备行业领先。这对施工单位的项目管理水平、作业资源调配、管理力量投入、精细化管控等方面都提出了很高要求。上海宝冶的施工团队不辱使命，表现卓越，在迪士尼工地被称为特别能战斗的团队，集中表示在：

这是一个强有力的总承包团队。针对国际化工程的挑战，上海宝冶加强组织领导，抽调富有承接外资项目经验的管理人员组建强有力的项目领导班子，调配公司内部有国际工程经验的，曾参与过上海世博会项目建设的设计、施工项目管理人员，组建项目管理团队。这个团队不仅做好工程施工的组织，同时融入迪士尼的先进管理方式和文化理念，与国际团队和谐与共，为共同目标同心协力。作为组织者、领导者、项目部主要领导日夜坚守在工地，确保施工万无一失。

这是一个善于学习、不断进步的团队。上海宝冶迪士尼项目部根据迪士尼项目特点，采取自学和专门培训的方式，学习新技术、新工艺、新规则，在学习实践中自觉融合迪士尼工作标准。为了能够更好地与国际团队沟通协作，还开展了每周一次英语角活动，通过大家的交流互动提高英语能力，集学习性、交流性于一体，营造出浓厚的全英文气氛，促进员工英语水平的提升，对提高与国际团队的沟通协作，发挥了积极作用。

这是一个追求凡事预则立的团队。为确保施工前万无一失，项目部在施工前认真组织区域工程师进行一丝不苟地技术交底和方案交底，内容包括合同承诺、设计情况、技术要求、工序控制、关键性施工操作特点等，以及新材料、新机具、新工艺应用等内容。交底细化到过程中各工序，并形成交底记录，参加交底和被交底的人员均签字确认，交付一次，在事前准备上下足了功夫。

这是一个认真执行抓落实的团队。以工程技术控制为例，项目部每月组织召开质量技术例会，总结上月的工作完成情况并安排下月的工作计划。在内容上突出重点，对各专业各区域的技术管理、深化设计、BIM 技术应用等工作进行交流，布置现场施工质量的控制要点。项目部每周组织一次质量大检查，在检查过程中采取各区域互相对比的方式，避免在各自责任区出现类似问题，对好的做法进行交流学习和推广应用。在施工过程中项目部实施挂牌制，注明管理者、操作者、施工日期，并做相应的图文记录。此外，项目部还实施不合格品信息情况通报，将每周监理通知、质量整改通知单完成情况发送给各区域负责人及项目部相关负责人，予以督办和整改。

这是一个精益求精的团队。项目部执行样板引路制度，即先做出样板示范，把质量要求具体化、实物化，通过“样板间”“样板工艺”“样板件”等规范做法，统一标准。防水卷材、防水套管、螺栓安装等各道工序都有样板，涵盖面广，并明确规定样板是质量控制的最低标准。

通过这支优秀团队持之以恒的努力，总包项目管理收效显著，各项管理目标均圆满实现，质量事故为零；质量、技术信息反馈及时率为100%；质量月活动参与率为100%；工程质量一次验收合格率为100%。

非凡的文化　非凡的影响

上海宝冶有着60年的悠久历史，文化底蕴深厚，建设足迹遍布祖国各地，涉及多个行业和领域，在会展中心、体育场馆、超高层建筑、主题乐园、市政基础设施、工业建筑等领域积累了丰富的业绩。

品牌是文化的最高体现，为体现企业的杰出品牌，在迪士尼项目建设过程中，上海宝冶践行“建精品工程，铸长青基业”的企业使命和“诚信、笃行、创新、共赢”的核心价值观，优秀的企业文化在团队作风、行为方式、执行力上得以充分展现，为企业品牌增添光彩。

首先，干好工程是硬道理。园区游乐设备立柱吊装，是业主高度重视的里程碑式节点。上海宝冶总承包的工程在整个园区这个“大平台”上，与国内一流工程承包商同台竞技，在游乐设备立柱吊装中首战告捷。举行吊装仪式当天，来自上海迪士尼投资方、管理方、设计、监理及上海宝冶迪士尼项目部200余人，共同见证这一历史性时刻，大家为园区“第一吊”立柱签名、合影留念。无独有偶，几个月后，上海宝冶又是率先实现设备吊装第一个合拢，上海国际旅游度假区建设工程指挥部领导和部门负责人亲临现场，对宝冶的工作给予了高度评价，赞扬上海宝冶率先在整个园区进行游乐设备吊装并首家实现合拢，认为这充分显示了宝冶干大项目和复杂工程的综合实力，展现了一流承包商的风采和良好素质！

上海——这个国际大都市，如今人们又有了新的期待，因为在蓝天白云下，不仅仅有迷人的东方明珠塔，还有令人向往的迪士尼乐园！在建设者手中，建筑让城市更美丽，城市让生活更美好！

回眸忆改革巨变　蝶变呈发展新颜

崭新的时代，意味着机遇，更意味着全新的挑战。在经济新常态下，传统施工企业只有在换挡增速转型的同时，把精益求精的工匠精神和品牌创建意识贯穿至工程产业链的全过程，才能谋得新的突破。如今的上海宝冶已不再是单纯的施工企业，目标是成为具有全产业链竞争优势的工程建筑承包商，并加速向“全生命周期工程服务商”迈进。

作为世界五百强中国中冶旗下核心施工子企业，在中冶集团的正确领导下，搭建重铸“国家实力”，全面弘扬“一个核心五个引领”鲜活的中冶党建经验，传承红色基因，凝聚蓝色力量，实现金色愿望，凝成与新时代脉搏同频共振的强大力量，剑指“冶金建设国家队、基本建设主力军、新兴产业领跑者，长期坚持走高技术高质量发展之路”战略强势引领，发挥EPC全产业链竞争优势，扩张千亿级营销规模，跨入中国建筑业第一梯队……一个个新思路、新理念、新要求已经默默跳跃在宝冶人的血液里，为“打造成为一流的最具产业链竞争优势的全生命周期工程服务商”的美好愿景不断攀登和超越！

2018年，改革开放40周年，上海宝冶践行“诚信、笃行、创新、共赢”的核心价值观，聚焦“一带一路”“新型城镇化”“京津冀一体化”“五大城市群”长三角一体化等目标市场，在高端民建、新能源建设、城市地下综合管廊、海绵城市、美丽乡村、智慧城市、主题乐园等领域持续发力，收获了2022北京冬奥会雪车雪橇中心、全球最大环球影城、国内最大的室内主题乐园南京龙之谷、贵阳地铁2号线、长春龙翔国际商务中心、浦东国际机场三期工程、贵州“村村通”项目、中芯国际、广州富士康电子项目等一大批重点工程。上海宝冶跨上了转型升级、转挡提速的发展新台阶，书写新时代改革开放建筑行业新篇章。

与新时代同脉，与中冶力量共频，以时不我待的责任担当向一流工程服务商挺进

2017年以来，上海宝冶以“打造一流的最具产业链竞争优势的全生命周期工程服务商”为目标，从投资、研发、设计、采购、制作、施工到运营、维保，从上游到下游，提供全流程一体化服务。

与新时代同呼吸：血脉里流淌着的“红色基因”生生不息

是什么让我们拥有一往无前的勇气，是什么让我们拥有迎难而上的斗志，是什么让我们肩负伟大光荣的使命，是执念，是信仰，是血脉里流淌着一代代宝冶人生生不息的梦想，更是因为骨子里跳动的红色基因，是血脉里对党的赤胆忠心，是永不轻言放弃的决心。

正是这股薪火相传的红色力量，引领宝冶沿长江而下，纵横驰骋六十载，宝钢建设功勋卓越，书写了独属宝冶的“冶金传奇”；新世纪开拓市场勇立潮头，完成了由冶建到民建的华丽转身；新时代全国布局厚积薄发，成为“最具产业链竞争优势的全生命周期工程服务商”的目标掷地有声。先后承担了河北纵横集团丰南钢铁有限公司轧钢热轧、山钢集团日照钢铁精品基地项目等冶金项目的建设，捍卫冶金建设“国家队”地位，在巩固传统冶金市场的同时，充分激发EPC全产业链的内生动力，在EPC领域

实现突破，通过联合经营安钢原料场总承包项目及脱硫脱硝项目、郑州中原区开发、上海奉贤区河道治理、布咔智能化停车场、濮阳供热、南乐县城区集中供热工程、衢州元立金属制品料场全封闭工程EPC总承包项目等一批重点项目，EPC全产业链竞争优势初步显现，市场竞争力进一步提升、项目盈利能力逐步提高，得到业主的高度评价和行业内的广泛关注。

上海宝冶党委深入贯彻落实全国国有企业党建工作会议精神和习近平系列重要讲话精神，始终坚持党的领导不动摇，保证党和国家方针政策、重大部署不折不扣落实到公司发展的各个方面；坚持建强国有企业基层党组织不放松，确保企业发展到哪里、党的建设就跟进到哪里、党支部的战斗堡垒作用就体现在哪里。公司党委弘扬“支部建在连上”的光荣传统，落实党要管党，全面从严治党要求。深化基层示范党支部建设，打造基层标准化党支部。围绕企业改革发展和生产经营，注重在基层一线党支部开展“党员责任区、党员示范岗、党员先锋队”创建活动，持续推动创先争优常态化、长效化。在全公司推广“三有三无”主题活动经验成果，使基层党建与项目建设互融互通、互动发展，充分发挥党支部战斗堡垒作用，进一步加强新时代基层党组织建设。在这不平凡的历史时期，凭借一往无前的决心，百折不回的坚韧和同心同德的合力，“红色基因”为我们展开“蓝色畅想”之旅。

与新使命齐作为：设计研发施工“一体化”的“蓝色畅想”独占鳌头

是什么让宝冶人勇于面对挑战，拥有寻求突破，解决发展瓶颈的智慧和勇气？是宝冶人自我改造，在改革中前进，在探索中发展的魄力和信心。是什么让这一个个项目从“不可能实现的任务”到“创造奇迹”？是宝冶人坚持技术引领、创新驱动，打造核心技术新亮点，拥有了独占鳌头的关键技术，核心竞争力不断提升，市场影响力不断增强，形成了较强的技术优势和市场优势。

新使命下的变革与担当孕育和诞生了鳌头独占的新技术。实现快速跻身国内建筑企业第一梯队的发展目标，把全产业链竞争优势发挥到极致，进一步推进核心技术优势，促进产业链更深更广，市场平台更大更好，成为全生命周期的工程服务商是宝冶人的新使命担当。秉承冶建人吃苦耐劳、勇攀高峰的精神，不忘初心，牢记使命、苦练内功、外拓市场，凝心聚力，不断提升冶金建设国家队实力。在打通冶金建设领域EPC全产业链、高炉EPC总承包、高炉快速化大修、冶炼设备模块化整体安装、冶金工厂生产线快速改造成套施工等方面，通过技术引领、创新驱动，取得突破与创新的发展，特别是通过安钢脱硫脱硝、南乐集中供热等多个项目的成功实践，创造了令人瞩目的“安钢速度”。在钢铁冶金领域，首创的烧结矿竖冷窑冷却技术是一种全新的、革命性的烧结矿冷却工艺，高效、极限回收烧结矿显热。在铁合金行业领域，肩负起了节能环保的社会责任，重点研发实施了炉型大型化、物料预热处理、煤气密闭回收等关键技术，内拓外展创造性地将冶金领域的布料技术、渣处理技术、连铸技术等在鄂尔多斯工程、宁夏天元锰业项目中进行成功应用，重塑了冶金技术新优势。

在巨大成绩的背后，是上海宝冶持续不断的技术投入。始终坚持科技创新引领企业发展，加速推进资质升级和高新技术企业、国家级技术中心申报，结合绿色、智能等建筑业新技术，不断提升宝冶核心竞争能力。依靠创新推动发展，宝冶长期坚持走高技术高质量发展之路，自主研发形成超高层建筑、大型场馆、特色主题公园以及高炉模块化施工、装配式住宅、大跨度钢结构制作安装、BIM 技术、“宝冶云”平台等一系列国际一流、国内领先的品牌技术优势。在上海、南京、郑州、张家港等地建设装配式建筑生产基地，形成较强的装配建筑构件生产能力，被认定为国家第一批装配式建筑产业基地。同时设立装配式建筑技术研究院，依托博士后科研工作站、国家认可试验室、国家钢结构工程技术研究中心中试基地等平台，在 BIM 技术、PC 结构、钢结构、机电模块、建筑装饰和新型建材等方面开展深入研究，形成具有自主知识产权的核心技术和产品。宝冶正以国家装配式建筑产业基地为依托，集中优质技术资源，深入研究装配式建筑产品体系和相关技术，以标准化设计、工厂化生产、装配化施工、一体化装修、信息化管理、智能化应用为目标，完善技术体系、推进工程实践、加速产业化进度，打造成具有国际先进水平的装配式建筑集成技术服务商，为推动建筑行业绿色、协调、健康发展做出应有的贡献。同时在国内特大型高炉建设的市场占有率达 70% 以上，在特大型高炉快速大修的市场占有率为 100%。独有的专项技术有力地捍卫了上海宝冶在炼铁领域“冶金建设国家队”的地位。上海宝冶正是伴随着企业的改革发展一路走来，一路发展壮大的。“蓝色畅想”为推进冶金建设国家队再拔尖、再拔高、再创业的“金色愿望”探索出了一条新路。

与新担当共命运：拓展核心领域的“金色愿望”打造全产业链升级版

是什么使宝冶人在加速培育世界第一冶金建设运营服务国家队的新征程上新旧动能转换稳步换挡？是宝冶人坚持内引外联，再造全过程工程服务新优势。是什么让宝冶人实现产业结构和模式提速升级，综合实力和核心竞争力不断提升？是宝冶打造的全新 EPC 全产业链服务体系的强大内生推动力。

上海宝冶加快拓展民建、市政领域，聚焦总承包业务、专业业务、投融资三大核心。先后承建了多个电子厂房项目：中芯国际厂房建设项目、国家存储器基地项目、合肥长鑫存储器制造基地项目、广州富士康电子厂房项目；承揽了易方达金融大厦、恒大童世界、郑州报业大厦等地标性项目；贵阳地铁 2 号线、贵阳龙洞堡国际机场三期场道工程、上海吴淞口国际邮轮码头等市政项目，以及上饶市桐子坞棚户区改造项目、唐山新体育中心、顾村世界外国语学校新建工程等 EPC 工程，大力提升宝冶 EPC 总承包能力。唐山体育中心开了宝冶首个体育场馆 EPC 项目的先河；科威特医保医院项目成为宝冶首个海外 EPC 项目，进一步巩固并拓展海外业务。宝冶还积极探索业务新模式，做好与地方政府与知名企业搭建平台，先后与遵义市、贵阳市、铜仁市、许昌市、濮阳市、禹州市、三门峡市、来宾市、黄冈市等政府平台签订了战略框架协议，并促成扬州京华城、扬州金鹰、昆山金鹰等战略客户的多个重点项目落地，宝冶跨上了转型升级、转档提速的发展新台阶。青岛西海岸视觉通廊是上海宝冶与东方整合后中标的PPP项目，是宝冶首个全生命周期的景观工程。通过资本运作，探索产融结合，促进商业模式优化升级。

宝冶放大长板，极大地拓展了业务领域新空间。在安阳钢铁集团焦炉烟气脱硫脱硝项目上创造了“安钢速度”，引起央媒和行业的广泛关注，实现了从设计、供货到施工的快速反应、无缝对接、协同作战，传统的设计和施工内涵发生天翻地覆的变化，设计中考虑施工，施工中关联设计，创造了一种全新的项目建设模式。陆续实施了南乐县城区集中供热EPC总承包项目、安钢二号原料场EPC总承包项目、衢州元立金属封闭料场EPC总承包项目、圣戈班管道系统高炉大修EPC总承包项目等，全新模式所带来的经济效益和社会效益日益凸显。立足设计咨询业务，开拓产业升级思路，将产业链向两头延伸。在上游通过整合内部资源，做实设计咨询、工程造价和监理业务，加速推进全过程的设计咨询服务；在下游依托上海宝冶在国内外特大型高炉建设的技术资源和成功经验，各部门密切配合、通力协作，建立起高炉工程系统集成的“高炉EPC全产业链”服务体系，打造上海宝冶“集高炉应用技术研发、整体解决方案、高端咨询、工程设计、工程EPC全产业链总承包、成套装备、生产运营、后评价服务”等体系于一体的国际化高炉全生命周期服务商。随着圣戈班高炉大修EPC等总承包项目的实施，“高炉全生命周期工程服务商”的愿景正在逐步变为现实。

在抓住国内冶金建设结构调整、产业升级、绿色化、智能化等机会的同时，宝冶紧跟“一带一路”国家战略，发挥在高炉领域技术优势，加速发展提升海外市场份额，先后承担马来西亚容积最大、工艺最先进的高炉——联合钢铁炼铁工程（包含 2 座 1080 立方米高炉）、越南和发榕橘钢铁股份有限公司 $4 \times 1080m^3$ 高炉工程等建设任务。2018 年 3 月 26 日，联合钢铁一号高炉开始烘炉，标志冶金高炉国家队建设在“一带一路”上开花结果，并已逐步在马来西亚、越南等东南亚市场站稳脚跟。同时正积极开拓印度、俄罗斯、土耳其、东欧等海外市场，输出宝冶的高炉模块化大修施工技术，在国际市场上与新日铁等世界一流企业相互竞争，并取得一定份额。

在中国特色社会主义进入新时代的历史新起点上，面对新挑战、新机遇，上海宝冶一以贯之地坚持提质增效、注重发展质量，承担起新时代赋予的新使命、新责任，集中内、外部资源，广泛融合相关方资源和社会资源，加强人才队伍的建设、加强全产业链技术服务能力的培育、科技创新能力的提升和国内外市场份额的拓展，向着“一流的最具产业链竞争优势的全生命周期工程服务商”的目标继续迈进！

时代的见证：从上海城市“五个中心”建设“参与者”到“推动者”

2018年是我国改革开放40周年，40年来，上海宝冶紧跟国家发展步伐，扎根宝山，深度融合，细作本地市场，不断推进政企融合机制、理念和发展模式创新，从而实现全方位的战略对接和共赢发展，推动政企融合产业跨越式发展，为宝山乃至上海城市发展作出了卓越贡献。

酌古斟今，沿长江而来的上海城市建设奠基者

上海宝冶乘着国家改革开放的春风，于1978年顺江南下来到美丽的上海宝山，建设了全国瞩目、世界著名的现代化大型钢铁企业上海宝山钢铁总厂。1986年6月落户上海至今已有32年，也是成为中央企业在沪最重要的企业，位列中国建筑业竞争力百强企业前20位。上海宝冶亲历并见证了上海市改革开放以来发生的巨大变化，并始终伴随着宝山区的发展而发展。

在宝山这片热土上，作为基本建设主力军，建设起世人瞩目的现代化宝钢。宝钢一期、二期、三期工程建设，浦钢搬迁，上钢厂建设，宝钢水库，几十年来，公司在上海的经济建设中创造了辉煌的成绩。深度

参与了上海早期城市建设，如中国大陆第一条高速公路——沪嘉高速，上海第一个污水治理泵站——彭越浦泵站，上海第一条地铁——1 号线沿线车站徐家汇路站、新闸路站，上海用钢量最大的立交桥——上海中环线共和新路立交，上海最早的水泥厂——川沙水泥厂，中国第一张芯片制造基地——中芯国际集成电路制造（上海）有限公司以及浦东机场、虹桥枢纽、世博园区、迪士尼等众多重点工程，为宝山和上海的经济发展、城市面貌跨越做出了巨大的贡献。

为加快上海区域市场开发，欲善其事，谋划扎根良方，积极融入当地，加强与当地相关部门交流共建工作，开展党政群团间的全面渗透和融合。组织与宝山区及罗店镇、顾村镇、杨行镇、月浦镇等加强联系，创新合作模式，展开全面合作，实现合作共赢。各区、镇各级领导及相关部门人员也给予了积极回应，或纷纷回访考察交流，或到项目上调研，或主动提出建立更紧密的战略合作。

结草衔环，助力宝山经济发展之“变”的建设者

在习近平新时代中国特色社会主义思想和党的十九大精神的指引下，在《上海市城市总体规划（2017—2035 年）》引导下，在区委书记汪泓和区长范少军的带领下，宝山区进入新一轮城市化的大转型、大开发阶段。宝山区正在描绘转型发展的新篇章，使“钢花”“樱花”“浪花”“文艺之花”绽放，宝山区正向更高水平的中心城区发展，打造创新创意创业相促进、生态生产生活相融合、宜居宜业宜游相协调的现代化滨江新

城区。

宝山区是上海宝冶总部及在沪二级分子公司注册办公密集地区，宝冶总部及多家分子公司“落户”在此，已经完全属地化发展，在几十年的发展过程中，得到宝山区委、区政府的大力支持，也为宝山的经济社会发展做出了一定的贡献，双方建立了深厚的感情。在宝山区改革发展进程中，上海宝冶全程参与，映射出宝冶人的壮志豪情。

近年来，伴随宝山区经济发展转型，宝冶在大型公建、市政基础设施、智慧城市、美丽乡村、特色小镇建设等新兴领域，力求为宝山区提供优质的全生命周期的运营管理服务，在特色服务业和高端制造业展示了宝冶人“诚信、笃行、创新、共赢”的行业口碑和良好的社会信誉。2017 年，宝冶实现“花开宝山，遍布上海”的喜人业绩，涉及房屋建筑、市政水利、机场场道、港口与航道工程等专业。这也是宝冶深耕细作宝山市场，勇于创新、积极开拓的结果。一批批优质工程跃然上线，有上海市重点工程的上海吴淞口国际邮轮码头船舶交通管理中心工程、宝山区南大北块排水系统新建工程；有首次进入文教系统的宝山区顾村世界外国语学校新建工程、顾村 11-02 地块初级中学新建工程；有首次进入公安系统的宝山区公安交通管理服务中心新建工程；有浦东机场西货运区工程、张江科技港先进制造产业园、南汇及宝山区河道整治工程；还有市政管道工程、土壤与地下水修复工程、电力管线搬迁工程等。各领域可谓全面开花，特别是顾村外国语学校等房建工程实现了真正意义上的 EPC 总承包。“扎根宝山、立足上海”初见成效，为做优做大做强上海市场奠定了基础，树立了信心。

饮水思源，勇担新时代区域经济发展的开拓者

跨入新时代，站在历史新征程的新起点上，上海宝冶发挥央企的实力担当，扎根宝山、立足上海、在集团化管控、绿色装配化、投融资合作、高新技术发展、人才培养等方面谋求新的跨越式发展。近年来，上海宝冶在上海区域不断打造品牌项目和精品工程，持续扩大市场份额和品牌影响力，在宝山区经济飞速发展的浪潮中再立新功。

上海宝冶以国内领先的全产业链核心竞争优势，实现了从施工总承包—工程总承包—工程服务商的华丽转身。宝冶近5年参与的宝山区建设项目43个，工作量约50亿元，在建项目23个，工作量近30亿元。承建了宝山区吴淞口国际邮轮港后续工程客运楼和近百米高的海上指挥瞭望塔、顾村世界外国语学校、宝山区交警指挥中心等重大工程；积极参与了罗店大型居住社区、祁连山路动迁安置房、南大北水利、顾村河道治理等重大民生建设。吴淞口国际邮轮港是宝山的一张“世界级名片”。

上海宝冶在宝山区建设的其他方面也载誉颇丰。2014—2016年宝冶承建的罗店、祁连地块保障房项目7栋楼分别获“白玉兰奖”；2017年度，罗店大居4栋楼房获上海市建设工程“白玉兰”群体奖。2017年度，上海宝冶4个工程项目获评上海市文明工地称号。

2018年2月28日，在宝山区2017年城市建设管理重点工作表彰会上，“重大工程板块”先进集体共表彰10家，宝冶占2席。宝山区区委书记汪泓在多次重要讲话中称赞上海宝冶在宝山区的重大工程建设

中，发挥央企责任担当，作出了重大贡献。并表示，宝冶以高质量、高效率起到带头作用，把项目交给宝冶这样的企业，政府放心。

作为驻扎在宝山的中央企业，上海宝冶更是宝山经济发展的责任担当，未来，宝冶将继续勇担重任，不断提升产融结合和城市运营服务能力。并以更大的热情参与更多的宝山区发展，在保持良好合作的基础上，力求开展全方位立体式的战略合作，共创发展新篇章，共铸宝山新辉煌，为宝山区、上海市的发展贡献更大的力量！

一地两特区：80 座城市地标的“南粤故事”，改革开放“弄潮之旅”的印记

春天总有故事发生。发端于十一届三中全会的“改革开放”，如春风吹拂大地，改变了中国，影响了世界。

一座城市，浓缩着一个时代的精华。

一地两特区，三座城市——广州、深圳、珠海，南粤的这片土地，改革的激情一直在燃烧，诸多重要改革均发轫于这里。作为改革排头兵，亦是中国改革之胆。在不到 40 年的时间里，奇迹般崛起于中国南方，绽放夺目光彩，引领开辟出一条康庄大道。

城市发展的每一步，都凝聚了一代又一代建设者的心血和付出。回望当年激情燃烧的岁月芳华，“一地两特区”已然变身国际大都市，成为中国经济腾飞的缩影；同样，“宝冶人”在此开拓创业的艰辛与荣耀，也结晶为企业持续跨越发展历程中最鲜活的“引子”。

深化改革标注当代中国的鲜明特色，也是上海宝冶的鲜亮底色。“宝冶号”巨轮在南国启航，起步于积极投身改革开放的大潮，率先进军广州的出征开拓，从地处改革开放的前沿阵地，开启一段新时代“弄潮之旅”的壮丽航程。

改革潮涌·启程

辉煌，离不开一个历史性起点；成就，源自一个伟大的转折。

改革潮涌，南国春早。经济发展的热点就是工程建设的热土，只要有介入点，宝冶人就会积极寻求突破口，从而成就硕果。世纪之交后，宝冶人初入广州，在这片神奇的土地上，书写着“超越自我，敢为人先”的传奇。

宝冶人是拼搏的勇者、探索的先锋；他们勇于开创前行。宝冶人历经多方努力，承接到在粤的第一项工程——广州大学城（小谷围岛）建设项目广州美术院房屋建筑工程。没有豪言壮语，只有全心投入，宝冶人呈现了一场规范化、科学化、标准化的“盛宴”，也将一个非本地企业的实力、品牌与信誉植根在广州这片土地。

在这方沃土，宝冶人孵化出第一个区域公司——广州分公司，成为宝冶区域化发展的中坚力量，宝冶人以立志深耕华南的建设激情，还有敢于挑战极限的勇气，积极投身广东重大项目、民生工程建设。从中国三大门户复合枢纽机场之一——广州白云机场，到中国华南地区唯一一所高等美术学府广州大学城美术学院，再到号称可以让车手“飞檐走壁”的广州亚运会自行车馆……这些重点工程让上海宝冶在广州声名鹊起。从以广州为主扩展到佛山、揭阳，更延伸到广西北海等地区，逐步实现了区域化，覆盖房建总承包、冶炼总承包、钢结构专业承包等，业务范围逐步扩大。在创造了斐然业绩的今天，我们穿过时光隧道，回到初来乍到的时刻，亲历第一批创业者的艰辛与勇气。

当时国内最大的膜结构工程——佛山世纪莲体育中心体育钢结的膜结构屋盖，它也是广州分公司成立后承接的第一个项目，宝冶人盼望已久的高大精尖工程终于出现了。作为深圳市场新起点——深圳投行大厦（第一创业大厦）成为民用办公大楼总承包工程的“第一高度”、深圳懿花园刷新了承揽工程的“面积第一”。在广州、深圳创业的初期，宝冶人高瞻远瞩，研判形势，把握方向，坚持项目引领一切，以精益求精的施工质量，赢得了价超黄金的宝贵信誉！

开拓深圳，无论是在两地城市经济发展时期，在市场开拓重大抉择面前的毅然拍板，打破非当地企业难以介入招标项目的“常规”，拿下宝冶传统的拳头品牌厂房类工程——广东省重点项目彩虹 4.5 代 AMOLED 厂房项目和河南省重点项目之一广州风神汽车郑州工厂建设工程。还是在“东风徐来”的 2010 年广州亚运年中的挺身而出，拔得头筹；广大远征将士为了企业发展，始终激情超越、一往无前……在他们身上，都彰显着、升华着“宝冶人”特有的“敢为人先”的品格。广州亚运会自行车馆和深圳大运会主场馆成功在广州、深圳地区打下了两枚重要的市场“铆钉”，为两地市场的进一步攀升提供了支点。无论是堪称施工技术“瓶颈”的大运会主场馆之一“水晶石”——深圳大运会主体育场，以及配套场馆深圳宝安体育场，宝冶人以开先河之决心，让中国国内最高标准赛道、最大的自行车场馆——广州亚运会自行车馆及轮滑场“惊艳面世”。抑或是广州猎德旧村改造村民复建安置房、广西南中国海工程等超高层大型房建项目的相映生辉，猎德村项目是宝冶人当时承建的“第一高”房建总包工程，填补了超高层工程建设的严重空白。

逐浪而高·奋斗

市场潮涌，波澜起伏，弄潮儿当向涛头立。宝冶人干在实处、走在前列，转型提升驰而不息。

时代脚步疾速前行，进入2011年，受国家宏观经济政策调控影响，金融信贷持续紧缩，广州GDP增幅回落、低于预期，大批项目推进速度放缓、项目开工率不足。建筑行业作为我国经济体制改革的先行领域的，已是市场化程度最高的行业之一。随着改革的持续深化、体制的不断完善，建筑企业只有积极调整结构、探索发展新模式、打造独有核心竞争力，才能在日益激烈的竞争中成功突围、制胜市场。

迎风弄潮，逐浪而高。正如在这里战斗过的“前驱者”所言，宝冶人扎根广州、深圳、抢滩登陆珠海特区、创“速度”造“核心”，从而先人一步在市场竞争中接受洗礼、快人一拍在创新实干中打响了品牌。“两特区”也由此成为宝冶全面走向市场、迈入加速发展的转折点和新起点。

宝冶人在市场营销中更是凸显高品位和大气魄，在大市场中聚焦高端市场，在大业主中紧跟高端客户，在大项目中专攻高端项目，推进主业高端化，争当建筑领域的领先者与创新者。从承建摩天大楼到进军民生科教领域，从打造会展场馆到拓展工业工程，从建设大型城市综合体到率先尝试装配式住宅……业务领域的一次次延伸，有力见证了上海宝冶优质工程服务商的领先优势。深圳会展中心项目以138天的工期创造的“低碳城速度”，丰富了“深圳速度”的新内涵，诠释了“深圳质量”理念，在深圳生态文明建设的实践征途上，率先迈出坚实的第一步。在珠海，宝冶人从零起步，产生区域新亮点。在横琴金融产业服务基地工程施工中，整个工期用时仅100天，刷新珠海项目建设新速度。“十字门奇迹”“珠海速度”等字眼不约而同地出现在当地的各大媒体头版，广泛赢得赞誉的同时，让企业品牌在珠海深入人心。“珠澳第一高楼”珠海十字门中央商务区项目为大型集群高端建筑的地标与经典之作，也是宝冶建设的建筑类型集中最多、最具综合性、最具代表性的高端商业组团建筑群项目。在广州，面对承载着中国广州市改革开放以来最大的投资项目及中国制造2025及工业4.0的代表性的“1号”工程——广州富士康项目，宝冶人仅用126天完成主厂房封顶，建造全球建筑面积最大的面板生产线厂房“航母”，创造了“中国奇迹”。宝冶人用“速度与力量”向改革开放40周年献上了一份厚礼……在创造一个又一个新纪录的同时，迎来一个更大跨度的飞跃，再次擦亮了宝冶品牌，上海宝冶在“三地”市场的高端定位和市场地位再次确立。

宝冶人秉承“精诚所至，金石为开”的服务宗旨，努力提供最好的服务，营销战略实现从“合作”到“首选”的转变。从深圳罗湖到福田，从项目遍布广州全城到进入深圳前海，在“三地”累计承建工程80多项，总建筑面积近1000万平方米，共获鲁班国优奖十多项；先后打造了以佛山世纪莲体育场、深圳大运会主体育场、深圳宝安体育场、广州亚运会自行车馆及轮滑场、深圳大运会主体育场及江门滨江体育中心为代表的大型体育场馆；以广州亚运城技术官员村、广州猎德村旧村改造村民复建安置房、南沙金茂湾、从化珠江国际城和佛山海景蓝湾、深圳风岗天安数码城商住楼为代表的高端房地产；以广州大学城美术学院、深圳大学西丽校区、哈尔滨工业大学深圳校区、清华大学深圳研究生院和南方科技大学为代表的大体量的科教公共建筑；以深圳投行大厦、深圳人民医院内科住院大楼、珠海十字门中央务区和珠海易方达金融大厦为代表的超高层建筑。"宝冶人"服务华南，奉献华南，以一批批提升城市品质的高端项目，成为高耸于南粤热土上的闪亮"企业名片"。

南国春早·丰收

春日风疾，正是扬帆好时机。奋斗新时代，改革开放再出发。宝冶人迸发的激情和力量，是成长的力量、创新的力量、发展的力量。

"要抓住建设粤港澳大湾区重大机遇，携手港澳加快推进相关工作，打造国际一流湾区和世界级城市群。"习近平总书记的殷殷嘱托，让广东掀起新一轮对外开放高潮。改革开放最好的纪念，就是继续深化改革。进入新时代，广东推进改革的历史条件和任务要求都发生了很大变化。全面深化改革，中央立足全局进行顶层设计和总体规划，搭建改革的"四梁八柱"。在新的历史条件下推进改革，必须把遵循顶层设计与改革创新统一起来。

在市场浪潮中激流勇进、一往无前的背后，宝冶人秉持“超越自我，敢为人先”的精神，在顺时势做强做大基础设施业务、主攻高端市场的同时，将投资开发作为企业转型升级的重要“转点”，全方位参与和助力城市建设，不断由传统建筑施工企业向工程服务商、投资开发商延伸，以“一地两特区”为主攻点，成功走上区域发展壮大之路。2017年开始在阳江、湛江、百色、中山等地不断跟踪和尝试PPP业务。在深圳地铁前海综合交通枢纽上盖物业（一期）合作开发及BT融资建设工程的招标模式为全国首创，深圳市政府以深圳地铁集团为投资平台主导开发，引入全国最优秀的开发商和顶尖的施工承包商共同参与投资，以小资金撬动大项目。通过市场化的招投标方式，降低二次开发成本，将成熟的开发经验和高超的施工水平完美融合，降低运作项目各项成本，使得参与各方共同盈利。政府类代建业务是向产业链上游延伸的重要举措，也是迅速提升效益的重要途径。2018年开始在广州、东莞、深圳等地不断跟踪和尝试政府代建业务。华润集团深圳市龙华区人民医院新外科大楼施工总承包工程，是加快向新兴业务转型的步伐，不断努力拓展新业务领域做出的有益尝试，并取得阶段成果。

守常势，稳固发展长线业务。宝冶人在市政基础设施建设、房建业务领域规模和市场占有率不断激增，镌刻了一段段坚实闪光的足迹。通过全面掌握“高、大、深、重、特”等核心技术，积极提升超高层、大跨度等高端房建业务领域的竞争实力，扩大战略业主合约额占比。国内单笔投资最大的先进制造业项目——增城富士康，创造广东企业筹建新速度、新规模；地上65层、328米高的珠海中心大厦一跃成为珠澳第一高楼；深圳湾科技生态园项目二区施工总承包工程项目成功打造生态园区、绿色建筑；深圳大学西丽校区、南方科技大学西丽校区、哈尔滨工业大学深圳校区、清华大学深圳研究生院、华中科技大学深圳产学研基地等一大批高校民生工程，对深圳的科教产研发展意义重大。

顺时势，做强做大热点业务。在华南区域必须抓住国家重大战略机遇，助力打造珠三角核心引擎，秉持优势，赢得先机，敢于跟踪热点项目，勇担转型升级责任，创造多个对外开放窗口的创举。深港第七座跨境陆路口岸——莲塘口岸旅检区建筑施工总承包项目，成功实现深港跨界交通“西进西出，东进东出”总体格局的重要口岸；中山大学·深圳建设项目是深圳政府为加快深圳开放式、国际化高等教育体系建设和城市经济社会发展的强力保证，作为深圳引进的高等学府之一，具有重大影响和意义。同时也是宝冶迄今为止最大的EPC项目和体量最大的装配式项目。在国家级战略新区前海，建设了国内首个深港合作的国际化青年创业社区——深圳前海深港青年梦工场诞生。

乘态势，做实做活新兴业务。作为立足南粤的国有大型企业，宝冶人把握国家新型城镇化和区域发展规划等战略机遇，顺应国家大力发展EPC总承包模式和装配式项目建设的时势，在EPC总承包、节能环保生态园、装配式住宅等新业务领域做出有益尝试。与世界名校成功握手，于2016年进军装配式公建项目，承接全国第一个装配式公共建筑——清华大学深圳研究生院创新基地建设工程（二期）施工总承包，这不仅是宝冶与重要战略客户的再次合作，更是装配式工程在公共建筑类示范与标杆。宝冶人推动BIM技术、绿色施工技术、建筑工业化的探索，大力推广绿色建筑，推动绿色、循环、低碳发展，进一步匹配建造高端化。未来，还将以设计为切入点，积极探索设计、采购、施工一体化的更高层次的工程总承包能力，在业内率先建立具有宝冶特色的总承包管理模式，使其成为引领行业发展的新“引擎”。

从整合到融合：产业融合的全产业链工程总承包转型实现新突破

2017 年 8 月，《中国冶金报》报道了安阳钢铁在焦炉烟道气脱硫脱硝项目上创造的“安钢速度”——150 天的工期，在 120 天内实现首套通烟投产，150 天内实现 5 套全部顺利达标投产，引起地方和行业媒体广泛关注，盛赞“安钢速度”。创造这种速度的，是中冶东方同上海宝冶组建的从设计到施工 EPC 全产业链项目团队。

“从设计到施工，一个项目经理全负责，接口减少，一站式服务效率提高很多……”在安阳钢铁脱硫脱硝项目现场，工程负责人这样评价。这是中冶集团率先在集团内部实施全产业链整合后，上海宝冶推出的新业务模式。

中冶东方工程技术有限公司的前身是成立于 1957 年的冶金工业部包头钢铁设计研究总院，近年来受钢铁行业下滑的影响，企业发展遇到瓶颈。2016 年 7 月，中冶集团率先在集团内部实施产业整合，创造性地将中冶东方同施工企业“王牌军”上海宝冶实施战略重组，通过供给侧改革，激发企业活力，加快企业新旧动能转换，促进国企改革转型实现新突破。而今的中冶东方，定位更加清晰——创新驱动，设计引领，设计和施工互补带动，紧抓长板大力发展，推动冶金建设国家队再拔尖、再拔高、再创业，在打造“最具产业链竞争优势的全生命周期工程服务商”品牌的进程中逐步凸显实力与担当。

产业融合，全产业链工程总承包优势凸显

设计企业和施工企业属上下游产业，互不统属。即使在中冶集团内部，13家科研设计企业和15家冶建企业也分为两大阵营。近年来，随着工程总承包业务的不断拓展，无论是设计院主打的以设计为龙头的工程总承包，还是施工类子企业以施工管控为核心的总承包，都是在自身的业务范围内，通过外包等形式，附加上下游而形成传统的产业链；产业链大多较松散，不易于管控，工程周期和工程质量难以保障，之前没有一家设计或施工企业打破这一定式。

2016年底，按照中冶集团的总体部署，中冶东方工程技术有限公司整体并入上海宝冶。一石激起千层浪，拥有59年历史的中冶东方何去何从，成为摆在兼任上海宝冶和中冶东方两个企业的法定代表人白小虎面前。

“中冶东方将继续发挥设计业务团队的资源优势，打造与宝冶核心主业协同发展、优势互补的设计业务板块，在中冶集团内部率先实现冶金建设领域全产业链贯通。”经过一个月的摸底调研和深思熟虑，在上海宝冶2017年工作会议上，中冶东方的顶层设计精准写进了上海宝冶工作计划。

早在两年前，由中冶东方总承包的山钢日照精品基地原料场项目，

就同上海宝冶进行了第一次上下游合作。围绕融合发展定位，双方在各自业务领域进行了流程梳理和再造，从战略、政策和制度层面打通了双方融合的壁垒。随后，围绕“能干什么”这一问题，双方互派营销人员、造价人员，在业务中沟通，在实战中磨合，从投标、报价层面完善了信息对接体系。

安阳钢铁是上海宝冶的老客户，随着安阳钢铁环保提升项目的推进，上海宝冶同中冶东方以联合体投标的安钢原料场项目成功落地。此次，上海宝冶带给业主的是全新的理念——从设计、供货到施工，实施全产业链工程总承包，真正实现一站式服务“交钥匙工程”。

没有仪式，没有礼花。在合同签约的当天，中冶东方的设计队伍已经开工，进入全面设计阶段。几天后，上海宝冶的施工队伍也陆续进场，项目火速推进。

随后，上海宝冶以全产业链 EPC 总承包的模式，中标安阳钢铁脱硫脱硝项目。一个项目经理负责制，双方派驻不同人员组成联合项目部，各司其职又分工合作。施工中的问题，关口前移，从设计中解决，设计上的问题，施工中内部协调处理。中冶东方在设计中发挥自身的核心技术优势，加强设计优化和专利技术的投入，上海宝冶充分发挥施工管控优势，将项目周期大为缩短，项目成本也得到有效控制。

依托上海宝冶在市政、民建领域的良好口碑和辉煌业绩，中冶东方积极介入，全面参与。以同样的方式，双方陆续合作，成功签订南乐县城区集中供热 EPC 总承包项目、衢州元立金属封闭料场 EPC 总承包项目、圣戈班管道系统高炉大修 EPC 总承包项目、上海君逸厂房项目、上海布咔智能化停车场项目等一批总包项目，其他项目也在陆续跟踪，稳步推进。

2017 年 10 月，备受瞩目的青岛西海岸蓝湾漫步道项目成功中标，面对旅游、景区、亮化、园林等一系列新的行业挑战，中冶东方同上海宝冶融合后形成的全产业链优势逐步显现，这条在中冶东方家门前长达 30 公里的城市名片，正在宝冶人的手中慢慢变为现实。

2017 年 11 月 17 日，在中冶东方同上海宝冶整合一周年的前夕，从安阳钢铁第二原料场项目再传捷报，3 号堆取料机顺利试车成功，得到业主的充分肯定，部分设备顺利移交。

一项项工程，在双方的深度合作中开花，结果，落地。双方也在合作中充分摸索项目合作模式、流程和标准，并逐步形成一套行之有效的标准化作业体系。从整合到融合，双方在产业链上充分互补，优化组合，探索出一条 1+1>2 的国企改革新模式。

管理融合，助力中冶东方流程再造升级

设计院和施工类企业，在管控模式上存在着很大差异。“要在兼顾设计类企业特有的流程特点上，尽快从管理体系、制度、流程上实现对接统一”中冶东方与上海宝冶实施整合后，党委书记、董事长白小虎在第一次对接会上如是说。

管理融合，关键是制度融合。企业整合后，中冶东方迅速梳理了上海宝冶现行的各类管理制度和作业流程，并邀请北京中建协相关专家来

公司指导授课，从体系层面和制度层面进行全面的梳理和再造。对于日常管理、党工团相关方面的制度，能沿用宝冶的按照宝冶制度出台落地细则。对于作业流程方面因为围绕全产业链体系，重新编制了设计、供货方面的制度和作业文件。实现制度统一、体系一致，解决了一直以来的两层皮的现象。

管理融合，核心是管控融合。新的制度下，宝冶充分发挥集团化管控的模式，从战略发展、人力资源、物资采购、信息化等方面，进行全面融合。2017 年 3 月，根据宝冶薪酬体系和考核体系，中冶东方颁布实施《绩效考评实施方案》《2017 年度工资总额分配办法》，充分调动广大员工的积极性。通过绩效考核，打破“大锅饭”，实现多劳多得，按劳分配，充分体现出绩效工资对员工的激励作用；双方企业专线联络频繁，实现 OA 办公平台和财务 NC 系统一体化；依托办公平台，人力资源管理纳入统一管控范畴；物资采购管理部将项目工程物资和企业日常资产全部在同一个平台上采购和配送，降低采购成本；统一飞机票订票、无纸化会议等一系列平台，以宝冶整体打包的模式和优良的管控模式，降低企业运行成本。

文化融合，全面提升企业员工幸福指数

企业融合的核心是文化的融合。上海宝冶提出的“宝冶·家”文化，同中冶东方多年来形成的“团结亲和”文化一脉相承。在宝冶的愿景里，“幸福指数最高”成为宏伟愿景的落脚点。中冶东方同上海宝冶

整合后，积极从文化方面探索融合机制，实现不同文化背景的企业文化无缝融合。

在中冶东方，全面推行“合创之道”文化，倡导“合则兴，创则盛”的文化精髓，引导员工以整合为契机，依托大平台，探索新思路，找准新定位，谋求新发展。在上海宝冶，官微平台开通“东方在线”专栏，向其员工和核心客户推介中冶东方技术实力。在大项目现场，中冶东方选拔的20多名优秀员工，经过培训转岗，从一名设计工程师走上了施工管理的新岗位。

按照上海宝冶的统一部署，中冶东方启动“生日送祝福”暖心活动，将祝福和甜蜜送到员工心里；组织拔河、跳绳、猜谜、棋牌等喜闻乐见的群众性活动，员工凝聚力空前高涨；组织三八节、青年节、儿童节、建军节和防暑降温等不同层次的员工慰问活动，将企业的温暖送到员工心里。

2017年9月2日，中冶东方举行成立60周年庆祝活动，员工自编自演充满浓浓东方情怀的演出，将员工的心紧紧连在一起，员工凝聚力空前高涨。次日，上海宝冶集团召开青岛地区干部扩大会议，研讨EPC全产业链业务对接，推进深度整合融合，明确了中冶东方在全产业链中发挥的设计引领作用的定位，寻找突破口，培育核心竞争力，翻开了企业发展新篇章。

融合发展的本质是创新，创新的目的是提高生产力。通过一年的融合，中冶东方在供给侧改革的道路上不断提速升级，新旧动能转换稳步换挡。随着企业效益的不断好转，员工的收入大幅提高，员工的动能被进一步激发，热情被进一步点燃。市政工程事业部员工创下了半年时间个人创造设计产值50万元的历史新高，建筑工程研究所三名员工也分别创下了半年人均35万元的高产值。不少部门出现人才回流现象，人员素质正在不断提升。已呈现出管理体系完全统一，企业文化、员工情感进一步融合，产业链、市场链、创新链逐步贯通的“一统、两融、三贯通”良好局面。

2018年2月4日，中冶东方2018年工作会议上，白小虎充分肯定一年来中冶东方出现的可喜转变，同时希望中冶东方要继续强化服务意识、创新意识、忧患意识和发展意识，敢于走出去和先进同行对标、找差距，真抓实干，力戒空谈。而在年初，中冶东方以“项目管理信息反馈平台”和“设备管理信息反馈平台”为抓手，建设了一套运行高效、响应迅速、反馈及时的项目全生命周期服务体系；郑重提出服务升级承诺“五个一”：第一时间正确回应问题，小问题一小时解决，大问题一天内给出解决方案，所有问题一定解决，一流的客户评价。这正是融合创新走向高速发展的客观需求，也是唱响中冶东方“高效、务实、亲和”的服务品牌的又一项具体而扎实的行动。

改革永不停步，创新未有穷期。中冶东方作为中冶集团改革试点的排头兵，在与上海宝冶产业、管理和文化的融合中，打出了一副加快新旧动能转换发展的“优势牌”，彰显了冶金建设国家队的综合实力，也探索出了一条国企改革的新思路。一个以实现“员工幸福自豪”为目标的中冶东方，一个充满激情和活力的中冶东方已然驶入提升发展的快车道。

扬帆启航：“宝冶质造”“走出去”的发展转型和蜕变

上海宝冶从事海外项目的历程可以追溯到90年代。经过二十多年的发展和积累，在海外业务发展转型和蜕变的历程中，走出一条“中国制造”的海外发展之路。

组团队，披荆斩棘谋发展

时钟拨到2007年9月，上海宝冶成立海外部，这是宝冶第一次真正意义上设立的专门负责海外业务的部门，具有里程碑的意义。海外部成立之初，主要以营销职能为主，辅助以全集团的海外业务统筹管理和协调，并且整合了宝钢厂区内的外事办，外事办主要服务于宝钢厂区内外国专家的对接工作。万事开头难，在海外部成立的最初两年，主要是建章立制，建立相关的管理体系，并且逐步探索和试水国际市场。功夫不负有心人，经过一年多的摸爬滚打，2008年中标迪拜跑马场新月形钢结构屋面项目。该项目成为自海外部成立以来，第一个独自承揽的海外项目，项目历时一年多完成，给后续海外市场的开拓和实施积累了宝贵的经验。

随着第一炮的打响，后续接连中标泰国NTS高炉施工总包、科威特银行大厦钢结构 EPC 项目，菲律宾 Gateway 大楼项目，海外市场开拓表现出了良好势头，不仅进入了当时最活跃的中东市场，在东南亚地区也有所斩获。

然而，伴随着多个项目的实施，也逐步暴露了一些问题，国际合同条款不熟悉，施工所在国资源严重匮乏，当地法律法规与国内差异很大，国家之间的政治关系，以及当地民风民俗等问题都增加了海外项目实施的难度，构成履约的潜在风险。成长的过程总是痛苦的，经历了一些好的尝试和失败的教训之后，终于对海外市场的机遇和风险有了比较切实的认识，对海外市场的风险防控有了一定的心得体会，使得后续海外市场的开拓之路走得更加稳健，为如今的海外业务拓展以及属地化运营积累了经验，并打下了坚实的基础。

经过这些年的发展和积累，多次调研、反复论证，最终决定将海外业务的发展推到一个新的高度，于是在 2015 年 3 月宝冶成立海外事业部，这一决定将海外业务实体化运营的步伐又向推进了一大步。无论从职能定位上还是战略要求上都发生了很大的变化，在继续加强以前海外部的营销职能外，增加了管理职能，开始打造公司化平台运营模式，将整个集团的海外业务归口管理。在此期间，海外市场也出现了变化，由原来最为活跃的中东市场逐渐转移到“一带一路”沿线各国。作为央企，宝冶在海外市场开拓上紧跟国家政策的指引，成功中标乌兹别克纺纱厂项目，该项目是中国民企在乌兹卡尔希地区单体厂房面积最大的纺纱厂，项目总投资约 1 亿美金，为目前外商在当地投资的最大工业项目，受到乌兹别克斯坦总统的特别关注，并特批总统令给予优惠政策支持。项目建设期间，总统多次到项目现场视察，宝冶的施工管理不仅得到业主的认可，也得到了乌兹别克斯坦总统的赞许。越南正阳纸厂项目是中国最大的箱板纸生产商玖龙纸业在海外的投资项目，该项目的中标，再次考验了宝冶的境外组织和施工能力，比如业主近乎苛刻的要求和项目初期遭遇越南移民局遣返项目部人员等各种突发事件等，宝冶经历风雨而成长。同时在柬埔寨金边市场签下 Sky Villa 高级住宅楼结构体工程、马来西亚旗滨玻璃厂、马来关丹工业园 350 万吨钢铁项目，其中关丹工业园亦是李克强总理高度关注“一带一路”建设下的两国友好邦交的见证。让人欣喜的是在柬埔寨 Sky Villa 项目后，正赶上柬埔寨金边房地产市场的黄金时期，凭借品牌优势和在建项目的资源优势，又接连承接柬埔寨金边 33 层的巴厘水岸公寓楼项目、Gateway 商住楼项目、西港高层公寓楼项目、马德旺海螺水泥厂项目。市场的不断斩获为后续海外项目属地化运营创造了条件，赢得宝贵的时机。

“走出去”开疆拓土树品牌

随着海外业务不断拓展，市场捷报频传，海外事业部的体制已经不能满足宝冶海外项目运营的要求，经过缜密调研和反复论证，积极响应中冶集团“走出去”的战略方针。借着中冶集团与五矿集团战略整合的巨大发展契机，2016 年 3 月底，宝冶将上海迪士尼乐园项目部的优质资源与海外事业部整合成立了国际工程公司，标志着宝冶的海外业务正式进入自主经营，自负盈亏的实体化运营模式。

国际工程公司成立之后，着力打造“宝冶国际”品牌，积极开疆破土，建立海外业务平台，形成“区域布局、人员布阵、属地化管理”的国际市场营销策略；进一步梳理职能管理的业务流程，优化管控模式、整合人力资源，先后成立上海宝冶（柬埔寨）有限公司、上海宝冶（马来西亚）有限公司，将属地化经营管理贯彻到公司的战略规划中。2017年完成宝冶（柬埔寨）有限公司初步属地化工作，搭建子公司领导班子、完成子公司部门设置和人员聘用，进一步理清子公司中层以上人员的管理分工范畴，明确部门责任和岗位职责；细化子公司体系文件和规章制度，规范子公司在境外生产经营活动的合法合规性，健全内部控制节点，着重解决境外区域和国内的管理差异；梳理子公司业务审批流程，改善按项目个体经营管理的控制体系，统一子公司平台筹划运作，在既有人力资源基础上扩大规模效应；健全境外供应商的准入管理和资源统一，适应当地市场，提高采购效率，为商务投标报价属地化建立基础数据平台。

2017年中标的马来西亚新山体育场总包工程为境外首个公共建筑的总承包工程，为海外市场开拓写下了油墨重彩的一笔，且该项目以马来西亚子公司的名义签约，为马来子公司后续的属地化发展创造了条件。马来子公司将以柬埔寨子公司的属地化进程为样板，借鉴经验，在马来西亚区域市场实现实体化管理，在国际市场上迈向纵深。

在“走出去”的路上，充分利用中国五矿和中冶集团海外大平台，聚焦柬埔寨、马来西亚等国家，扎根当地，深耕细作，深入研判当地市场，坚持战略目标，搭建与当地政府对话平台，紧跟国家政策抢抓新一轮机遇，提高海外市场的规模和效益。同时，紧密围绕海外项目运营和海外市场的特点，不断建立健全各项管理制度，完善体系建设。2016年底中标科威特医保医院项目，项目位于科威特加哈拉省和阿哈麦迪省。两座医院分别由主楼、停车场、员工宿舍楼等组成，是科威特对外国劳工开放医疗保险服务的大型综合医院，建成后将成为一个能提供世界级医疗服务的医院。该项目是上海宝冶承接的首个 EPC 医院项目，标志着宝冶向全产业链的工程服务商方向迈进了坚实的一步，经营业务开始向设计等产业链上游拓展。项目实施过程中大量聘用外籍员工，并确保科威特医保医院项目风险可控，为后续国际工程公司全面落实属地化，积累管理经验和各类人才资源。

一路走来，有收获，有失落，有喜悦也有心酸，但是宝冶的海外业务范围和业务水平一直在向着更高的水准和平台发展变化，上海宝冶正以崭新的姿态向着更加广阔的国际市场稳步迈进。

匠心铸就卓越：走近“宝冶钢构”的“鲁班”时代

中国自古就有“精琢于技，技进乎道”的文化源流。对匠人来说，“鲁班”是建筑之巅，是建筑的至高精髓，更是一种精神内蕴的体现，精心雕琢每一件建筑艺术品，不仅要追求匠心独运，还要历经“始于技、进乎艺、求乎道”的流变过程，这是一次次不断探索、不断提升的蜕变。

当代随着经济全球化的不断深入，“品牌”有着能有效与竞争者区分，持久的、独一无二的吸引力。而“品牌”这一概念逐渐深入人心，并且根植于每个人内心甚至每个企业的灵魂。用60年的时间于国内外树立起卓越品牌形象，赢得行业内外高度认可，成为国内钢结构行业的先行者，用37座鲁班奖、59项钢结构金奖的实力向世界证明品牌的力量——“宝冶钢构”。

一个“品牌”皆为一个“传奇”。摘要“宝冶钢构”品牌的创建与培育的回忆录。不是品牌在发展过程中曾经遭遇的波折、抑或是曾经摘得的辉煌，而是在“技进乎道”的揣摩和研习中制胜的法宝之一——“戴明环”，正因超越自我，敢为人先的宝冶匠人遵循着这个“黄金定律”，不断探索着超越和创新的极致。2016—2017年，项目创奖载誉而归，历史性的获得7项鲁班奖，在钢结构工程获奖总数和含金量上，均取得了重要突破，极大地增强了公司市场竞争能力和业界影响力，正式迈入了属于他们的“鲁班”时代。

专注：在“计划”中“求深”

众所周知，PDCA循环的概念由世界著名的美国质量管理专家戴明博士提出，又称“戴明环”，它包括持续改进与不断学习的四个循环反复的步骤P（计划）—D（执行）—C（检查）—A（处理），他对国际质量管理理论和方法产生了重要的影响，日本曾经因为使用该工具一举成为世界经济强国。用通俗的话来概括，就是循序渐进，泥古创新，一元复始也是滚动发展。一个完善、运行良好的质量管理体系就像人体的免疫系统一样，在外部环境，甚至自身出现一些小变化和隐患的情况下，都能依靠自身的体系运转加以修复和改进。作为引入该项质量管理工具的先驱者，宝冶出新意于管理规范之中，把握本质于管理核心之内，在多年的项目创优实践之路上实现了创奖“大跃进”。

“戴明环”中“计划”步骤，专注的是深度，做深、做细前期策划是基础。我们知道，但凡想做好一件事，必须提前做好通盘考虑，然后再持之以恒去做，才能实现预定目标。钢结构工程的创优工作是工程争创综合性奖项的基础，是专项奖，一般有国家级奖项和地方性奖项。首先要做好公司的顶层设计和项目前期的规划工作，并对创优目标进行研判，学习评选办法，准确理解评选条件、评选方法、评审组织和程序等，同时对照需创优工程的工程规模、工程难点等编制创优规划，这样才能使得创优文件做到有的放矢。对于钢结构施工来说，若设定了工程创奖的质量目标，那么必须在施工前对施工流程、质量控制、技术资料收集等方面进行充分考虑，做通盘规划；也就是说，要创优而不是修优。施工策划工作应贯彻“整体实现精品，局部形成特色”的原则，在策划大纲的统领下，由粗到细逐步展开。结合项目的具体情况，在工程实体的主要空间与关键部位适度投入、精益求精，形成独特的施工亮点与特色。也就是说，从工程伊始，我们的策划也应该达到与所创奖项相符的高度和水平。

坚持：在“实施”中“求精”

“戴明环”中“实施”步骤，坚持的是精度，扎实有效做精工程是创优的前提。策划完成后的实施是创建工作的重要阶段，是从设想到现实的过程。钢结构施工的特点决定了精品工程的高质量，必然是分部分项工程乃至工序的高质量，必然是过程精品的累加。毋庸置疑，精品工程必然具有较高的质量标准，没有较严格的过程控制是不可能形成精品的。在钢结构项目实施过程中，建立完善的施工管理组织，合理配备管理人员，制定可行的管理和技术方案，积极落实施工策划内容，用严格的过程控制指标，实现较高的质量目标，不折不扣地完成创建策划，实现创建目标。要确保一次成优，样板引路是关键。样板引路涵盖的工序有编制样板引路实施方案，样板引路技术交底和岗前培训，样板段的实施，样板引路过程监督管理等。通过样板引路，可以给现场作业的操作人员有一个直观的认识，给现场管理人员有一个检查的标准，真正做到“现场有榜样，实物有标杆”，可以减少因返工造成的质量成本，树立一次成优的意识。针对钢结构安装施工焊接精度要求高的关键点，重点加强现场钢结构焊接的质量控制，并制定了针对提高焊工持证率的奖惩考核制度，同时每个在建项目都邀请专业人员到现场组织焊工培训、考试和取证，实行后效果显著。工程要创优，空有一番热情是徒劳的，积极性只是创建过程的必要条件，更需要参与人员具有较高的质量意识，施工过程始终使参建人员明确没有过程的精品，也就没有最终的奖牌。

保证：在“检查”中“求真”

“戴明环”中“检查”步骤，保证的是达标。创优要求“三高”与“三严”，即高的质量目标、高的质量意识、高的质量标准和严格的质量管理、严格的质量控制、严格的质量检验。虽说执行是关键，但必要的检查也是手段之一，并且检查工作应及时。一旦检查出存在偏差，需要有足够的时间来纠偏，以保证项目按时完成或将偏差控制在可控风险之内。实行的是领导检查、质量管理部门监督、项目部自检三个层级的检查制度。项目部层面充分发挥项目人员的自律性，对照项目计划适时自我检查，自觉及时完成工作，这是最为重要的基础环节。职能部门加大项目质量检查的力度和范围，对在建项目过程的质量检查全覆盖，保证工程质量得到全面受控。检查不仅是自上而下的管控监督，而应转变为项目管理者自觉、自律、自省意识，他们是项目实施的管理者，并且是最为重要的、最靠前的项目管理者，只有真正发挥项目管理者的作用，切实做到将问题和差异消灭在萌芽中，项目计划的执行才有了基本的保障。

创新：在“处理”中“求变”

“戴明环”中“处理”步骤，是循环的最后一环，也是新一轮管理起始。在“处理”中提升，在提升中技术创新是关键。在“处理”环节抓住经过检查、自我纠偏还不能解决的质量问题的原因、通过协调沟通、出具方案、不仅找到解决问题的措施，还找出问题的原因，防止类似问题重复出现，不断总结经验，提高管理水平。针对出现问题的原因，出台考核管理办法，严格进行奖惩管理，并推动建立相应管理体系。同时开展群众性质量管理活动（QC）是工程创优的关键环节，通过质量管理活动，使得一些小革新，小改进在工程项目中得到切实的应用，从而减少一些质量通病的发生，达到做优做细细部质量的目的。作为一个优质工程，必然有别于其他工程的核心技术和创新手段，有“夺人眼球”的地方。在实施过程中进行技术总结，及时将好的做法、经验和新材料新设备新工艺的应用效果进行总结提炼，形成论文、工法、专利等科技成果，促进科技进步和产业升级。通过技术创新，可以使得工程的难点得到解决，亮点得到展示。

品牌创优的“戴明环”管理模式并不是一成不变，还要与公司发展相结合，只有站在企业发展的战略角度进行品牌创建，才能真正实现企业施工管理水平的提升和实现企业的战略转型升级的目的，并在时代的发展过程中永不落伍。

引领行业现代化：宝冶装配式建筑产业深入发展之路

针对国家对于装配式建筑及建筑产业化发展的指导意见和相关配套措施，为装配式建筑的发展送来政策东风。不过，随着装配式建筑的星火燎原，在为行业带来新气象的同时，建筑行业业态或将面临新的变革。

多年来，在行业现代化发展大潮的引领下，上海宝冶打造装配式绿色建筑产业链。以研发、设计、生产、施工、运维为一体的产业模式，推动装配式建筑产业发展，不断培育自身EPC总承包以及全产业链的建筑技术能力，经过装配式工程实践，形成PC建筑产品、钢结构产品以及工程模块三大产品体系。为建筑全生命周期提供优质的技术服务，形成具有宝冶特色的装配式建筑总承包技术能力。

产业发展之基——高新技术能力前景看好

面对转型发展的迫切形势，上海宝冶积极运用云计算、大数据、物联网、BIM、GIS等信息化手段，全面推行EPC建造模式，深化精细管理，提升项目标准化管理水平。

宝冶主要依托研发及实验平台，装配式建筑产业领域进行技术研发以及成果转化，平台包括国家钢结构工程技术研究中心钢结构安装工程技术中试基地、钢结构制造与安装工程技术中心、同济—宝冶全方位加载结构试验室、博士后工作站、国家认可实验室、MEP 模块化研究室、材料研究室；通过运用 BIM 技术、三维扫描、GIS 等技术，有效提高装配式建筑设计、深化、生产、施工等不同建设阶段的协同工作效率，提高工程的可实施性和可控制性，实现虚拟设计、建造以及全生命期、全方位的预测和控制；通过运用工程项目信息化管理平台——“宝冶云”，实现装配式建筑项目信息集成共享、管理流程分类标化、各类文档模板化、建筑信息模型（BIM）可视化等特点，促进设计、生产、施工及运营管理系统全面互联，为工程项目标化管理提供数据支撑；通过运用钢结构智能制造管理系统，完善装配式钢结构设计、制造、物流运输与安装等全产业链的管理，提升项目质量、进度、成本管控水平，真正实现宝冶钢钢结构的智能制造。

在建筑信息模型（BIM）应用能力上，2011 年成立 BIM 中心，现有专职 BIM 技术研究与应用人员 60 余名，涉及建筑、结构、暖通、给排水、电气等专业，其中获得国家注册职业资格的一级建模师 57 名、BIM 二级建模师 32 名。在丰富的项目实战经验的基础上进行大量的 BIM 技术的研究与应用，积累了 110 余个项目的实践经验。其中上海迪士尼、珠海十字门、南京蜂巢酒店、龙之谷主题乐园等 BIM 服务成果显著。2018 年 11 月 12 日，BIM 技术应用也成为上海宝冶的王牌技术之一，进入了新版营业执照的主营业务之中。

宝冶自主开发的“宝冶云”和智能钢结构制造管理系统是可支持项

目各参与方协同工作的大型工程项目信息管理平台，可有效促进设计、生产、施工及运营管理系统全面互联，提升项目信息化管理水平，形成的科技成果，经鉴定达到国际先进水平。累计形成国家、行业、企业标准 6 项，申请发明专利 3 项，形成软件著作权 4 项。

产业发展之魂——核心技术独领风骚

在装配式建筑技术的研发方向上根据建立的技术体系，在 PC 结构上，完善装配整体式剪力墙和叠合楼板体系，拓展在工业厂房，尤其是电子厂房领域的应用。在装配式钢结构上，完善框架支撑结构体系以及箱框组合模块化建筑体系的应用与研究。在模块化上，研究工业和民用项目 MEP 集成模块化生产和应用。在 BIM 及信息化上，深入研究基于互联网的信息化建造和运维管理技术在装配式项目上的应用。在科研项目开展上，科技投入比例占营业收入的 3% 以上，其中科技投入 50% 用于装配式建筑研发，确保装配式建筑新技术的发展要求。

在装配式建筑技术体系上，涵盖 PC 建筑、钢结构、工程模块三个方面。其中，在 PC 建筑上形成预制装配式框架（框剪）体系、装配整体式剪力墙体系、预制叠合剪力墙体系。在钢结构建筑上形成多高层钢结构建筑、门式钢架结构建筑、低层冷弯薄壁型钢结构。在工业模块上形成建筑 MEP 整体安装模块体系、全装修模块体系、工业结构及装备模块体系。

宝冶十分注重科技进步推动产业发展，多年来，参编国家级工法

28项、部级工法168项，拥有企业级工法325项、企业标准106项；通过技术积累，形成国家专利1112件，国家科技进步奖8个，省部级科技进步奖52个，中冶集团科学技术奖65个，行业协会科技奖59个，省部级科技成果202项，并形成完整的企业专业技术系列。获得国家及行业内BIM大赛奖项47项。

产业发展之道——装配式项目遍地开花

在装配式建筑产业上，上海宝冶深入研究落实国家及地方对装配式建筑的政策和要求，在“四五”规划中明确指出“大力推广装配式建筑，加强探索和实践，积累技术、完善标准，争做新型建筑工业化的领跑者”。通过制定《上海宝冶装配式建筑发展规划》，明确发展方向、主要任务及具体实施方案，为装配式产业基地的发展指明了方向。

发挥先进技术优势，完善装配式建筑工程管理模式。以云计算、大数据、BIM、MR等信息化技术为支撑，完善宝冶BIM技术支撑平台、工程项目信息化管理平台、成本综合管控平台建设，把生产、施工、装修、运行维护等全过程纳入信息化平台，增强行业监管能力。建立适应企业装配式建筑“设计—制造—施工”（EPC）总承包工程项目管理体系。以信息协同设计引领管理体系的运行；以模块化提升经济、效率、节能环保的理念实现精益制造；以绿色施工（四节一环保）理念保证装配式建筑施工建设。加强装配式建筑技术研究及工程质量安全监管，严控装配式建筑现场施工安全和工程质量；积极研发绿色建材以及在装配式建筑中的应用，全面执行绿色建筑标准。

发挥科技引领作用，健全激励机制。发挥宝冶装配式建筑技术优势，提高企业在专业化领域的控制力，大力推行科技强企。发挥中冶集团职业人才培训基地—教培中心作用，形成以工程技能、知识教育、资质实训等多种功能于一体的装配式建筑人才培训、实训基地。健全装配式工程项目激励机制，加速推进企业装配式建筑发展。完善人才鼓励评价机制，建立以创新质量、创新贡献、创新效率为导向的分类评价体系，对开展基础研究的科技人才突出中长期目标导向。

依托装配式建筑示范项目，宣传推广工程经验。以罗店大型居住社区二期 C10 地块 EPC 项目等为示范，在企业内部普及推广装配式建筑相关知识；联合相关企事业单位及行业学协会，广泛开展装配式建筑的技术经济政策解读和宣传贯彻活动，加强行业交流；充分发挥央企优势，通过多种媒体手段分享装配式建筑相关技术及典型案例，广泛宣传推广装配式建筑产业基地、示范工程的经验。在装配式 EPC 项目上，总建筑面积近 52 万平方米。其中郑州装配式钢结构基地总建筑面积 107584 平方米。上海宝山顾村世界外国语学校总建筑面积 56012 平方米，宿舍楼采用 PC 结构预制率达到 40%。宝冶还完成设计了上海宝山祁连社区 A3-04 地块，建筑面积 4.3 万平方米、项目预制率 40%。在装配式施工项目上，总建筑面积近 41 万平方米。其中都江堰幸福家园住宅小区项目，建筑面积 8 万平方米，主要为经济适用房、商品房。罗店大型居住社区动迁安置房二期（C10 地块）项目，总建筑面积 105399.51 平方米，预制率 25%，获得 2016 年度上海市建筑工程白玉兰奖。在模块化建造项目上，最大工艺模块重量达6500吨。其中宝钢4350立方米特大型高炉采用快速大修工艺，使每座高炉大修时间由传统的180天缩短到78天。关键设备如炉壳、炉顶设备的更换均创新采用了模块化施工的技术路线。美洲加勒比海石油气化公司2700吨甲醇转化炉工程，全部采用模块化制作安装，整个工程划分为27个模块，其中最大的辐射段模块，重量约2500吨、尺寸30m×16m×30m。在国内整体模块化组装完毕后运输到海外。台塑集团越南河静钢厂的炼钢连铸项目，项目有各种能源介质管道约12000吨，焊缝约780000DB，全部采用BIM建模，数字化管道工厂预制，现场拼装的施工新工艺。

装配式建筑将给行业带来变革，同样也会带来新气象。宝冶中长期规划中明确了产业发展方向和目标，建立具有宝冶特色的装配式建筑技术产业，培育一流的装配式建筑技术人才及团队，以及相关工程技术服务能力，加速产业化进度，树立新型建筑工业化典范。为推动建筑行业绿色、协调、健康发展做出应有的贡献。

创新铸就辉煌：实现传统技术品牌向高新技术品牌的发展

作为国家级高新技术企业，上海宝冶坚持创新驱动、转型升级的发展战略，将科技创新放在企业发展的优先位置，坚持走谋求攀登高端市场、高端科研项目、高端装备、高端人才的创新发展之路，加快推进传统技术品牌向高新技术品牌转化、冶金技术行业向民用建筑领域转型、国内优势市场向境外新兴市场拓展、传统营销方式向“互联网+”模式转变，进而形成以工程检测为核心，装备制造、节能环保、新型建材等新型产业为重点，专业工程产业为支撑的产业发展新模式，实现传统技术品牌向高新技术品牌发展的新阶段。

科技创新成果丰硕。科技创新业已成为促进企业创新发展的“助推器”。通过长时期的接续奋斗和创新实践，公司被授予国家级高新技术企业，并拥有国家级认可实验室、中冶检测与监测中心、上海市企业技术中心等高科技平台，具备国家计量认证、国家认可检测和校准试验认证、建设工程质量检测、特种设备检验检测A级、司法鉴定、环保工程专业承包等多项专业技术资质，掌握并具有工程检测与监测技术、装配式住宅连接配套技术及“BY”灌浆料系列产品、节能环保新技术、高端装备制造技术等四大核心技术。先后拥有国家发明专利45件、实用新型专业42项，参编国家标准3项、行业标准6项，获得优秀发明奖、省部级科技成果奖50余个，发明专利及科技成果转换为企业生产力高达80%以上。公司在科技创新道路上取得的一系列创新成果，不仅有效增强了企业创新发展的原动力，也为企业实现转型升级和新旧动能转换奠定了坚实的科技基础。

“宝冶检测”传统品牌大放异彩。公司作为国内一流的权威性检测服务机构，拥有国际最尖端的检测设备、最先进的检测技术和最雄厚的检测力量，在传统的专业工程检测、钢结构工程检测、特种设备检测、房屋质量检测等领域，纵横驰骋，深耕细作，取得一项项辉煌检测成就。进入新时期，主动适应检测行业新市场、新产业发展需要，学习借鉴和消化吸收国内外最新检测技术成果，探索拥有地下综合管廊检测监测、司法鉴定评估、环保节能检测、地铁轨交施工运营检测等最新检测技术，拓展形成雄安新区、马来西亚等国内外检测市场，使“宝冶检测”这一传统知名品牌愈益焕发出强大的生机和活力。

装备制造进入中高端水平。公司重视培育和发展高新技术产业，致力开拓和发展高端装备制造产业，培养新的市场增长点，实现企业发展量的提升和质的飞跃。公司承接制造的全球最大桁架式双翼跨海架桥机整机设备用于文莱湾跨海大桥工程建设，中子源靶体维护拖车、四代核能熔盐反应器等精密设备进入核能领域，电厂主电机设备、大型吊机设备系统、高温冶金冶炼设备正广泛应用于冶金、电力等领域，一次又一次向世界展示“中国制造”的雄厚实力。

节能环保新产业蓬勃发展。公司大力开拓环保节能市场新领域，强化环保新技术的产业应用，培育和发展节能环保新兴产业，先后承建安阳钢铁脱硫脱硝项目、信阳钢铁球团干法烧结脱硫脱硝项目、梅山钢铁循环水系统改造项目、柳州钢铁除尘改造项目、上海大场土壤修复项目等一大批环保节能工程。其中，脱硫脱硝技术被《世界金属导报》评为2017年度世界金属工业工程十大技术要闻，受到钢铁冶金行业高度关注，不断创造出环保品牌新效益。

“BY”新型建材享誉海内外。公司重视加强对高新材料技术的研发和应用，不断激发市场新动能、提升市场竞争新优势。“BY”灌浆料是上海市著名商标，自主开发研制的“BY”灌浆料30多种系列产品畅销海内外市场，广泛应用于冶金化工、核能核电、轨道交通、装配式建筑等重大工程建设领域。尤其是开发研制成功的用于北京冬奥会雪车雪橇赛道建设的喷射混凝土，以其优异的功能品质和高标准技术性能，获得国际奥委会权威机构的一致通过认证，被誉为取得赛道建设里程碑式的胜利，打破了国外对高强度喷射混凝土配方技术的垄断，并创新获得《一种喷射混凝土干混料》等三件发明专利，在宝冶技术创新发展征程史上留下浓墨重彩的一笔。

一分耕耘，一分收获。公司在奋力推进企业创新发展进程中，不断谱写属于宝冶人的荣誉与辉煌。公司先后获得中华全国总工会“工人先锋号”和“模范职工之家”、全国“安康杯”优胜企业、上海市“重合同、守信用”诚信AAA级、上海市五星级诚信创建企业、上海市专业工作试点示范企业等荣誉，连续12年获评上海市文明单位、连续5年获评上海市平安示范单位等称号。

进入新时代，创新业已成为推动企业发展的主旋律和动力之源。公司紧紧抓住创新驱动发展战略不放，以更加强烈的创新意识、创新能力和创新精神，积极适应市场发展的新要求、新期待，勇于改革、善于创新、敢于突破，成为名副其实高技术新兴产业的建设者和领跑者，为打造中冶集团“四梁八柱”升级版新优势，继续创造出无愧于时代的崭新业绩和辉煌篇章！

从“黑色经典”向“绿色大潮”的发展转型

在中冶集团全面部署“冶金建设国家队、基本建设主力军、新兴产业领跑者”大格局的战略定位，在激发改革创新动力，加速推进转型升级的号召下，宝冶牢固树立新的发展理念，把握趋势，将创出“黑色经典”品牌效应的冶金服务型企业向“绿色大潮”环境能源型企业发展转型。宝冶人乘势而进、蓄势勃发，谱写绿色产业新篇章。

突破思路，提升发展定位

在国家“开发与节约并存，重视环境保护，合理配置资源，开发新能源，实现可持续发展的能源战略”的重大部署下，各地政府把扩大光伏发电内需市场和推广分布式光伏发电作为经济发展新常态下的重要任务，大力扶持、鼓励建设大型光伏电站、发展分布式光伏电站。在过去几年里，可再生能源发电如“水光互补”“渔光共生”“大棚光电”等新形式也应运而生。据统计，2016—2020 年国内光伏新增装机容量：20GW/ 年（2015 年国内光伏新增装机容量为 17.8GW），按 7—7.5 元 /W 计算，国内光伏电站市场份额为 1400—1500 亿元 / 年，市场潜力巨大。

在中冶集团做“中国冶金建设国家队、基本建设主力军、新兴产业领跑者”的战略新定位下，“四梁八柱”是这一战略新定位的业务支撑体系，宝冶要在“四梁八柱”中找到落脚点，支撑集团未来发展方向。2012年，宝冶人涉足新能源领域，先后承建山东安丘市郚山镇大埠沟（一期）等22个光伏发电项目；承建云南楚雄州梅家山风电场等13个风电发电项目。这些项目的实施坚定了宝冶大力发展“环境工程与新能源”产业的信心与决心。

2016年3月10日，上海宝冶将原检修工程公司更名为能源环境工程公司，专门从事光伏电站施工总承包、光伏电站智能运维服务及其他新能源、环境治理项目施工技术和运作。

突破营销 提升入市速度

步入崭新的领域，如何在第一时间打开局面，树立“宝冶新能源”品牌形象尤为关键。在建新能源项目的同时，积极参与行业活动，先后加入了中国信息产业商会新能源分会、光伏绿色生态合作组织PGO，参加了光伏绿色生态合作组织（PGO）深圳年会、中国信息产业商会新能源分会长沙年会、第十届国际太阳能产业及光伏工程（上海）展览会（SNEC），并连续参展第十一、十二届亚洲太阳能光伏创新技术产品展览会。该展会是全球最具影响力的光伏盛会之一，吸引了众多来自世界各国和地区的知名光伏企业参展，主要展示公司所承建的大型光伏电站项目的主要业绩及EPC总承包专业能力，得到业界赞誉。

在新能源光伏EPC总承包市场全力布局。一是在传统冶金市场，结合各大钢厂全力推进绿色生态文明建设、转变经济发展方向、调整优化产业结构的实际需求，积极跟进屋顶分布式光伏项目，开拓了宝钢股份金太阳（一期、二期）40MWp等十余个用户并网集中连片光伏发电工程。二是在国家重点扶持地区，结合国家政策导向及配额分布情况，积极部署重点营销区域，先后承接了贵州省安顺市关岭县新铺50MWp光伏电站EPC总承包项目等10余个光伏发电项目。在风电领域，首次以EPC总承包模式，承建贵州省纳雍县骔岭北风电场设项目，项目自建成后每年可为电网提供电量162698MW·h，节能减排效益显著。在此基础上，宝冶集团进一步加大新能源技术方案设计与系统集成能力的提升，充分发挥机电总承包壹级、电力设施承装（试、修）二级资质的优势，积极开拓光伏电站智能运维服务及其他新能源、环境治理项目施工技术和运作模式。

构建“宝冶新能源”开发新模式。新能源项目的市场营销具有复杂性、灵活性等特点，往往一个项目的跟进都会涉及项目业主、资源方、融资机构等方面，每个项目都有其自身特点，都是一种新的商业模式的探索，坚持“大客户、大市场、大项目”市场开拓战略，积极尝试了EPC、EPC+BT、BOT、PPP等运营模式。为保障国有资产保值增值及资金安全的要求，制定了新能源市场开拓“三大导向”。一是积极参与五大发电集团等央企自主开发项目；二是积极与央企开展融资机构合作；三是积极参与央企的并购项目的合作投标。在此导向下，与国家电投集团深度合作，相继承建了云南石林北大村60MWp光伏电站EPC总承包等六个项目，运营模式稳定，经济效益凸显，社会口碑极佳。

突破创新，提升管理层次

在培训实操中培养技术人才。在转型发展新能源的初期，邀请了光伏系统工程实践专家、中科院上海技术物理所博士葛玉建，进行《新能源项目管理》讲座。从太阳能资源与光伏前景，光伏电池原理、特征曲线和类型等方面讲解太阳能光伏技术的基础知识，从政策解读、项目建设、并网验收等方面剖析国内太阳能光伏项目的政策开发与建设情况，系统梳理新能源项目管理的知识体系。随后，开展光伏板施工工艺规范、光伏组件安装、光伏质量管理、光伏档案归档等数十项培训，针对提高山地光伏板安装一次合格率、选择复杂地形安装作业面等课题开展专门实地培训。通过系统培训，培养一批光伏项目一线施工骨干，为新能源领域的转型储备丰富的人力资源。

在 BIM（建筑信息模型）技术运用中展现实力。将积累的 BIM 技术优势，率先引入光伏施工项目。在初期，对所有施工工艺进行梳理，对部件进行建模，建立基础数据库。在此基础上，进一步提高建模的精度，加强建模信息的完备性、关联性、一致性。在浙江合大大悟四姑 20MWp 农光互补光伏电站项目投标过程中，通过 BIM 技术展示项目整体施工资源、施工进度、场地布置等信息集成体演示，得到业主方高度评价，顺利中标。在施工过程中，BIM 技术全面渗透，涵盖光伏支架和光伏板数字建模、可视化技术交底、施工进度模拟等方面，解决发电方阵布置不合理、零部件碰撞等问题，全面实现建设项目施工阶段工程进度、人力、材料、设备、成本和场地布置的动态集成管理及施工过程的可视化模拟。在BIM技术支撑下，该项目在“6·30”节点前成功并网发电。

在科技创新中彰显品牌价值。通过积累，逐步掌握光伏支架基础方案设计、光伏阵列设计、光伏电站并网设计等20项光伏专项技术。组织编写的《提高山地光伏板的安装合格率》获得2016年度全国冶金系统QC（即质量控制）成果一等奖、中国施工行业协会发布会一等奖；《大型建筑屋面光伏发电系统设计与施工技术》获上海市安装行业协会“科技创新奖”一等奖、中国施工管理协会二等奖、上海市优秀发明选拔赛优秀发明“银奖”。同时致力于专业技术领域研发。“一种光伏支架系统”、“光伏电站的发电量远程监控系统”、“安装在彩钢瓦屋顶顶部的光伏汇流箱”等获国家实用新型专利。

突破影响，提升品牌价值

在变废为宝中节能减排。承建的宝钢股份金太阳示范项目一期、二期项目建设类型为屋顶光伏发电项目，是目前世界上最大的屋顶光伏发电项目。项目利用宝钢闲置的建筑物屋顶，将晶硅光伏板建在宝钢股份冷轧、热轧、厚板等区域的屋顶上，所发电力经逆变、升压后并入10kV/3kV电力系统，供区域内生产用电设备使用，减少电力输送中的线路损耗。每年回收的太阳能可发电约7022.4万千瓦时，折合标准煤3.28万吨，减排二氧化碳11.42万吨，减排二氧化硫1716吨，每年发电可供约 2.8 万户家庭的生活用电，年减排二氧化碳量相当于 4.4 万棵树一年吸收的二氧化碳量。同时，太阳能电池板阵列安装在屋顶上直接吸收太阳能，降低了屋顶的温升，减轻了建筑物的空调负荷，降低了企业能耗及生产运营成本。

在绿色经济中创收增效。浙江合大汉川脉旺农光互补光伏电站项目是宝冶承建的首个平单轴跟踪支架高效光伏电站，具有结构稳定、性价比高、轴承免维护、对各种天气（雨、雪、大风等）的自动识别保护和阴影规避等特点，比固定支架系统的发电效率高出 30% 以上。该项目在保障最佳发电倾角的同时，与生态产业有机结合，同步规划建设渔场和畜牧场，并且配备相应的灌溉和饲养等基础设施，极大的丰富当地村民就业选择，让走出去不再是唯一的择业方向。电站建成后，创造相关联就业机会 50 余个，每户每年平均增收约一万余元，如今的脉旺镇已悄然成为了生态农、渔与产三位一体的生态产业集群，在光伏产业的助力之下已蜕变成为了当地的明星小镇。

“宝冶市政”争当“路桥先锋”主力军

“宝冶市政”前身为“机械动力分公司”。2015 年 3 月，更名为“宝冶市政”，主营业务也随之改变，也从此踏上了全新的转型发展之路。

忆往昔峥嵘岁月　市政开启破冰之旅

“宝冶市政”的 2015 年，是一部转型改革的史诗，以“3.27”更名为起点，公司走上了“产业转型发展”的改革之路。这一年，公司推进经营格局调整，加大市场营销力度平稳推进了重点项目，全面控制了项目目标。公司推行创优全覆盖，提升项目管理水平，加强全面风险防范及内部控制，保障运营安全，落实资源保障，助推转型发展，响应宝冶集团战略决策，推进企业改革，促进企业文化建设，打造了企业长远发展软实力。

在集团公司全面深化企业改革，构建集团化企业发展新格局的背景下，公司被定位于“市政专业公司”，产业性质发生了根本性转变。

这一年，公司围绕集团公司确立的“市政公用工程施工总承包、地基与基础工程专业承包、大型设备租赁”等三大主营业务，调整经营格局和营销模式，多管齐下，全力突击市场，为落实全年营销指标作出了不懈努力。公司调整经营方向，强化市政主业地位。将主攻方向确立为国家试点、政府投资的市政基础设施建设市场，集聚全力，开辟新战场。同时配套产业转型，强化营销体系建设。

看今朝砥砺前行　市政再度扬帆起航

从我国宏观环境看，国家“十三五”规划提出的基础设施现代化将全面推进实施。其中的城市综合管廊建设、市政道路建设、海绵城市建设、智能城市建设，无疑是巨大利好。我国“一带一路”建设，更为宝冶市政的前景带来无限憧憬。从企业整体环境看，中冶集团已确立跻身市政建设市场的战略决策，宝冶亦将市政公用工程施工总承包列为支柱性产业之一，并决定加大内部资源整合和人、财、物等资源的投入，给予大力扶持，为搏击市场提供了强力支撑。

展未来不断跨越　市政迎接新辉煌

转型发展不仅需要眼光和魄力、信心和勇气，还需要有市场品牌的“准入”和“通行证”。尤其是从传统周期性行业进入新的市场，对在新领域强者如林巨大挑战下，宝冶以精品质量为抓手，对大型民建、大型公建市场等，持续不断的下大力气创鲁班奖品牌。

转型以来，一是全力打造“市政、公路工程施工总承包”核心业务，相继开拓了城市道路、城市管道、城市桥梁、地下管廊、城市综合改造、隧道工程等市场；二是做精“地基与基础工程、大型设备租赁”两个配套业务，同时大力推进地基与基础工程专业向管廊建设领域，大型设备租赁专业向桥梁安装领域发展，融入主业；三是将与市政工程性质相近的其他业务作为做大企业规模的辅助业务，抓住市场机遇，给予适度发展，相继承揽了河道治理、房建等业务。

市政、公路工程板块在总营业收入中的占比由2015年初的3.5%提高到74.12%，技术指标初具规模。城市道路工程方面：已承揽前海、浦口、台州、宁国、十堰、黄冈等多个地区的项目，总里程136.45公里，其中快速路和主干道里程78.22公里。桥梁工程方面：已承揽40米以上跨度桥梁11座，其中：最大跨度88米，最大宽度42.5米，最大长度900米；桥梁结构包括立交、悬索、斜拉、梁式；单跨、多跨；砼结构、钢结构等多种形式。隧道工程方面：已承揽8座，其中最大长度为740米。城市地下综合管廊工程方面：已承建3个项目，其中最大长度为7.95公里。城市地下交通工程方面：目前在建1项，长度2.4公里，市场开拓快速突破，项目管理持续提升。

“宝冶市政”品牌形象得到进一步确立和提升。工程创奖成果日丰。2017年，在工程质量方面获国家级奖项2项，省部级2项，地市级16项，为历年之最；在标化工地方面获省部级奖项1项。社会影响力增强。浦东管廊项目部在业主各月度考核中稳居前三甲，多次获得业主表彰；承办了宝冶上海区域工程项目观摩及管理提升会议。前海项目连续三年在业主的质量安全评比中摘得奖牌，深圳电视台多次对该项目工程重大节点、现场防暑降温以及安全演练等情况进行报道，广受好评。

三年的转型与发展，标志着宝冶市政走上了“产业转型发展”改革之路；通过三年的努力，宝冶市政上下树立起前所未有的必胜信念，产业转型进入一个稳健、良性发展周期，距离“打造国内市政工程领域最具影响力品牌——扛起宝冶市政产业大旗”这个目标越来越近。

敢为人先勇拓荒　十年一剑露锋芒：房产板块转型与投融资发展

2009 年，在国内房地产行业市场波动较大的情况下，中冶集团充分利用政策引导和政企银合作等有利条件，制定灵活的产品战略，强化管理机制，取得较大的突破。在房地产开发的 10 年历程中，中冶集团进入北京、上海、天津、南京等 60 多个城市，“中冶置业”成为享有良好声誉与较高知名度的房地产开发品牌。与此同时，2010 年 5 月 7 日，上海宝冶集团有限公司召开专题会，宣布房地产分公司成立。同年 10 月 18 日，上海中冶·尚城开始交房，此次共完成千余套房屋的交付，顺利交房标志着中冶·尚城作为上海宝冶首个房地产项目的成功开发。

曾是时代弄潮儿，勇敢把脉亟转型

自 2009 年第一个商品房项目——浦东中冶尚城首次开盘以来，伴随着国家经济发展契机，上海宝冶先后在上海、江苏、浙江、河南等地开发十余个房地产项目，具备一定的房地产开发、建设及管理经验，形成以上海为中心，业务辐射长三角等地的综合性管理团队。花落花开，风雨兼程，房地产板块从无到有，从商品房到保障房，从市场之需到民生之本，一步一个脚印砥砺前行，不断地在实践中成长。一路走来，宝冶房地产板块已经构筑近2万个温馨家庭，累计开发规模达200万方，在建和已入住社区近20个，致力于为社会各界奉献品质、舒适的人居住宅，赢得了政府及广大业主的一致好评。

随着房地产“黄金十年”的结束，在土地价格飞涨、频繁的政策调控和价格管制下，行业销售规模增长和利润增速逐渐背离。房企带着规模一路狂奔的背景下，利润空间却一再被压缩。2016年中指院数据显示，中国百强房企的净利润率持续走低，仅为11%，低于营业收入增长率10.6个百分点，“增收不增利”成为行业中无可奈何的新常态。地产企业转型迫在眉睫。如何寻求转型之道，如何破茧为蝶，华丽转变，是当下值得思考的问题。

新机遇带来新挑战，新时代勇担新使命

上海宝冶在经过深彻思考之后作出前瞻决策，本着充分与时代接轨，与时代共振，同频率同节奏提升效益的原则，着眼并布局新兴产业市场，在国家推进PPP发展的过程中，积极争取有利位置。地产与投融资结合，面临更宽阔的市场机遇，同时也面临着极大的挑战。新融合体（投融资事业部）发挥了从前期策划、项目定位、资金运作、项目开发建设到运营，全生命周期一体化筹划及策划，一站式服务的优势，从而提升资金利用率，提升企业品牌力。摒弃了传统的单纯施工建设及单纯的开发建设，使得企业业态更加丰富，增加了运营服务板块，为下一

步企业业态外拓奠定了基础。在新政、新产业、新模式下，在PPP模式逐渐成熟及热捧的情况下，PPP政策制度不断趋于完善的情况下，宝冶积极探索和尝试地产新业务和多元业务，促进转型，通过领投PPP项目重大项目，发挥多年地产开发建设经验，参与产业、酒店及商业地产、文旅地产、教育及场馆、城市基础配套工程等。争取逐步打造全链式解决方案的综合运营商。

PPP项目市场庞大，截至2018年3月末，管理库项目共7420个，涉及投资11.52万亿。在清库周期内，管理库项目净增614个，投资额净增1.32万亿。但随着监管的进一步规范，前段时间各地陆续有退库项目及停工项目等负面清单爆出。自新预算法、43号、50号、87号、92号文及今年财政部的23号文，均对地方政府违规举债做了明确的规定。地方政府平台公司作为政府融资职能全部关闭，商业信用和政府信用严格区分，地方政府不再为平台公司兜底债务风险。同时，在房地产去泡沫、去杠杆的大环境下，在出口受阻、严控房地产泡沫、内需乏力的情况下，PPP作为规范的政府融资方式，已是地方政府重要投资模式。作为资金实力雄厚的央企，参与PPP项目具有巨大的先天优势，是企业升级、转型发展的重大机遇。另外，通过投融资项目的实施和运作，与地方政府、平台公司等搭建了良好的交流平台，构筑了良性的互动关系，通过对资源整合将为后续市场开拓奠定良好的合作基础。

PPP是个全新的商业模式，打造“最具产业链竞争优势的全生命周期工程服务商”也是全新的挑战，面对快速扩大的PPP市场，面对新的战略要求，投融资团队认识到，理念要发生改变，管理也要提升。PPP是个全新的商业模式，沿用传统的管理模式肯定是行不通的。PPP模式管理涉及经济管理、法务管理、风险管理及其他传统管理门类，涉及面广，涉及专业门类多，如何实现规范化管理、集约化管理、信息化管理，是管理提升的方向。要以全产业链全流程管控为目标，编制并落实PPP项目全流程管理手册，推进项目管理标准化、规范化，规避PPP项目实施风险，提升项目管理工作绩效。

上海宝冶在建筑业拥有较好的口碑，较强的实力，较优良的资产，这为拓展PPP提供了强大的支撑。要“入主流、上大舞台、干大事业”，要提高项目门槛，严控项目风险，重视高质量、大体量、标志性、拥有稳定现金流等特质的优质PPP项目的营销，以点带面，从投资、建设城市的某个具体项目转变为经营一个城市的理念转变，提高营销策划能力，从找项目转变为造项目。重点营销能对宝冶未来发展持续贡献的优质项目，比如：城市供水、供电项目、垃圾焚烧处理项目、污水处理项目、发达城市停车场类项目以及大型场馆、高级别医院、重点院校、城市综合开发类项目等。

上海宝冶高度重视统筹推进资质提升工作，通过对资质的全面提升，将有机会进入新兴领域，制造新的增长点，有机会、有能力与更高水平的建筑企业竞争并获得一定的市场份额，以助力实现“四五”战略规划奋斗目标及满足未来发展的更高要求。

宝冶品牌情：电子“追梦巨人”的崛起

十七载电子厂房品牌的“未了情”，一段关于光电产业建设“追梦巨人”迅速崛起的故事。上海宝冶用18年对“电子厂房品牌”的坚持，铸造匠心服务，根植于“东方巴黎”，隆兴于“连州跨郡”，赢得业内外的高度认可。以令人惊叹的加速度完成漂亮的“三级跳”，一举蹿升至国内光电产业建设行内第二位。

这是品牌的力量，更是品牌的深度。

独占鳌头　电子“追梦巨人”的霸气

每个“品牌”皆为“传奇”。

经历了面板工艺线的代代更新和飞速发展，宝冶人全情倾注电子产业发展，专注电子厂房项目品牌建设18年，累计承接电子厂房项目合同额超200亿元。宝冶人砥砺奋进，以深厚的积淀、钻石的品质在光电产业建设革新发展中矢志创新，在转型升级中砥砺前行。丰富的施工经验，良好的社会口碑，让上海宝冶与中芯电子、天马、友达光电、京东方、台积电等业界“航母”形成重要的战略伙伴关系，创造了多项新纪录，共获得3项国家级奖项、5项省部级奖项，打造并擦亮了宝冶在电子厂房建设领域的“金字招牌”。

从2000年“中华第一芯”首航起飞，宝冶人吹响了开拓电子厂房建设领域的号角，全面发力基建领域，培育品牌影响力。在中冶集团“四五”大发展战略定位：“做冶金建设国家队、基本建设主力军、新兴产业领跑者，长期坚持走高技术高质量发展之路”这条主线的引领下，秉承18年电子厂房项目建设的深厚积淀，誓将电子厂房品牌建设作为企业未来发展的主要航向之一！

如今，宝冶无论在市场份额、项目影响力、还是在建设品质上均不断刷新着自身和行业内的新高度，成为最早进入电子产业建设、书写最快施工记录、助推光电产业发展之巅等一系列光电产业建设“之最”的缔造者，在助力光电产业发展的同时，一跃勇登施工建设“制高点”，共圆“光电产业强国梦”。

破茧成蝶　电子“追梦巨人”的诞生

一切似乎就在昨天，而昨天并不遥远。

与电子厂房项目结缘，始于十八年前的“中华第一芯”。

中芯国际是世界领先的集成电路制造企业之一，也是国内规模最大、技术最先进的集成电路制造企业。中芯国际集成电路厂房工程项目结束了中国8英寸0.25微米以下宽芯片依赖进口的历史，“中华第一芯”不仅标志着我国芯片生产进入了国际领先水平，同时，第一个芯片厂房项目，对于它的建设者而言，也具有非同寻常的意义。

在市场经济大潮的洗礼下，宝冶已完成由单一的冶金工业建筑向全能型大型工业民用“海陆空”全方位发展，但涉足集成电路工程还是头一次。“宝冶能行吗?”从中标伊始，便有业内人士忧心忡忡。2000 年 8 月 24 日，宝冶打下工程的第一根钢桩。宝冶用完美的“开场表演”向世人证明了自己积蓄的实力。这一刻，宝冶首次跨入高科技建设领域，为自己辉煌的电子厂房建设史添加了浓重的一笔。

事实胜于雄辩。宝冶人以 13 个月的新纪录圆满完成了世界上最大规模的芯片厂建设，并创造了宝冶单项工程完成月工作量和年工作量的最高纪录。中芯国际总裁张汝京博士在投片生产庆典上对以宝冶为首的建设者们给予了高度评价，并称誉宝冶是“中国最优秀的施工企业”。中芯国际对上海宝冶在电子工业施工总承包领域实力的认可，促使两方合作由此开篇，让上海宝冶与中芯国际的合作更加深入。2017 年收获了中芯国际（上海）12 英寸 SN1&SN2 厂房、中芯国际集成电路制造（天津）T2/T3 集成电路生产线项目等三项中芯工程。依托该系列项目，中芯国际将给上海集成电路制造业的能级带来巨大提升，量产工艺将达到世界先进水平。

翩若惊鸿 电子“追梦巨人”的崛起

“追梦”的过程是建筑团队的一次积累，也是一笔无形的财富。

有了与“中华第一芯”的第一次亲密接触，待到今年承建的至今体量最大的电子厂房中芯国际 12 英寸 SN1&SN2 厂房总包工程，已经摸到电子厂房建设“门道”的宝冶人，追求的是施工管理的标准化、管理创新的持续化、过程控制的严细化和管理改进的常态化，在工程建设的进度控制、质量保证、安全保障、管理措施等诸方面实现了与国内外同类工程先进管理理念的顺利接轨。

塑好品牌才是企业发展的真谛。面对日益骤增的行业标准要求，同样艰苦卓绝，上海宝冶也交出了一份漂亮的答卷，创造了全国同类施工建设的多项新纪录；在助推“产业第一高”上，全球第一条最高速玻璃基板生产线的生产厂房及动力配套设施——合肥蓝科玻璃基板设施建设项目；被誉为“中国存储器航母”、中国目前最大的单体投资项目、标志着中国集成电路存储芯片产业规模化发展零突破——国家存储器基地（一期）项目；英特尔在全球第一个用300毫米晶圆领先生产技术的非易失性存储产品集成电路制造中心——英特尔大连非易失性存储器一期扩建项目；全国最大的存储器晶圆生产厂房——合肥长鑫12吋存储器晶圆制造基地项目等等一个个象征着中国光电产业发展里程碑意义的“第一高”，均出自上海宝冶的建设者之手，在实现我国光电产业发展的重大战略布局的同时，更实现了在存储芯片厂房建设领域的新跨越。在成功打造厂房建设“速度第一快”上，从成都转战武汉、上海、厦门，武汉天马第6代低温多晶硅（LTPS）TFT-LCD及彩色滤光片（CF）生产线项目是上海宝冶和天马集团的第五次握手。开工一个月便进行钢结构安装，80天完成2.8万吨钢结构加工制作安装，不仅打造了单体厂房面积亚洲最大纪录，且缔造了结构封顶时间123天的最快结构封顶纪录……“天马速度”不仅创造了同类项目施工的新纪录，更书写了江汉平原中部崛起的新篇章。

工程不仅要干好，更要管好。宝冶人成功探索出适应电子厂房项目管控的一套“源于实践又高于实践”的管理模式：在源于实践的过程中，利用电子厂房项目的履约积累，在成本控制、资源组合、技术和人才储备等方面的经验，采用集团直管模式和属地化管理模式，凭借多年施工总承包管理经验，做行业标杆、树区域典范，采用“顶层设计、提前策划、质量创优、树立标杆”的原则，发扬“一天也不耽误，一天也不懈怠”的朴实精神，确保项目各关键节点按期完成，真正打造成同类项目精品示范工程；在高于实践的过程中，大量的电子厂房施工工法、专利、核心技术应运而生，同时形成与电子厂房施工相关的专利共有185项，形成的工法76项，主要核心技术有11项。

历久弥新　电子“追梦巨人”的傲娇

荣誉，是近年来宝冶电子厂房品牌发展历程的一个缩影，见证着电子“追梦巨人”风雨兼程、披荆斩棘的正能量。

在逐梦的过程中，宝冶人的傲娇，来源于对专业优势的自豪感：宝冶人快速响应、善打硬仗，形成了快速响应、后墙不倒、善打硬仗的铁军精神。积累的大量施工资源，可在短时间内组织施工人员、机械到位；且具备强有力的BIM团队，在项目准备、实施和运维阶段，以提高工作效率，控制项目成本，提升建筑品质，践行绿色工程，保障项目的高效实施；在中芯国际12英寸SN1&SN2厂房项目建设中，业主就曾为此发来感谢状，作为业主独立的BIM设计顾问，BIM团队充分利用BIM技术的优势并结合现场实际情况对业主提出的设计方案进行优化，及时避免了设计方案中的隐患，为后续施工等工作带来了很大的帮助，整个团队以专业的技术赢得业主高度赞誉。由宝冶人自主开发“宝冶云”软件服务，为策划、设计、施工、运维等项目全生命周期管理提供完整的信息协同管理平台，在国内领先的综合实力完全能够满足各类大型难精尖电子厂房项目的各项要求。宝冶人经验丰富、数量充足，培养了一大批优秀的电子厂房项目管理人员和团队，形成了多支管理团队，迅速提升的软硬实力，为电子厂房品牌发展插上有力的翅膀！

花开“海”上：“上海工匠”成长启示录

2016—2018年，连续三年“上海工匠”命名，宝冶员工均榜上有名。2018年11月9日，中冶集团首位“巾帼上海工匠”诞生。王学珍继毛琪钦、钱国之后，再获此殊荣。自2016年起，上海市总工会实施上海工匠培养选树千人计划，计划用10年时间培养选树1000名“上海工匠”。三年来已选树280名“上海工匠”，在社会上掀起了争当工匠、学习工匠的高潮。宝冶正以实际行动，弘扬劳模精神和工匠精神，促进企业创新发展。

创新的时代呼唤工匠精神。2016年3月5日，李克强总理在政府工作报告中强调，“要鼓励企业开展个性化定制、柔性化生产，培育精益求精的工匠精神”。工匠精神首次被写进政府工作报告，这是国家的行动，更是时代的呼唤。

宝冶以“工匠精神”为导向，以职工创新工作室、合理化建议和“创新标兵”评选、技能竞赛等为载体，实施技能人才晋级奖励计划，把提高职工技能素质、培养工匠等高技能人才作为一项基础性、战略性工作来抓紧抓好，选树出了多个“上海工匠”、上海市劳模创新工作室、上海市技师创新工作室、上海市巾帼创新工作室等称号，充分发挥劳模、工匠在企业创新驱动、转型发展中的示范、引领和骨干带头作用，推动和带领广大职工成为知识型、技能型、创新型职工，不断增强企业核心竞争力。

启示之一：精心培育企业可造之才

2015年，上海宝冶命名首批“职工创新工作室”，“上海工匠”毛琪钦焊接创新工作室是唯一一个以员工名字命名的工作室。他的多项技改、技术措施，改变了传统的焊接方法，提高了焊缝质量和工作效率，在大型冶金设备的焊接施工中屡克难关、屡获殊荣。2017年，电气带头人钱国获“上海工匠”，超越高技术标准，带领团队不断创新，对工作高标准的坚持和锲而不舍精神的践行，是对上海宝冶建精品工程、铸长青基业企业使命的最好诠释。2018年，巾帼“上海工匠”王学珍发明成果填补了国内高低压组合冲洗、试压装置的技术空白。

上海宝冶历来重视员工队伍工匠精神的培养，注重顶层设计，转变“重硬件、轻技工，重学历、轻能力，重理论、轻操作”的观念意识，形成培育工匠精神的思想机制；广泛开展评先树模活动，营造比学赶超的文化氛围，使工匠精神成为引领企业发展的风向标；结合公司改革发展需求，搭建校园、社会两大人力资源招聘平台，加大人才引进力度，多种培训并举，提升员工整体素质，持续推进“三个100”人才建设，不断优化调整人才结构，大力推进属地化用工，打通多序列人才职业发展通道、深化人才激励机制，多措并举落实公司人才强企战略，搭建了产生大国工匠的制度平台。近年来，通过多层次多岗位的技能培训，努力打造出一支作风优良、技能突出、吃苦耐劳的专业化工匠型人才队伍，多人次获得国家、地方级劳动模范、五一劳动奖章等荣誉称号，在多项精品工程建设中创造了辉煌的业绩。

从宝冶工匠们的成长历程身上，既看到敬业坚守、精益求精、追求卓越、传承极致“匠心精神”闪烁的光芒，同时也看到宝冶重视技术人才培养和工匠精神培育优秀企业展现的风采，从而带给我们深深的思索和深刻的启示。

启示之二：重视搭建“工匠”型人才施展才华的舞台

俗话说：十年树木，百年树人。一棵幼嫩的树苗，要想长成参天大树，需要不断的施肥、浇水和裁剪，助其生长成材。

长期以来，宝冶坚持把培养高素质技术工人放在促进企业发展的重要位置来抓，从新员工入职第一天起，就广泛开展员工入职教育，通过组织老员工讲宝冶发展光荣传统、参观宝冶发展成就展览馆、师徒结对帮带、培树青年员工标兵等形式，引导青年员工牢固树立勤勉敬业精神，以企业为家、以事业为荣、以工作为乐，兢兢业业，扎扎实实，一步一个脚印，在推进企业发展中实现人生价值，早日成为企业领域内的行家里手、业务精英。宝冶还根据青年技术人才成长特点，创建“青年职业生涯导航平台”，研究制定企业人才发展培养“三五”、“四五”规划，对人才培养做出计划性和制度性安排，引导青年人才立足本职岗位建功立业。如今，宝冶已诞生成长一大批青年才俊和业务骨干，他们广泛活跃在民建、市政、能源、冶金等国内外建筑市场，在宝冶各个业务领域正发挥着“顶梁柱”作用，日益成为实现企业创新发展的中坚力量。因此，培养企业青年高素质人才，打造企业工匠型的“蓝领人才”高地，既是企业快速发展的需要，也是时代赋予企业的重大命题。

为充分发挥工匠们技术优势和才能，培养更多的专业技术人才，上海宝冶专门成立焊工培训中心和创新工作室，由他们领衔开展对专业技术的培训、研究和实践，全力支持和鼓励他们在专业技术最新领域的攻关探索。

毛琪钦、钱国、王学珍是上海宝冶打造“冶金建设国家队”的领军人才。钱国28年来一直专注电气设备安装，先后参加宝钢、湛钢、梅钢、太钢、安钢高炉的建设和大修。该工程不断突破国内最短施工纪录并最终达到国际领先水平，被中央电视台探索频道拍摄的大型工程纪录片誉为“高炉传奇”；焊接“掌门人”毛琪钦带领技术团队顽强攻关，先后在残余应力检测新技术试验、第四代核能熔盐罐焊接技术、Q690及以上高强钢焊接等课题研究中取得积极成果，其中三点弯曲加载应变测试实验装置获得实用性新型技术专利。他还培养和造就出上千名技术过硬的焊工技术人才。在焊接实践中，不断实现自我突破、自我超越，不仅熟练掌握国内外多种先进焊接方法，还先后参加国内多项大型工程焊接工作，并在全国多次焊接技术比武中夺得桂冠。

宝冶工匠之所以能取得令人骄傲的成就，一方面是源于他们执着的技能事业，刻苦追求的结果；另一方面，则是宝冶为他打造了一个尽情施展技术才华的平台，一个充分实现个人价值的舞台。近年来，为使更多像毛琪钦这样的技术人才脱颖而出，大力实施人才强企发展战略，启动实施“三个 100”和“3 级 5 库”工程，创建不同行业领域的“职工创新工作室”，培育树立一批站在时代前沿的技术领军人物和一批践行“工匠精神”的岗位技术能手，有效团结凝聚起推进上海宝冶创新发展的人才方阵。

启示之三：充分发挥“工匠”品牌价值的溢出效应

宝冶工匠凭借精湛的技术和丰富的实践经验，不断创新和改进传统技术，全力攻克专业领域的多项技术难题，并在大型冶金施工中屡克难关，有效提高了公共质量和工作效率，为宝冶创造了丰厚的社会效益和经济效益。

毛琪钦所创造的异种钢材焊接技术被收录编入《上海技师的高招绝活》一书。他的焊接技术蜚声焊接领域，已成为上海宝冶焊接技术的一张闪亮名片和优质品牌，广为世人所称道和瞩目。为充分发挥毛琪钦焊接技术优质品牌的综合价值效应，在精心维护和发展焊接品牌价值的基础上，借助实战化力量，不断扩大焊接品牌的影响力和知名度。在宝钢化工公司希罗哈克斯反应塔钛合金焊接修理中，面对钛合金焊接上的技术难点和高风险点，在其他焊接专家都不敢承接的情况下，毛琪钦带领团队挺身而出，选取匹配合适的焊接材料，采用最新焊接技术和工艺，连续攻克工业纯钛在实际焊接中的多个技术难题，圆满完成抢修任务，挽救了近千万元化工设备。毛琪钦创建的工业纯钛焊接技术成为宝冶技术的一项“绝活”，正广泛应用于金属钛质结构和设备的维修中，有效展示了宝冶焊接技术的强大品牌实力和风采。

近年来，宝冶实施大发展战略，全力打造企业核心品牌和核心产品，以国家首批装配式产业基地和中冶装配式建筑技术研究院落户宝冶为契机，加快推进郑州钢结构基地建设和顾村科研基地落地，全面开展以 PC 技术、钢结构装配式、建筑 MEP 模块和装饰模块为主的核心技术研发，尽快形成技术集成度广、专业协同度强、工艺先进性高的装配式建筑技术能力体系。在巩固和发展“宝冶技术”“宝冶制造”“宝冶检测”“宝冶焊接”“BY 灌浆料”等知名品牌基础上，不断加大品牌创新和产品创新力度，有效增强了企业核心竞争力和发展内动力。

迈入新时代，上海宝冶将贯彻新思想、履行新使命、开启新征程。根据企业专业化发展方向，运用科技力量持续打造优质品牌，发挥品牌价值溢出效应，培育和弘扬工匠精神，支持和促进优势品牌和创新性品牌成长发展。

▲ 现代化钢铁企业宝钢

▲ 宝钢湛江钢铁基地高炉雄姿

▼ 越南河静钢铁厂

◀ 国家体育场（鸟巢）

▲ 2022 北京冬奥会国家雪车雪橇中心

▶ 厦门国际会议中心、会展中心

▲ 北京雁栖湖国际会展中心

◀ 上海迪士尼明日世界

▶ 上海世博主题馆

▲ 2018 中国首届进博会主场馆（国家会展中心）及周边街道建设和市容景观

► 上海吴淞国际邮轮港码头

◄ 上海罗店大型居住社区

▲ 唐山体育中心——宝冶首个体育场馆 EPC 项目

▲ 宝冶首个海外 EPC 项目——科威特医保医院工程

▲ 上海宝冶设计国内首个 3 连跨环保料棚典型工程——青钢现代环保综合原料场

◀ 国家体育场钢结构外部桁架柱吊装

▲ 宝钢特大型现代化高炉群全景

◀ 2018中国首届进博会配套道路工程

▲ 2018 年 5 月 29 日，广州富士康 1 号阵列厂房钢结构提前实现喜封金顶

▲ 2017 年 11 月 16 日，美洲加勒比天然气化工有限公司年产 100 万吨甲醇转化炉整体模块发运

► 2018 年 8 月 24 日，马来西亚联合钢铁项目正式进入全面产出

▲ 长春国际金融中心——集商务金融、科技研发、商业商贸、文化创意、生态休闲五大功能为一体的新长春新区 CBD

▶ 在上海迪士尼施工现场同心协力的宝冶人

◀ 迪士尼明日世界宝冶建设者体验创极速光轮感受速度与激情

◀ 全国劳模董清和她的装配式团队

▶ 90岁的王铭璋老人时隔30年回到宝冶展示厅参观

▲ 2018年10月1日，央视财经频道《改革开放40年》直播节目组与苗族村民及上海宝冶建设者合影留念

▲ 2018 年，上海宝冶工作年会吹响改革奋进的号角，开启宝冶人不断攀登超越的新征程

后记

忆往昔　看今朝

向经典致敬，与梦想同行。

向幸福致敬，与奋斗共舞。

“幸福都是奋斗出来的。”四十年风雨征程，新中国创造了举世瞩目的发展奇迹。时至今日，改革开放让人民群众收获了太多的幸福感、获得感和自豪感。这种幸福让我们对国家心生敬意。

幸福必须是实实在在的。为了“验证”宝冶人的幸福，我们推出这本书，为致敬改革开放四十周年，也为致敬宝冶人入沪四十年的巨变带来的幸福。听着不同时期、不同时代的宝冶人诉说在企业的幸福劲儿，我们也备感幸福。在编撰这本书的过程中，我们时刻感受着幸福。

好在幸福毕竟有它的共性。在企业的员工，稳定的工作及其带来的相对足够而又稳步提升的工资福利是一种幸福。但有此还远远不够，随着80后90后员工队伍的壮大，他们既要今天，也要明天，既要物质，也要精神，既要待遇，也要价值。很多很多的“既要”和“又要”扩展了他们对幸福需求的广度和深度。但无论多多少少的“既要”和“又要”，绝大多数的员工都认同这样“一要”：要建立在员工努力和企业发展的基础上。

2017年从深化改革的号角吹响到多项之“最”的诞生，从多个“首次”的初涉到多项“第一”的斩获，宝冶人脚踏实地、一步一个脚印，扎扎实实搭平台，战略引领抓管理，深耕细作谋市场，汇聚强大的力量，续写上海宝冶改革发展史上“最重要的故事”。2018年，改革开放四十周年之际，宝冶迎来了大变革和大转型的时代，这种变化是由量到质的飞跃。两年内，宝冶承接了多项在国内外具有广泛社会影响力的重要工程项目。“集团管总、系统主建、实体主战”集团化管控体系的落地生根，市场营销、项目管理、集团管控、创新发展“四个平台”的成功搭建，战略目标“15121”管控架构的形成，项目管控平台“223311”的成功发布、组织结构“228711”人力资源“75521”等纲目并举多项举措的深化实施、按照全生命周期打造“136”系列品牌实效的逐步显现。这段难以复制的历程，将成为上海宝冶不断奋进征途中不可或缺的华彩篇章！幸福的宝冶人既是企业发展的重要实践者、推动者，又成为了这种“作用”下的巨大受益者。

60余载的默默坚守，多个轮回的驰而不息，坚定的发展战略，不屈的勇闯建筑市场的信念，激励着宝冶人毅然行走在建筑舞台最前沿。播撒梦想的种子，匠心独运，铸就精品，收获的是理想和希望，更是宝冶人的幸福。

我们要感谢这些创造了和创造着幸福的宝冶人。他们从艰苦中开始创业历程，也经受了过程中的各种艰难和磨难，也正因为如此，他们更加懂得幸福的含义，更加懂得给予别人幸福的重要性。在他们的血液里，让员工和更多的人幸福，已经成为他们最大的幸福。

我们也要感谢来自五湖四海聚集到宝冶的员工们。很多人远离故土，只身坚守在全国各地甚至海外投入工程建设，用他们的智慧和双手，奉献给企业和他们所在的城市，他们在牺牲自己某些幸福的同时也获取着另一种满足，得到了另一种幸福。

我们也要感谢这座卓越的全球城市。城市是集体和个人幸福的“根基”，没有上海这座城市独特的商业氛围和文明因子，企业的发展是空中楼阁，企业和员工的幸福是无本之木。

每个宝冶人都是本书的主角，是时代的弄潮儿，他们不断突破超越，征服不可能，时代改变了他们的命运，他们也成就了时代的伟大。伟大的新时代已经到来，宝冶人不忘初心，站在新起点再出发……

向经典致敬，与梦想同行。向幸福致敬，与奋斗共舞。致敬奋斗精神，用匠人情怀致敬责任担当，他们都是时代的领航者，都应该被致敬！没有他们，就没有我们对上海宝冶幸福的铭记。

写书编书和拍电影一样，都是遗憾工程。当我们完成这本书的编撰工作时，同样感到遗憾。尽管整个编撰过程大家付出了十分艰巨的努力。宝冶六十多年的光辉历史、经典工程、动人故事远不止书中所记。由于历史的局限和史料记录没有得到有序传承，遗憾也就无法避免。好在，宝冶故事仍在更迭，宝冶的辉煌还在继续。光影四十年，这个故事从记忆开始，并且还未结束。

图书在版编目(CIP)数据

激荡一甲子　奋进四十载:致敬改革开放40周年/
上海宝冶集团有限公司党委宣传部编著. —上海:上海
人民出版社,2018
ISBN 978-7-208-15555-8

Ⅰ.①激…　Ⅱ.①上…　Ⅲ.①建筑企业集团-概况-
上海　Ⅳ.①F426.9

中国版本图书馆CIP数据核字(2018)第268050号

责任编辑　赵　伟
封面设计　陈　酌

激荡一甲子　奋进四十载
——致敬改革开放40周年
上海宝冶集团有限公司党委宣传部　编著

出　　版　上海人民出版社
（200001　上海福建中路193号）
发　　行　上海人民出版社发行中心
印　　刷　上海盛通时代印刷有限公司
开　　本　720×1000　1/16
印　　张　33
字　　数　346,000
版　　次　2018年12月第1版
印　　次　2018年12月第1次印刷
ISBN 978-7-208-15555-8/F・2568
定　　价　68.00元

第二篇

四十年辉煌巨变　四十载风雨见证

30项工程致敬改革开放40年

四十年间，无数个宝冶“质造”是匠心的承诺，也是宝冶人走上世界建筑大舞台、跃上发展快车道的隆重“奠基礼”。

宝钢，又栽下了“十朵金花”

——宝冶依靠科技进步抢建热轧工程纪实

宝钢是一座绿茵铺地、繁花似锦的花园工厂。在这块12.6平方公里的土地上，举世瞩目、光彩照人的“十朵金花”为宝钢增添了新的魅力。

这“十朵金花”原是指宝钢热轧生产线采用的10项新技术——连铸坯热送热装炉工艺，板坯低温出炉轧制工艺，低燃耗分段传动步进式加热炉，轧机宽度、凸度、厚度和微张力自动控制，液压助卷辊式卷取机，交变频调试电机，四级计算机系统控制管理，现在成了热轧厂的代名词。这些新技术荟萃了当时世界轧钢技术的精华，使单位工序能耗降低到每吨钢板0.098吨标准煤，钢板钢卷收得率95%左右，最高轧制速度可达每秒25.1米，联邦德国专家曾经夸耀地说：“这个厂不仅目前是世界上最先进的热轧厂，而且在今后二十年内也居领先地位。以后订购热轧设备不用到欧洲，到中国宝钢就可以了。”

宝钢热轧厂不仅技术新，而且规模宏大。占地面积45万平方米，绕厂走一圈需要一两小时；总投资近30亿元，相当于三个桑塔纳轿车生产厂。设计年产1.2—25.4毫米厚、600—1900毫米宽的各种规格的热轧板卷400万吨，如以产顶进，国家每年可少支出外汇约11亿美元。

这样一个“一新二大”的工程，自 1986 年 6 月 18 日破土动工，至 1989 年 6 月热轧生产线全面建成，前后只用了 36 个月时间。1989 年 4 月 19 日上午，联邦德国西马克财团负责人莱弗尔特·勃洛科夫·汉斯在和中方共同研究热轧厂投料试车时说：“可以说，世界还没有哪个国家的施工单位，能在那么短的时间内取得那么大的成就的。”

世界冶金建设史上的这一奇迹是怎么创造出来的，这项工程的总承包建设单位，承担了 78% 工作量的宝钢冶金建设公司主管施工的副经理蔡德慧十分形象地说：“宝钢热轧厂从国外引进了‘十朵金花’，我们宝冶也有自己特色的‘五朵金花’。我们用自己的‘五朵金花’养育培植了‘十朵金花’。”

所说的“五朵金花”，就是他们在消化吸收引进技术的基础上经过创新而采用的五项主要施工新技术——地下连续墙施工技术、BY-40 国产灌浆料的研制和无垫板流动灌浆安装工艺、国产酸洗液的研制和在线循环酸洗工艺、电缆敷设计算机跟踪管理技术、四级计算机调试技术。囿于篇幅的限制，仅摘取其中的“三朵金花”奉献给读者。

中国的第一大坑

到宝钢热轧厂参观过的人，对躺卧在主厂房内的钢铁巨龙——气势磅礴、蔚为壮观的热轧生产线，总要津津乐道一番。然而，很少有人留意到，在主厂房外，还有一个天下奇观，那就是直径和深都是 30 米的铁皮坑，被称为“中国的第一大坑”，用来收集钢板在轧制过程中产生的氧化铁皮。建造这样一个铁皮坑，如用传统的方法施工，需要挖一个直径 300 米的大池塘。在软土地基上挖这样一个大坑，不仅使周围的桩基和已经浇灌的轧制线设备基础产生位移和沉降，而且由于作业面大而使主厂房和设备无法吊装，工期需推迟一年左右。

怎么办？宝冶决定采用地下连续墙施工技术解决这一难题。先在地下修筑一个 50 米深的钢筋混凝土围墙——这是当时国内最深的地下构筑物，再在围墙内修建铁皮坑。这样，既防止了桩基和设备基础的沉降和位移，又使轧制线上的吊装工程照常进行。

在软土地基下面修建 50 米深的围墙固然困难重重，在围墙内修建这样一个铁皮坑，更是难上加难。按照德国专家设计方案，要采用水下施工法，边开挖边灌水，防止坑内外压力差过大而造成的底土隆起，避免机毁人亡的恶性事故。最后封底时，要由潜水员潜入 32.5 米深处绑扎钢筋，浇灌混凝土。

宝冶根据几十年积累的丰富的土建施工经验，大胆提出用干法施工代替水下施工的设想，并请中国船舶工业总公司九院进行科学论证。新的施工方案采用墙外降水，墙内干式挖土、干式结构施工、干式封底的办法，保持墙内外压力的相对平衡。在施工过程中，埋设了许多监测仪器，进行严密的监控，终于使干法施工获得成功。采用干法施工和对地下连续墙原设计结构的修改，一共节省投资 414 万元，钢材 1029 吨，缩短工期 3 个月。这项施工技术获冶金部科技成果一等奖，国家科技成果二等奖。

热轧厂铁皮坑建成后，原先一再反对采用干法施工的德国专家钦佩地对中方说："还是你们的技术高明。我们很愿意同你们合作，把你们的方法介绍到国际上去。"

设备安装技术的重大突破

1989 年 5 月 13 日，冶金部在宝钢召开 BY-40 国产灌浆料和无垫板流动灌浆安装工艺技术鉴定会。与会 20 多名专家教授对宝冶的这项科技成果给予高度评价："采用这项新技术，是我国设备安装继续研磨法和坐浆法之后的第三次技术上的重大突破，标志着我国的安装技术达到世界先进水平。"

在全长 768 米的宝钢热轧生产线上，要安装 4 台粗轧机、7 台精轧机和 3 台卷取机等一系列高技术、高精度的大型设备、一系列自动控制设施，安装精度只允许有一根头发丝几分之一粗细的误差，难度可想而知。

宝冶不因循守旧，在总结了宝钢一号高炉鼓风机大马达安装经验以后，决定在国内首次大规模采用无垫板流动灌浆安装工艺安装轧制线设备，但需有与此安装工艺相适应的灌浆材料。如从德国引进，一吨灌浆料要 500 多马克。

外国有的，我们中国也得有！宝冶试验人员先后设计了 30 多种灌浆料的配合比，经过半年多时间的数千次攻关试验，不断优化配方和搅拌转速，相继攻下了灌浆料分层、开裂和流动度差等难关，终于研制成功具有大流动度、无收缩和早强特性的 BY-40 国产灌浆料。经过冶金部技术鉴定，这种灌浆料能够自流充满所有空穴，使设备和基础充分结合，满足各种设备包括高精度磨床的安装要求，达到和超过了国际上常用的日本生产的塔斯库灌浆料的水平。

用国产灌浆料和无垫板流动灌浆安装工艺，一共安装了轧制线18579吨设备，降低成本117万元，提前工期90天，安装质量优良率达100%。

11月初，全国冶金施工企业和部分生产厂推广应用BY-40国产灌浆料和流动灌浆安装工艺培训班在宝冶开办，这株科技新花在全国各地开花结果。

一面别开生面的锦旗

这是一面小巧玲珑的别开生面的锦旗，鲜红的绒缎上并排精心刺绣着中德文字——

联邦德国摩根酸洗公司　黑墨尔斯，中国宝冶机装公司　刘新景、周云凯、艾泽庆。

刘新景是宝冶机装公司的一位女工程师。她在酸洗王国中经过多年的遨游探索，取得令国内外同行折服的成果，先后获得国家专利发明权、冶金部科技成果奖、上海市巾帼奖。在宝钢热轧工程建设中，她研制成功的国产循环酸洗液，经冶金部技术鉴定，在除锈能力和防锈性能等方面均优于联邦德国摩根公司酸洗液，达到国际同类产品水平。

黑墨尔斯是联邦德国摩根公司酸洗指导专家，这位天生傲慢的日耳曼人，不止一次地对中国工人说：“我十分钦佩刘女士，她是中国了不起的酸洗女专家。”他请刘新景制作一面锦旗，将中德双方负责酸洗的人名绣在锦旗上，带回国内留作永远的纪念。

宝钢热轧工程一共有 6 万多米液压润滑管道，其中需要酸洗的管道有 5 万多米。按照设计要求，主轧线液压管道酸洗清洁度要达到美国航天标准 5 级至 4.5 级。这是宇宙飞船上天才采用的标准。根据兄弟单位在冷轧工程酸洗速度推算，热轧酸洗工程至少需要一年半时间。由于种种原因，时至 1988 年 2 月，液压润滑配管还没有突破“零”的纪录，离主轧线进入单体试车时间只有 9 个月，留给酸洗的时间只有 4 个月。

刘新景对当代居领先地位的日本、法国和联邦德国酸洗工艺进行分析比较，决定采用德方的在线循环酸洗工艺。如从德国购买特殊化工材料，由德方提供酸洗液，价格昂贵，令人咋舌。刘新景决心再闯难关，研制出国产循环酸洗液。她从现场取回德方的各种化学药品到试验室，研究这些药品的特性。她虚心向指导专家黑墨尔斯请教学习，对酸洗液的配制方法、操作程序和酸洗时间，作了详尽的记录。在此基础上，她派人到全国各地购买国产化学药品和缓蚀剂，一头扎进了试验室，夜以继日地进行国产酸洗液的配制工作。

刘新景从数百次的配方试验中，寻找出最佳酸洗液和中和液将配制的酸洗液用于循环酸洗实验，从 300 多个工艺参数中取得最佳数据。经过这样的反复攻关试验，一种新型的国产循环酸洗液终于诞生了。她征得法国斯坦因炉子公司专家的同意，将自己研制的循环酸洗液用到一、二号加热炉管道的酸洗工程中去，酸洗结果令人欢欣鼓舞。经法国专家检验确认，酸洗质量明显优于联邦德国摩根公司酸洗液。

为了加快酸洗工期，刘新景和她的酸洗班还对德方的酸洗工艺大胆地进行改进。

新型国产酸洗液的研制成功和酸洗工艺的改进，使整个热轧工程5万多米液压润滑管道只用不到4个月时间全部酸洗完毕，为轧制线全面投入单体试车创造了条件。

宝钢的“十朵金花”已经在宝钢这块土地上绽放。当人们兴致盎然地欣赏她的英姿、芳容和丰采时，请不要忘记茹苦含辛养育这“十朵金花”的成千上万的建设者。

（晁国荣）

一曲填补国内技术空白的凯歌

——宝冶人令特大型钢包起死回生

步入宽敞明亮的宝钢炼钢厂，只见盛满火红钢水的特大型钢包，随着天车的笛鸣，从3001吨转炉旁呼啸而过，瞬间转向铸锭、转向连铸。

周而复始，往返运动，宝钢年产670万吨的钢，就是这样一钢包、一钢包地装载出去，变成钢锭，变成板卷，变成一个五彩缤纷的钢铁王国。面对此情此景，你怎能不对这伟大的盛器——钢包，油然产生敬意！然而，钢包并不是永恒的钢水盛器。它也会出毛病，甚至会走向生命的衰竭。如今，频繁运行八年之久的钢包，为什么仍焕发着青春的魅力？

宝钢炼钢厂共有29台特大型钢包，1985年9月随着宝钢一期工程投产而投入使用。1992年6月，炼钢设备车间委托宝冶科研所宝钢压力容器检验站对钢包进行首次质量安全普查。磁粉探伤检验、超声波探伤检验、着色探伤检验纷纷发出警报：4号钢包焊缝出现异常！倘若继续使用，将会酿成钢包脱底钢水泄漏的灾难。压力容器检验站站长刘启河、陈克勉火速通报险情。炼钢厂当即决定停止使用4号钢包。

4号钢包从日本引进，原值80万人民币，经过七年运行折旧所剩净值还有58万元之多。这只金饭碗就此弃之不用了吗？宝冶科研所从所长、站长、总工到检验工人，在同一个时间内，思索着同一个问题：能不能令钢包起死回生?!

当时，拥有300吨特大型钢包的国家只有三个：德国、日本和中国。国外钢包底板裂纹和修复无资料可查；国内300吨钢包制造标准尚不完整，筒体与底板的连接形式、焊接工艺还没有成熟经验；产生裂纹的焊接修复更无人尝试过。一种强烈的使命感、责任感迫使宝冶人去充当钢包修复领域里“第一个吃螃蟹的人”。

钢包结构复杂、技术要求高，产生裂纹有多种可能性。宝冶科研所集思广益，尝试用一套综合性技术去破解钢包裂纹的迷宫。

对钢包强度的判断，通常只要随机抽取一块试样，作抗拉、抗弯等机械性能试验便一目了然。但钢包是一个严谨的整体，若做破坏性抽样检验，岂不是将有可能修复的钢包毁于一旦？面对这一棘手问题，科研所只能用常规的检验技术，作出非常规的无损检验结论。4号钢包现场、实验室里，一道道试验在有条不紊地进行着。化学分析试验报告出来了：母材化学成分基本在Sm41A正常范围之内，表明母材在长达7年的高温下运行，其含碳量无明显下降，可以排除脱碳对母材强度的影响，初步确认4号钢包存在着修复价值。根据国际焊接学会推荐的碳当量公式，对母材进行碳当量计算，进一步证实4号钢包有“生还”的希望。

当然，仅仅以化学分析判定母材的强度还不够，还要对母材的可焊性进行确认。内行人都明白，母材性能要由钢材的金相组织、晶粒度的大小所决定，因此要弄清母材是否可以采取焊接修复，必须对母材，尤其是裂纹分布区作金相分析。覆膜金相检验得出两个重要结果：一是金相组织均为 F（铁素体）+P（珠光体），二是晶粒度为 5—6 级。这两个结果有力地表明，钢包施焊修复后结构安全可靠。

应用化学分析、金相分析、受力分析，由表及里的综合技术判定 4 号钢包裂纹的产生机理为机械撕裂，从而为制定焊接修复等方案奠定理论基础。

1992 年 8 月 31 日，宝冶科研所会议室里召开着一个非常会议。时任宝钢总厂副总工程师，焊接专家曾乐及设备部、炼钢厂、筑炉公司等单位的专家、领导，对 4 号钢包一系列的检测、确认及焊接修复方案进行严肃地论证。曾总认为，4 号钢包从损坏的程度看应于报废，但考虑到炼钢生产的需要，又不得不对它进行修复。曾总肯定地说："从宝冶提供的种种检测报告看，修复 4 号钢包完全可行！"有"焊神"曾乐作技术顾问并审定方案，焊接修复 4 号钢包宝冶人充满信心。

钢包采取焊接修复，着眼点要放在大幅度降低焊接应力，确保焊后结构安全可靠。机械撕裂一般是由最薄弱的地方开始发生并扩展的，也就是结构最薄弱的地方被认定为应力集中的地方，那么焊接修复后，其热影响区则是焊接应力集中的区域，因此也是容易产生裂纹的地方。显然，要大幅度降低焊接应力，采用普通的焊接方式难以实现。

在施焊过程中，采用多层多道焊，控制每层的焊接厚度，以保证焊缝金属的塑性；采用道道清渣，以减少夹渣缺陷；采用焊后振动法，以消除焊接应力；采用焊后热处理消除焊接应力，以提高焊接接头的抗裂能力……

从打破常规厚板焊接程序取消焊前预热，到采取种种工艺措施综合消除应力，实现新技术的突破，宝冶科研所倾注了创造性的劳动，确保了钢包母材的性质。在壳体板与底板厚度悬殊的情况下，从高温冷却到常温，焊缝无任何裂纹产生，不能不说这是一个辉煌的成就。宝冶人起死回生的功力给了 4 号钢包第二次生命。修复后的 4 号钢包经过半年多的载荷运行，再次复查，性能良好。宝冶人用集体智慧浇开了特大型钢包修复的科技之花，填补了国内一项技术空白。

钢包修复投入使用后，确保了炼钢厂的稳产高产，为全国各大钢铁厂报废的钢水包、铁水包进行综合检测和修理提供了成功的经验。其经济效益和社会效益之大，用数字是无法表示的。

宝冶人不惧挑战，敢于创新，涉足特大型钢包焊接修复领域，其精神财富更是无价之宝。

（顿延玲、戴为志）

亚洲第一圆井

——记亚洲第一、世界第三的彭越浦泵站

亭亭玉立的少女，碧绿鲜嫩的水草，栩栩如生的游鱼，枝繁叶茂的生命树……一幅幅精美图案构成的大型不锈钢浮雕——《生命颂》，耸立在上海普善路与柳营路交会的合流污水治理工程彭越浦泵站巨大的墙面上。这座巧夺天工的浮雕，既是生命的颂歌，又是一万余名建设者的赞歌。

人们永远忘不了“裂缝王”王铁梦在这项工程建设中的特殊贡献。

苏州河曾被列为世界上最臭最黑的河流之一。治理苏州河的上海合流污水一期工程是国内当时最大的环保工程，它西起浦西丹巴路，东至浦东竹园长江口，横穿上海北部，每天可截流 140 万立方米的污水，在 70.57 平方公里范围内使上海 255 万居民受益。

这项巨大工程的“心脏”就是亚洲第一、世界第三的彭越浦泵站，泵站内安装 8 台每秒流量达 40 立方米的大型水泵，在设备安装之前，要先建成直径 62 米、深 27.4 米的国内外罕见的特大地下圆井。为使这项工程获得成功，宝冶聘请时任冶金部建筑研究总院副院长、宝钢工程副总工程师的王铁梦当顾问。

彭越浦泵站地下圆井先后进行了五次大体积混凝土浇灌。每次浇

筑，王铁梦总是日夜守候在施工现场，进行技术指导和把关。我先后三次去工地采访，每次都碰到了王铁梦。

第一次碰到王铁梦是在 1991 年 2 月 28 日，那天是地下圆井第一层内衬和圈梁大体积混凝土浇灌的第一天，天空阴沉，北风呼啸，天气十分寒冷。王铁梦刚从北京开完科技报告会坐飞机回到上海，闻讯以后直奔彭越浦泵站。

王铁梦告诉我："这个特大圆井施工是一个世界难题，风险很大。"

"其一，宝冶和上海船舶九院合作，优化原设计方案，将圆井由厚壁结构改成壁厚仅 0.73 米的薄壁结构，节省投资 1000 多万元。这个如同鸡蛋壳一样的圆井施工如履薄冰，如走钢丝绳。其二，按照国际惯例，长度超过 40 米、厚度超过 1.5 米的大体积混凝土浇筑，必须水平分层、垂直分缝，混凝土内外温差和总降温差必须控制在 20℃以内。现在圆井周长 194.68 米，底板厚 2.3 米，远远超出这个临界线。考虑到污水泵站建在软弱地基之上，圆井施工如留伸缩缝，整体刚度下降，耐久性降低，还会出现大量漏水，贻害无穷，所以决定整体浇筑，不留一条伸缩缝。这样，混凝土内外温差和总降温差将达到 30℃—40℃。这次打破国际惯例和禁区的圆井施工要不出现一条有害裂缝，真是难乎其难，难于上青天。"

王铁梦从事裂缝研究已有 35 年，宝钢十几年建设浇灌了几百万立方米的混凝土，他在设计和施工单位的配合下，进行了大体积混凝土裂缝和地基、基础、结构、施工、材料、环境影响、热传导理论等综合性研究，而不是头疼医头、脚疼医脚的单一研究，从而找到了防裂缝的规律性的东西，将研究成果写成《环形大体积混凝土基础》，发表在各种学术刊物上，形成我国独特的裂缝控制理论。他告诉我，这次和宝冶科技人员一道将这一理论引入彭越浦泵站施工，编入计算机程序，对砂石、水泥、钢筋等材料和施工环境、浇灌方法和浇灌后的养护，进行全方位的优化选择和控制，尤其是在浇筑过程中，对水灰比、浇筑速度和入模温度，进行情报化的动态跟踪管理控制。这座泵站浇筑成功以后，可以将这一理论普遍用于各种炉子、沉井、隧道的圆井结构，取得防裂效果。

第二次碰到王铁梦是在 1991 年 3 月 23 日。那天晚上，正好北京电视台也来彭越浦泵站拍摄现场浇灌场景，进行采访活动。

王铁梦说："上海合流污水工程是为上海人民造福的生命工程，我早就有为这项工程作一点贡献的愿望。还在宝钢建设之初，我接一位外宾来宝钢，车行至苏州河外白渡桥时，一股臭不可闻的气味扑鼻而来。那位外宾捂着鼻子，指着桥下墨黑墨黑的河水说，你们上海是东方的一颗明珠，苏州河却是这颗明珠上的污点。当时我脸上火辣辣的，只好说，英国人用了半个世纪才使黑臭的泰晤士河重新泛起清清的涟漪，污染严重的莱茵河、尼罗河也要花几十年时间才能复归清澈。我相信我们中国人也一定能治理好苏州河。"

第三次碰到王铁梦是在 1991 年 12 月 24 日下午，彭越浦泵站地下圆井正准备浇筑第五层内衬和底板，一次连续浇筑量达 7400 立方米。这是在宝冶和上海市历史上工业民用建筑一次浇筑量最大的一次。

那天，老天爷和宝冶的施工人员开了一个不小的玩笑：天空中骤然铅云密布，飘飘洒洒下起雨来，没完没了。不浇筑吧，为这次浇筑提供混凝土的宝钢地区的3个搅拌站已经启动，60台搅拌车已开始启运，沿途路口指挥车辆的一百多名民警已到位，浇筑现场900多米下灰管子和抽水泵早已安装好，到了箭在弦上不能不发的地步；浇筑吧，一旦出现连续大雨，将给工程质量带来不堪设想的后果。

据上海气象台报告，从当天下午到第二天晚上有一个降雨过程，小到中雨，第三天雨逐渐停止。根据这一情况，王铁梦和宝冶现场指挥人员研究后，作出立即浇筑的决定。为确保这次浇筑质量，王铁梦提出一系列防裂措施，如每一个搅拌站派有专人测量砂石的含水量，减少水灰比和混凝土的坍落度；增加抽水泵、雨布和塑料薄膜，加强抽水能力，浇灌部位要遮严；所有的这类结构问题往往出在周边，对圆井周边的浇灌要严密监控，务必捣实，更不能有积水。

这次大规模浇灌持续到第三天接近尾声的时候，来自西伯利亚的寒潮长驱直入，猛袭华东地区，天宇中弥漫着沸沸扬扬的鹅毛大雪，使上海的气温下降到摄氏零下10度左右，进入百年未遇的最寒冷的天气。王铁梦依然披着那件蓝色的旧棉大衣，迎着风寒来到银装素裹的工地。他扶着临时搭设的阶梯，下到27米深的基坑底部，一一检查防冻防裂措施的落实情况。工人激动地说："您放心好了，我们一定按照您的要求去做，保证不出质量事故。"

1992年2月，彭越浦泵站地下圆井经拆模后检查，包括圈梁、内衬和底板，未发现一条有害裂缝，连一条表面裂缝也找不见，总共1096个检查点优良率93%以上，向世界宣告这个亚洲第一、世界第三的地下圆井浇筑成功。4 月 19 日，《解放日报》在头版报道说：“上海市建委、重大办对上海五大市政工程建设进行检查。由宝冶施工的彭浦泵站圈梁、底板工程，已达到国际大体积混凝土施工的先进水平。”

1993 年 12 月 29 日，时任中共中央政治局委员、上海市委书记吴邦国按动合流污水治理一期工程通水电钮，从此 140 万吨污水不再排入苏州河，苏州河不再是一条黑河、臭河了。

此后不久，上文提到的那位外宾再次来宝钢，王铁梦亲自到机场迎接。轿车行至苏州河时，王铁梦打开了车门，对那位外宾说：“你发现苏州河的变化了吗?”那位外宾惊奇地说：“噢，苏州河没有臭味了，河水与黄浦江浑然一色。你们治理好了苏州河，了不起。”

王铁梦自豪地说：“那仅仅是一期工程，二期工程还没有开始呢。苏州河曾经是上海的母亲河，待她彻底治理好，将更加风姿绰约……”

是的，历史上碧波荡漾、鱼虾畅游、水草繁衍的苏州河，将重新展现在人们的眼前。

（晁国荣）

中国第一深水港建设纪实

美丽的东海海面散布着无数大大小小的岛屿，多年来岛上的居民都过着日出而作，日落而息的生活。有一天，一座寂静的小岛开始热闹了，一批批宝冶职工来到马迹山，在这里，将要建一个国内最大的深水港。建成后的马迹山港将有4个堆场、2台每小时堆取料量达4500吨的堆取料机、可停靠25万—35万吨级的巨轮，从国外运来的矿石到马迹山港后，再换乘2.5万—3.5万吨的船只，大大提高了宝钢及其他各大钢厂进口矿石运输中转能力。马迹山港是宝钢三期建设中最后的一项工程，为了让三期建设画上圆满的句号，从机装、电装、特种、建筑分公司的职工，在这个远离基地的孤岛上，克服资源匮乏、交通不便、施工条件恶劣等困难，谱写下一首首壮丽诗篇。

“选择宝冶就是选择放心”

马迹山工程商检楼原定于2000年9月1日开工，因为钢材选型出现反复，工期延误了一个月。业主与美国哈里森公司签的合同是年底要把设备全部安装完，如违约要赔付不菲的违约金。面对业主的焦虑，机装公司职工急业主所急，用实际行动证明“选择宝冶就是选择放心。”

商检楼三面环海，实际上就是在栈桥上建起来的。楼高 30.5 米，有 16 根长 30 米、14 根长 25 米的钢柱，只能用一台吊车在现场作业。本来准备分段焊接，但考虑到在海边作业，受海风影响大，周期又长，难以保证质量，最后决定整根钢柱吊装，无形中大大增加了机装公司安装的难度。

坐过海船的人都领教过海风的厉害，平时风力最小也有 6 级。遇上刮台风，平地作业都很困难，更何况是在高空把柱和梁连起来并焊接、找正。曾有一次，台风将一辆正在行驶中的 50 铃货车吹得悬空，将放在栈桥上的彩板吹到海里。从 10 月 1 日开工到年底的 90 天里，有 37 天是刮 7 级以上的大风、下大雨。就是在这样艰难的条件下，机装公司职工连续加班苦干，终于在 11 月底将商检楼框架基本吊装完，到年底完成 500 多吨钢结构、80 多台（件）150 吨设备的安装任务。业主深受感动，主动给承担施工任务的职工们送水、送慰问品。

“我们一定能保住节点。”

马迹山港有 2 个项目受到过宝钢奖励：围堤和 3 号栈桥。尤其是 3 号栈桥，是在很短的工期内、很艰苦的条件下，由宝冶职工拼抢出来的。

浙江省商检局计划在 7 月开始调试商检楼设备，为确保调试用电，1 号变电所必须在 6 月 25 日送电，3 号栈桥必须在 6 月 20 日前把 300 多吨的钢结构安装完，将皮带机的支架穿好，使电缆从支架上穿过去。

当时的施工形势非常严峻，宝钢已准备花费200万元拉一条长1.7公里的临时电缆，就在这时，宝冶项目部提出："不用。我们一定能保住节点！"

所有的宝冶人都行动起来了，为了3号栈桥，更为了宝冶的信誉。

现场没有正式电源，只能用柴油机发电。6台柴油发电机在现场24小时不停发电，特种司机一趟趟地拉运柴油。由于超负荷使用，柴油发电机不停损坏。项目经理请人守在现场，出现问题马上修理。半夜三更发电机坏了，没有配件，项目经理就开车到五金商店，把门敲开买备件，保证了施工用电的连续性。

3号栈桥有375吨钢结构，如果制作好后再运到马迹山，钢结构容易变形，因此只能制作成半成品。机装公司结构厂在制作时将钢结构连接板下好料，喷砂、刷底漆等工序都已完成，尽量省掉现场制作的工序。他们在现场用水泥浇了几块场地用来拼装钢结构，最忙时100多人在现场倒班干。从5月11日到6月16日，奋战30余天，终于把3号栈桥结构吊装完，保住了节点。

从"多灾多难"到"小菜一碟"

马迹山的2台堆取料机是当时国内每小时堆取量最大的机械，由大连起重机厂总承包。由于是第一次制造，不可避免地存在着种种问题。

首先是设备供货晚。2000年12月底才运抵现场，其中有2套液压螺栓紧固器漏订，2001年2月底才到，一定程度上影响了工期。

吊装的过程也是一路坎坷。最初打算用160吨吊车，但大型吊车租用一天就要1万多元，几个月下来光吊装租赁就是一笔惊人的费用。后考虑用“立抱子”的土方法，仍不理想。机装公司技术人员集思广益，经反复论证，提出用2台50吨吊车抬吊的方法，这也是3个方案中风险最大的方案。堆取料机上最重的构件有43吨，平衡梁结构复杂，稍有不慎就会出现险情。机装公司做了周密的准备和安排，在项目部的精心指挥下，门座架、悬臂梁等大型设备终于安全就位，让宝钢领导长舒了一口气。

堆取料机液压管道在制造时厂方没有用氩弧焊打底，管道夹渣无法安装，只有重新加工。这些管道运到上海时正好是“五一”节，机装公司液压厂的职工们放弃了休息，对管道重新焊接、打压、酸洗，过了一个实实在在的劳动节。液压管道酸洗的精度达到了7级以上，试压时一次通过，得到外方专家的高度评价。

老外眼中的“试车总指挥”

马迹山港的设备由大连起重机厂总承包，德国克虏伯、西门子等公司分包。在调试中，有许多问题需要各方协调解决。

机装公司工程科科长管建华曾在宝钢自备电厂干过汽轮检修，又从事过多年质量工作，有丰富的机械设备安装经验。在现场调试中，他判断问题准确，又能提出切实可行的解决办法，赢得了外方专家和制造厂家的尊重，被誉为“试车总指挥”。

有一次，管科长发现电缆链与倒槽之间的配合有问题，马上向外方专家提出暂停试车。专家到现场一看立即采纳了他的意见。还有一次，堆取料机液压系统注油时，发现设备供货时注油嘴处的快速接头型号不对，如果重新供货不仅费用高，而且工期肯定来不及。管建华和同事仔细研究了注油装置的接口结构，绘制了加工制作图，找当地厂家加工，以最快速度完成，保证了液压系统按时试车。

正是由于建设方的努力，外方专家在马迹山的服务期大大缩短。外方专家在现场一天就是700美元，有一个专家原计划用10天时间对设备进行调试，但只待了3天就走了。虽然外方专家们在中国只停留了很短时间，但他们很快就同管建华建立了深厚的感情。记者在现场采访时，就看见一名外方专家向管科长表示感谢："We are good friends."

这里的人生很精彩

宝冶项目部共有管理人员7人，加上机装、电装、特种、建筑分公司的4位项目经理，组成了一个强有力的战斗集体。在这个集体里，大家互相帮助，每个人都尽自己最大的努力投入到工程建设中去。

总包项目经理蔡汉荣所学的专业是冶金建筑，马迹山港是项庞大的工程，涉及土建、强夯、机电等方方面面，蔡汉荣要求自己比别人更勤奋、更敬业，弥补在某些专业知识上的不足。安全、质量、工期、施工协调他样样都要管，凡事都要考虑在前面。天气预报要刮台风了，蔡经理马上带人把岛上所有的设备、机具检查一遍；哪家单位施工中碰到问题了，蔡经理总是想方设法帮助解决。马迹山港建设四年来没有发生一起大的安全、质量事故，这与蔡汉荣的精心组织是分不开的。

特种项目部经理李家模长年驻扎在外，平均每年只回家30多天，他带领特种职工施工的大堤质量过硬，经受了多次台风的考验。

电装项目部经理陈建川虽然年轻，工作能力却很强，遇到困难不等不推，总是想方设法解决。经过长年的海风吹、太阳晒，本已使他的肤色变得黝黑，加上很少回家，2岁的儿子看见他都认不出来了。

建筑分公司项目部经理高岩军在资金紧张，材料、机具缺乏的情况下，带领职工克服困难，奋力拼抢，完成了导航站、总降压站等11个难啃的“骨头工程”。

马迹山港经过宝冶职工四年的建设，已进入机、电设备全面调试阶段。不久的将来，马迹山港——这个现代化的大型深水港必将成为世人瞩目的焦点。它的建成，是宝冶为宝钢三期工程画上的圆满的句号，也是宝冶人在冶建生涯中铸造的又一座丰碑。

（夏彧彰）

“中国第一芯”从这里起飞

——中芯国际集成电路制造工程纪实

2002 年 9 月 25 日，由宝冶承建的中芯国际集成电路制造工程在上海浦东张江高科技园区举行了隆重的投片生产庆典。时任上海市副市长、中共浦东新区区委书记周禹鹏参加了投产仪式，并代表市政府接受了中芯国际总裁张汝京博士赠送的第一片 8 英寸 0.25 微米的芯片。“中华第一芯”的问世标志着中国 8 英寸 0.25 微米以下宽芯片依赖进口的历史已宣告结束，成为中国芯片生产走向世界的一个重要里程碑。

抓住机遇：新技术新工艺拓新市场

2000 年 8 月 24 日，浦东中芯工地打下工程的第一根钢桩。没有喧闹的人群，也没有喜庆的鞭炮，业主与建设者们在肃穆中品味着这一特殊的时刻。这一时刻是属于他们的，从这一刻起，中国成为芯片生产重地的梦想进入倒计时，它不再是图纸上的线条与数字，开始有了钢铁的形态，而作为主要建设者之一的宝冶也首次跨入了高科技建设领域，为自己辉煌的建设史添加了浓重的一笔。

中芯工程的厂房由荷兰 CRYSTAL 公司设计，采用国际上芯片厂通用的内外结构脱离式设计。这是建筑设计理念上的一次突破，可减小由于风载、温度、阳光等自然因素对内部结构的侵蚀，从而确保生产精度，在国内还是第一次采用。在结构形式上，中芯工程采用全清水混凝土结构，大跨度厂房结构、超宽超长大底板作承重层，强度大，施工精度高。

清水混凝土结构多用于大型民用项目，要求内实外光，一次浇筑成功，达到装修标准。由于芯片厂的工艺水平很大程度上取决于稳定性的高低，整个工程对平整度的要求尤为苛刻。为此，宝冶浦东项目部会同二级参战单位进行科技攻关，制定了相应措施。首先，在绑扎上层钢筋过程中加强标高测量控制，不断校正；钢筋绑扎完毕，会同监理进行复测调整；浇筑时，通过在标高控制点上安放钢管，利用滚筒来回滚动控制标高；混凝土初凝前，先用圆盘机械镘进行收光；成品后复测标高，超标部分再用磨光机修整。功夫不负有心人，在严苛的技术把关、过程控制下，工程全面达标，经监理、上海市质监总站等实地实测实量，符合业主工艺要求。

裂缝控制是施工中的又一难题。设计院提议做混凝土收缩实验，但考虑到该项实验耗时久，且数据的可靠性并不稳定，项目部决定“自谋出路”。项目部课题组走访上海市建筑科学院，并请来著名裂缝专家王铁梦进行“会诊”，针对施工实际制定了加密下部钢筋、提高混凝土强度、优化混凝土配合比以及加强养护等措施，经过反复实验论证，终于消灭了这只“拦路虎”。

劲型柱与密肋梁技术的采用是中芯项目的另一特色。在钢结构安装过程中，设计要求钢结构柱外包钢筋混凝土，这是宝冶施工史上的又一次新尝试。在现场钢结构吊装施工巡察时，建设公司副总蔡惠良、高级专家李树彬发现结构钢度不够。为避免钢结构失稳造成不必要的损失，专家们研究提出在 72 米跨的厂房内加多根临时辅助柱子，柱间加剪刀撑，以增强稳固性。方案提出后受到甲方高度重视，一经投入使用，取得良好效果，弥补了甲方在设计中的不足。为适应超净厂房的工艺需要，工程采用了密肋梁技术。在 76 m × 109 m 面积的楼板上共有 2 万多个 Φ300 的孔，要在孔与孔间隙把钢筋绑扎进去，浇筑混凝土，难度之大可想而知。项目部在加强对钢筋成品品质控制的同时，在现场先进行 17 平方米的试点，再实验结果总结经验大面积推广，达到理想的效果。

装修是宝冶当时相对薄弱的环节，外装的中标对于宝冶来说具有特殊的意义。中芯工程的外装采用铝扣板、玻璃幕墙、釉面砖相结合的效果，接近大型民用场馆装修要求。项目部先从管理人手，对产品送样、设计送审等前期环节进行过程控制。在队伍进场之前，对方案、设计进行交底，做到施工队伍心中有数。进场后，项目部提出了“树立企业丰碑形象”的目标，组织专检员与质检员对每道工序进行抽检与大检查，没达到要求的不允许下道工序覆盖。在全体参战人员的共同努力下，两级项目部克服了工程量大、工期紧等困难，在确保质量的前提下，达到业主如期投产的目标。

事实胜于雄辩。宝冶人克服了重重困难，以 13 个月的新纪录圆满完成了世界上最大规模的芯片厂建设，合计建安工作量 3.2 亿元，并创造了宝冶单项工程完成月工作量和年工作量的最高纪录。中芯国际总裁张汝京博士在投片生产庆典上对以宝冶为首的建设者给予了高度评价，并称誉宝冶是“中国最优秀的施工企业”。

实现双效合一：树立企业品牌形象

提高工作效率、创造经济效益是项目管理工作的两大中心任务。围绕这一主题，项目部加强项目管理，取得了显著成效。在这场为期 13 个月的攻坚战中，宝冶人在不同的岗位上无私奉献着……

浦东项目部经理任尔宁有句口头禅：“干好活，算好账。”工程效益情况是衡量一个工程好坏的重要因素。项目部把资金回收作为工作的重点，在加大项目成本管理力度、降低工程成本上下功夫。计财部在发出费用申请估验单后，采取专人负责制，对估验单的确认、勘查、讨论和申请计划、资金到位进行全程跟踪。计财部共有 5 名员工，负责好几个项目部的计财工作，每人都身兼数职。为尽量缩减中间环节，在最短时间内回收资金，他们不断充实自己，学外语、“啃”资料，加强与工程、技术部门的沟通，深入现场，熟悉工序、设备、物资情况等施工细节，在与业主与管理公司的交涉与跟单过程中有理有据，锲而不舍，常常是矿泉水、面包就过了一天。在两级项目部的共同努力下，截至 10 月底，资金回收金额，超过合同价 80%，极大地缓解了项目部在资金方面的压力。

提高工作效率是项目部管理的另一重点。中芯工程的业主与管理公司采用的是先进的网络管理模式，计算机是施工管理的主要媒介。为了与管理公司、业主的管理模式接轨，适应企业发展需要，项目部在建设公司的支持下，与奥达公司密切配合，组建了宝冶项目部历史上第一个局域网。通过局域网，做到了周报、进度、施工方案、工程图片等资源的共享，减少不同部门之间存在的重复劳动，节约人力资源，提高了工作效率，基本实现无纸化办公。大量工程信息通过网络提交和获取，从另一个侧面也提高了管理人员的业务水平。5月9日，中芯项目部的局域网顺利通过了宝冶公司的鉴定会，为进一步提高管理水平，使企业向技术密集型转化开拓了新思路。

姜卫坚是建筑分公司浦东中芯项目部常务副经理。在FAB1、O/Sl、FAB2、CUB、PS、CW/W等六大单体施工中，他带领建筑分公司员工日夜应战、稳扎稳打，攻克了FRP模板、超长、宽墙体裂缝控制、大体积混凝土、镦粗直螺纹连接、植筋等难关，完成产值1.4亿元，并创下月浇筑12300方的新纪录。姜卫坚坚持在工地上与广大员工同吃同住，不搞特殊化。由于工作关系他经常要往返宝山，有一次，他一天往返宝山4次，却没有跨入家门一步。

杨松景是OS施工员，负责协调管理，工作量大，条件艰苦。他家住杨行，儿子才7岁，平时难得回家。爱人病了，他也难以抽身，直到住院开刀时，才匆匆赶回探望。

上海市劳模、宝冶浦东项目部经理任尔宁随浦东项目部的发展，已在这块改革开放的前沿阵地转战了9个年头。从耀华皮尔金顿二期工程到通用、中芯，这位“老浦东”执着着建设事业。2000年的除夕，任经理把全家接到工地和职工一起过了个团圆年。在项目部这个大家庭里，“我只是普通一员”，任尔宁这样说。

宝冶人在不同的岗位上无私奉献着，正是他们朴实的行动勾画出了企业的形象，创造了一个又一个奇迹。如果说人是企业最基本也是最重要的因素，那么，宝冶人的精神正体现了宝冶的精神风貌和品格，那就是自强不息，锐意进取。

持续发展：企业永恒的主题

“中华第一芯”的问世使上海在“中国硅谷”的竞赛中首航起飞。中芯项目给予我们的经验无疑是宝贵的财富，它为我们赢得了新世纪的开门红，是一个圆满的句点，更是一个崭新的起点，将我们的目光放飞到一个更广阔的领域。

浦东项目部经理任尔宁曾这样评价：“聚焦张江”给了我们机遇，但只有通过业绩才能真正占领市场，赢得信誉。的确，宝冶从单一冶金建设向市政民用等多方面发展转化，靠的不是机遇而是不折不扣的实力。这是一条艰辛却是必需的道路，因为我们的目标不是得过且过而是发展，只有发展，才是企业永恒的主题。我们期待辉煌。

（许　珂）

创新是企业永葆生机的源泉

——写在跨入民用机场施工实现我国冶建行业四个“第一次”之际

2004年9月30日，特种分公司中标施工的我国境内首条F级机场跑道——浦东国际机场第二条跑道的主体工程竣工。此举标志着特种公司由原专业从事冶金土石方基础等工程施工，跨入机场等民用建筑行业再一次获得成功。

特种分公司20世纪80年代开始参与机场场道等工程施工。1989年成功参与重建了宁波栎社机场，这在我国冶金建设行业施工队伍中是第一次。1996年，特种公司凭借机场施工的经历获得我国民航机场施工许可的权威部门——中国民用航空总局颁发的“民用机场工程施工许可证”，并凭此资质中标担负了当时我国境内最现代化的机场——浦东国际机场一期场道等工程的施工。2001年至2004年，特种公司先后中标担负杭州国际机场、浦东国际机场二期场道等工程的施工。其中，特种公司在浦东国际机场一期场道工程施工期间，多次受到国家领导人和上海市领导的视察，特别是时任中共中央总书记、国家主席、中央军委主席江泽民等党和国家领导人在其施工的地段上挥锹奠基，给特种公司带来了崇高荣誉。特种公司施工的一期工程场道，以过硬的质量荣获我国质量最高奖项之一的“国家市政工程金奖”。

2004 年 1 月，特种分公司再次以我国冶金建设施工企业和上海企业“两个唯一”的身份，中标担负了我国境内首条 F 级跑道——浦东国际机场第二条跑道等工程的施工任务。

在此之前，特种分公司还从冶建基础施工行业跨入了水利施工领域。先后在长江口、杭州湾南北滩涂筑就了 20 多条总长达 70 多公里的堤坝。主要包括宝钢股份调蓄水库、上海陈行水库（民用）和上海化工园区、浦东国际机场（此机场第二条跑道的大部分用地）、宝钢马迹山港、浙江北仑电厂、嘉兴电厂、洋山深水港、临港新城围海造地大堤等等。

如果说从冶建行业跨入非冶建行业施工这种创新拓宽了特种分公司的“任务之源”，那么，在这些工程施工中的管理创新、技术创新，则是这家公司的“效益之源”和“链接任务之源”。

机场施工最重要的是“质量保证”。我国境内首条 F 级跑道——浦东国际机场第二条跑道施工前，其建设指挥部就规定和声明：“要按国家市政工程奖标准施工。如果施工单位在质量上出问题，将无条件取消续投标工程的资格。”

这条跑道全长 3800 米（其中，特种分公司施工 1400 米），宽 75 米（含两侧道肩 15 米），可满足相当长时期内世界上最大型飞机的起降（如翼展达 79.8 米的空客 A380）。除质量要求高外，施工工期比此机场的第一条跑道缩短达 8 个月。

为了达到其质量标准，时任特种分公司经理金江卫兼任这项工程施工的指挥，并抽调综合素质最好的项目经理张成芝等管理人员组成管理班子；同时，从社会上选拔从事道面、混凝土搅拌和消防、给排水等约500人组成的5支专业施工队伍，连主跑道道面“拉毛”和“切缝”也选拔经培训拥有操作证的专业人员施工。形成一支过硬的管理和施工队伍。

为了达到质量标准，从工程材料源头予以控制。29万平方米道面工程需用的数十万吨混凝土的水泥、道砟，以及其基础工程用的黄沙等材料，经公司专业人员和业主联合严格检验后，定矿源、定标号、定点采购供给；连和道面混凝土水泥的水均采用可饮用的自来水，以确保其含盐量优于设计标准。

为了达到质量标准和缩短施工时间，公司从主跑道的底基层、基层、水泥稳定层施工开始，其建筑材料全部采用从美国进口的具有先进功能的摊铺机摊铺，弃传统的平地机找平、压路机碾压工艺，以确保每一道基础材料层的厚度、平整度、压实度和无侧限抗压强度达到设计要求；在大面积的道面混凝土施工中，改传统的单一平板振捣器为拥有10支捣棒的自行式高频排式振捣器振捣，提高了振捣混凝土的频率，防止了漏振现象的发生，同时，大大降低了施工人员的劳动强度，提高工效40%以上。

为了达到质量标准，特种分公司在机场场道的每道工序施工前都进行试验段施工。F级跑道施工在我国境内尚属首次，许多技术指标比E级要求高得多，其施工工艺无资料可循。于是，每道工序都先通过试验，得到可靠的技术参数后再进行大面积施工。在29万平方米机场场道道面混凝土施工前，采用同样的材料、同样的配合比、同样的施工工艺作试验，取得了宝贵的技术参数，经业主检测，其质量全部达到或超过设计标准，受到业主及有关专家的好评。

为了达到质量标准和缩短施工时间，公司为适应大面积浇筑道面混凝土连续性强的特性，准确配备混凝土运输车辆，实施施工人员“两班作业”制。

此举连同公司在此工程施工中大量采用新工艺、新技术、新设备，尽管施工高峰处于夏季（此地曾连续 25 天未下雨，气温达 35 摄氏度以上），给施工带来重重困难，公司仍以比浦东国际机场第一条跑道施工少花几个月时间的业绩，优质完成主跑道和滑行道及其配套工程施工任务。

同时，公司在江、海滩涂筑堤造地施工中，还先后开发和运用了就地取材的“吹沙筑堤”技术、“平堵合龙（大堤）”技术以及“爆破挤淤”技术等等。

管理模式和一系列工程施工技术的创新，以及在工程施工中采用新技术、新工艺，不仅使宝冶特种公司降低了管理和施工成本，更使公司充满了勃勃生机。2003 年初至 2004 年 9 月，除特种公司整体被上海市评为 2002 年度重点实事工程先进集体外，先后有 1 个项目部集体被上海市有关单位评为先进集体；1 项工程获上海市“金钢杯”奖；1 个工地被上海市命名为“文明工地”；4 位职工获上海市重点工程记功荣誉；2 项先进施工技术获上海市第 16 届优秀发明选拔赛二等奖；4 项 QC 成果分获 2003 和 2004 年度全国冶金施工系统一等奖。

（庞　义）

巧匠铸精品　凌空舞玉带

——上海中环线共和新路立交工程纪实

地铁在头上飞驰、汽车在天上急驶、车流在地下穿梭，你见过这样车水马龙的奇特景象吗？你见过从地面到空中有4层交通模式的景象吗？不要以为这只是个幻想，在设计者的精心筹划，建设者的日夜奋战下，这样的景观已经在上海出现，它，就是犹如一条玉带凌空飞舞的上海市重点工程——中环线A2.6标共和新路立交。

中环线工程是上海“搭建”中心城区道路交通骨架路网的重要组成部分，具有分担内、外环线交通流量的重要功能，全长70公里，全线设6座互通式立交，其中中环线A2.6标共和新路立交工程由一座最高点达35.9米高的三层半互通式枢纽型立交、东西南北8条匝道和一条下行匝道所构成，东西方向汶水路主线长1.5公里，南北方向共和新路长1.2公里，这条拥有8车道、宽34米的高架道路，其外形之宽大堪称上海高架之最，而它距地面35.9米，相当于10多层的楼房那么高，也可说是当时上海已建高架道路中最高的立交桥。

拥有这么多第一，共和新路立交桥梁的制作和安装有多大的难度就可想而知了。而承担这项艰巨任务的，就是在上海市政工程建设领域占有一席之地的上海宝冶。早在2003年，机装分公司就曾经圆满地完成了上海卢浦大桥 8 标和 5 标钢结构制作安装任务，由他们所承担的上海市标志工程——磁悬浮龙阳路车站屋面工程曾先后获得上海市“金钢奖”和“白玉兰奖”的殊荣。

尽管在桥梁钢构的制作和安装上已有了一定经验，但共和新路立交工程有着太多的难点，非比寻常，因此担此重任后，机装分公司丝毫不敢懈怠，他们决心调集最精锐的技术和施工人员，力争打造出一项精品工程，为上海的市政工程建设做出贡献，一场看不见的战斗就这样悄悄地打响了……

汇能工巧匠造桥梁精品

共和新路立交是中国最大的曲线钢箱梁大桥，该桥为 4 孔连续全焊钢箱梁，桥面宽 44 米，全长 204 米，主线钢结构重 4500 吨，钢梁采用三维空间曲线结构，为国内首创。对付这个庞然大物，没有任何成熟的经验可以借鉴，仅有勇气和冲劲是肯定不够的，因此，机装分公司领导班子提出：从图纸转化开始，无论是排版下料，还是组装焊接，都要尽可能地进行技术创新，要汇聚厂里的能工巧匠集思广益，研究开发出建设大型立交工程的工艺和技术。同时最大限度地发挥电脑的作用，由电脑来控制制作精度。经过技术人员反复多次讨论，结构厂将制作的指导思想定为“分片分段，整体倒装，分段运输”，制作的技术措施重点放在大跨度主箱梁的组装和焊接上。从图纸转化开始，采用 X-STEEL 软件进行三维空间模型设计，大大缩短设计时间，为制作赢得了宝贵的时间。排版时充分利用电脑作为辅助工具，把料耗降到3%以下，提高了经济效益。在下料时采用水下等离子切割，保证了下料的精度和质量。在实际制作前，根据模拟现场桥梁的状态搭设胎架，根据CAD三维整体放样，得出各控制点坐标，然后在组装平台上定出控制点平面位置，最后确定标高，将所有控制点确定后连成整体。为便于制作和运输，全桥在宽度方向划分为8段，长度方向划分为6段，一共有52个梁段，最大的长44米，高4米，重190吨，制作时采用“反造法”，即把钢箱梁倒过来制作，由于钢梁超重不宜翻面，许多部位无法双面施焊，因此，结构厂使用了陶瓷衬垫焊工艺，达到了单面施焊双面成型的效果，同时也满足了外观要求。

2004年7、8月，正是上海连续高温时，站在厂房里不动都是一身汗，更何况是钻进钢箱梁里焊接，短短几分钟汗水就湿透了厚厚的工作服，可焊工们没有一个人退缩，因为这不光是对毅力的考验，也是对自身水平的考验。谁会愿意放弃这难得的机会呢？其实，辛苦的并不仅仅是焊工们，结构厂上上下下，无论是厂领导班子，还是技术、管理人员，无一不是对立交桥的制作倾注了全部心血。厂长胆囊炎发作，痛得脸色煞白、坐立不安，大家劝他到医院看看，他总是说：“没时间，再说吧”；总工既要负责技术，又要负责和业主的协调，在他的字典里几乎没有双休日，就更别提“五一”、“十一”黄金周了。像这样的事情，在结构厂数不胜数，虽然都是些平凡的小事情，但正是这些平凡的人，普通的事，折射出了宝冶员工们身上所蕴含着的聪明才智和坚韧不拔的品质。

热火朝天的制作现场让业主和监理见识了宝冶员工的干劲，而制作出来的成品更是让他们赞叹不已，尤其是设计院的工作人员，刚开始时对于将这项工程交给机装分公司是极不放心的，但见到成品后他们放下了心里的担心和顾虑，对钢箱梁的制作精度给予了高度的评价。

凭技术创新树建设丰碑

2004 年 10 月 1 日，清晨，人们还沉浸在节日的美梦中，汶水路工地已是一片繁忙，像船一样巨大的钢箱梁身披横幅和彩旗，静静地等候着机装分公司员工将它吊装到距地面 35.9 米的高空中。员工们紧张而有序地做着吊装前的准备工作。上午 10 时，随着一声清脆的哨音，长 40 米、宽 3 米、高 4 米，重达 192 吨的钢墩梁在一台 400 吨、一台 250 吨吊车的抬吊下，稳稳升至高达 27 米的桥墩上，并缓缓落到指定位置，现场随即响起了热烈的掌声。

第一片钢箱梁的顺利吊装，使机装分公司员工信心大增，然而困难还在后面。施工场地狭窄、地下管线防护要求高、施工时间限制以及钢箱梁焊接和吊装难度大等种种难关犹如道道关卡，时刻考验着员工们。

施工现场场地狭窄，路面情况差，对场地平整和承载性要求极高，加之地下埋设着给水管、雨水管、天然气、煤气、电缆等各种管线，稍有不慎就会造成巨大的损失。为此，项目经理和技术人员反复研究地下管线图，每次吊装前都要认真察看现场，标出各吊机位置，把不利因素考虑在前面并做好路面铺设路基箱和钢板等准备工作，确保吊装过程安全顺利地完成。

施工时间的受限也让项目部颇为头疼。地处车水马龙的汶水路，施工不能影响市容，更不能影响交通，每一分钟的吊装时间都非常金贵。最难的是跨共和新路高架8片钢箱梁的吊装，市交巡警总队只给了8个晚上的时间，每次从晚上12点到早上5点封路。短短5个小时，不仅要完成吊装工作，还要把现场打扫干净。这个时候，统筹安排、多方协调就非常重要了。项目部每个人分工明确，负责联系运输的，负责配合交警封路的，负责卸车的，各司其职有条不紊，所以尽管时间很紧张，但是跨共和新路高架的8片钢箱梁全部在规定时间里安装完。

而最难的应该就是钢箱梁的吊装和焊接了，在传统的立交桥钢梁安装时一般多采用传统架桥机或移动式吊车逐孔安装，也有采用滑移法大型移动式吊车安装的，但共和新路立交跨度大，桥面宽，主线桥梁桥孔达80米，桥面宽达38米，高度达30米，线形复杂。为此，机装分公司采取了“孔中模拟延伸法”和“匝道孔间嵌入法”安装工艺，即在高架和匝道外侧分别设置两个模拟支墩，在高架和匝道两外侧分别设置CC2000吊车，采用“双机抬吊”的方法吊装。在吊装时同步测量，采用临时支架控制标高，焊接全面采用陶瓷衬垫焊接，大大提高了效率，质量也非常稳定。

巧匠铸精品、凌空舞玉带。当你坐车经过共和新路立交，一览申城美景，感受上海日新月异的建设速度，惊叹现代技术的神奇时，请不要忘了它的建设者——上海宝冶的员工们，是他们用顽强的毅力和非凡的才智打造了这座目前上海已建高架道路中最高的立交桥，是他们用无数个不眠之夜的辛劳换来了我们出行的快捷，是他们用智慧和心血书写了这个城市立交桥建设新的一页。

请记住他们共同的名字——上海宝冶。

（夏彧彰）

极限的突破　实力的体现

——厦门国际会展工程纪实

厦门市环岛路是当地最有名的观光用观景大道。厦门市这些年重大的标志性工程都是在这条大道分布。而令人称奇的是这些工程均出自宝冶人之手，如厦门国际会议中心、厦门国际会展中心、厦门国际物流中心、维多利亚大酒店等。而在新近建设的厦门国际会展中心二期工程中，上海宝冶又一鸣惊人。在从没有过的特殊压力下，一诺千金，力挽狂澜、突破极限，以其攻无不克、战无不胜的磅礴气势，以极短的工期完成工程而震惊业界，有关各方无不感叹“这个工程选择宝冶绝对是正确的”。此后，宝冶厦门分公司又获厦门市“五一劳动奖状”，作为外地施工单位这又是前所未有的。

热盼——各方寄予厚望

厦门注定是宝冶建设的“福地”，当年宝冶建设在这里总承包建设了当时国内占地面积最大、展厅层高最高、单体体积最大的展馆。开始了宝冶进军大型会展中心和体育场馆建设的最关键和最具有决定性的第一步。此后的10年来，宝冶建设的南京、长沙、杭州、哈尔滨、北京、上海、苏州体育场馆多达四十多个，会展中心体育场馆也成为宝冶重要品牌。

当年宝冶承建的厦门国际会展中心曾整体提升了厦门会展场馆的硬软件设施水平，对于促进厦门市会展经济，拉动相关行业发展发挥了巨大的作用。但随着厦门所处的特殊区域位置，厦门市会展业的不断发展，尤其与东南亚经济合作交流的投洽会、台交会等展览会的规模增大和频次迅速增加，原会展中心展馆场地面积不足及配套不完善的矛盾越来越突出。为弥补现有会展中心展位数量不足及配套不完善的缺陷，促进厦门展览业的发展，使厦门市在“十五”期末成为区域性会展中心，到 2010 年跨入中国会展名城行列的目标，厦门市决定建设厦门国际会展中心二期工程。整个工程占地面积 4 万多平方米，总建筑面积 75400 多平方米。工程完工后，厦门会展中心展位由原来的 1500 个，增加到 2500 个，展览面积 6 万多平方米，增加近一倍。工程完工后，这里将成为厦门新开发的城市副中心——“会展北片区”，而成为厦门市重要活动场所，因而得到厦门市的高度重视。

但与当年建厦门国际会展中心有一个最重要不同。会展中心二期工程量 4.5 亿元，工期却要成倍缩短。工程有一个铁打的后墙，这就是 2008 年 9 月 8 日“中国第十二届经贸洽谈会”要在这里隆重举行。工程由于多种特殊原因和意外，形成事实上的工程还未开工时间就已没有回旋余地。工程根据现行《全国统一建筑安装工程定额》测算工程工期，原为 790 日历天。但招投标在 2008 年 2 月底才揭晓，而为保住“中国第二届经贸洽谈会”2008 年 9 月 8 日后墙，给建设单位的实际工期只有180日历天。责任如山，压力如山，经贸会能否如期召开更是厦门市政府关注的一个重要热点。尽管参加竞标的均是国内大型民建项目顶尖施工单位，强手如林，无不势在必得。但宝冶以方案周全，措施严密，技术先进，加之这些年建会展中心的杰出品牌，使得各方几乎别无选择地把目光定位于宝冶。而宝冶力挫群雄，勇担重担，接受了挑战，在原厦门会展中心北侧开始新的鏖战。

冷静——专家给出极限

热切期盼并不能取代冷静的思考。工程能否时间上保证始终在怀疑和争论之中。为确保万无一失。厦门市专门组织由全国各地著名企业、著名院校、监理、质监、安全监督、施工图审查所，包括工程咨询机构9名专家组成的工程专项施工方案论证咨询论证专家组对会展中心二期工程进行论证。

论证是严谨的、客观的、科学的、坦率的又是深入和具体的。专家组的结论报告指出了不利于施工的十大难点：一是管桩基础的施工与检验结果可能不尽理想，以及移交交接时效，可能不能按期等，都将影响总体进度计划；二是基坑支护结构部分内容可能需要与土方开挖交叉施工，可能影响工期；三是展厅分区多、体量大，各种功能建筑层高较高且变化较大，不利于赶工；四是屋面张弦钢梁结构新颖，制作与安装技术要求高，难度大，不利于赶工；五是室内外装修标准高、内容多，不利于赶工；六是对于基础主体外墙、屋面装修施工中可能遇到雨季台风，将影响施工进度；七是屋面的防水、保温工程是与外墙保温等施工工序多、工序质量要求高，不利于赶工；八是外墙的涂料、干挂石材幕墙、玻璃幕墙、铝板，主体混凝土龄期与钢构安装，各种不同材料与性能的地面，以及各种强弱电安装与调试等等，这些都需要交叉作业或等待，极不利于赶工；九是各种设备需要外购与运输，受到外埠的因素制约，可能影响赶工；十是由于厦门地区目前施工需要的施工机械设备、地材和劳动力等较紧张，可能影响施工进度。

拼抢——工程快速“走牛”

而处于风口浪尖的宝冶人，只能是背水一战，只能进，不能退。接到中标通知，就开始了高效率地运作。项目当天就开始一系列有关事项的落实工作。第二天，时任宝冶总经理王石磊就赴厦门现场召开协调会，公司人力资源、工管、预算等有关部门在第一时间到厦门现场办公，材料资源、人力资源等资源落实。很快建立项目的技术管理体系、质量管理体系、安全管理体系。

由于工程的紧迫容不得差错和拖延。为此，项目部作了极为细致的策划和组织，整个工期 180 天按月细化到每周、每月、每日所对应的时间，需要什么人和多少人，需要多种材料和多少量，需要达到什么进度和要求都作了明确的界定。

在施工中，宝冶十分重视作业队伍的管理和那队的和谐，不断提高队伍的战斗力。如对所有作业队伍，根据当地条件，统集中居住集中管理。为保证作业队伍休息和生活方便，努力创造良的条件。作业队伍按工序、按专业，分区分层居住。现场的有关工作会，协作队伍管理人员也参加，大家一条战壕一条心，全力以赴保证工程按 180 天计划推进。

在工程施工中，科学组织，有效推进。如钢结构施工采用了“中间开花，两厢推进；分区施工，流水作业”的战略战术。在施工过程中，钢结构专业与土建专业配合密切，机电通风等专业施工合理交叉，争分夺秒。攻克了工程量大，建筑造型复杂等许多难关，保住了地坪地上土建结构施工，大跨度层面张弦梁钢结构施工，幕墙装饰施工等工程施工许多重要节点。

由于工程的特殊性及紧迫性，福建省省长、副省长，厦门市书记市长、副市长络绎不绝亲临现场，关注工程建设状况。宝冶领导更是抓工程、促进展。每到重要时刻，王石磊总经理都会来到厦门对工程施工进行组织和协调。刘安义副总经理则时常根据需要，驻扎厦门，现场指挥。

正是由于各方共同努力，厦门国际会展中心二期工程建设持续走牛，并始终处于高效率推进状态。

创新——科技显现实力

在重重复杂困难面前，在火热地拼抢施工中，宝冶人也保持了科学思考。宝冶当年在厦门国际会展中心施工中，采用了十多项新技术，工程获得全国新技术金奖。

在厦门国际会展中心二期工程建设中，最终宝冶人终于把“不可行极限”变成“已创造的纪录”。以至于当地的报纸、电台、电视台争相报道，公认该工程是宝冶工程建设速度的奇迹，宝冶称雄大型公共建筑市场，又一次创造了行业的神话！

（企　文）

攻克“世界第一拱”

——南京奥林匹克体育中心成功应用自主创新工艺

南京奥体中心位于南京河西新城区中心区域，占地面积89.6公顷，总建筑面积约40.1万平方米，总投资约40亿元，于2002年8月18日正式开工，2004年底建成，2005年5月1日交付运行。

奥体中心主要由主体育场、热身场、体育馆（太空舱形）、游泳馆（海螺形）、新闻中心（桅杆状）、网球中心（莲花瓣）、棒球场、垒球场，以及交通工程、环境景观、能源中心等配套工程，和体育公园组成。奥体五大场馆以体育场为中心连成一个整体，可同时容纳8.7万人（主体育场6.2万人、体育馆1.3万人、游泳馆4000人、网球中心8000人）。五大场馆分别象征着体育与庆典、体育与未来、体育与海洋、体育与自然、体育与山川。奥体中心是2008年前全国最大的体育场，是2005年第十届全国运动会的主会场。并成为著名的地标性建筑。

上海宝冶承建的南京奥林匹克体育中心建筑面积达13634平方米，屋盖主拱跨度372.4米，弧线长度415米，向外倾斜45度，号称“世界第一拱”。其屋盖钢结构总用量12153吨，跨度大、用量大，居国内同类工程之首。

南京奥林匹克体育中心主拱和屋面箱型梁互相依托，通过先进性、创新性的设计和计算，使之形成稳定的空间结构体系。为了确保工程的安全和顺利进行，同时为填补国内此类结构形式施工技术上的空缺，宝冶建设专门进行大跨度双斜拱空间结构钢屋盖施工技术的研究和攻关。

宝冶建设在南京奥林匹克体育中心主体育场施工中一方面通过采用一套临时支撑体系，屋面先施工，斜拱后施工的技术措施，确保施工过程中结构的稳定性，大大降低了支撑胎架的用量，从而大大降低了工程成本。另一方面通过采用分批、分级同步卸载技术，确保了结构体系的稳步形成，并大大缩短了卸载周期，为整个工程的工期和顺利进行提供了保证，其经济效益非常可观。

该技术的成功开发大大提高了大跨度场馆空间结构方面的安装技术水平，填补了国内类似空间结构安装技术的空白。项目创新的超大跨度斜拱空间结构体育场钢结构安装技术不仅可用于民用大跨度空间钢结构的安装，还可应用于工业空间网格结构工程，具有广阔的市场前景。

南京奥林匹克体育中心主体育场施工工艺研究形成的“360 米跨双斜拱空间结构钢屋盖施工技术”在国内处于领先水平，并达到国际同类结构先进水平。

“南京奥林匹克体育中心主体育场施工工艺”获上海市第十九届优秀发明选拔赛一等奖；“南京奥林匹克体育中心主体育场钢屋盖”工程获上海市金属结构行业协会“金刚奖”及中国建筑金属协会金奖。工程施工还因其首创性在中国施工企业新纪录中榜上有名。工程还获得中国建筑工程最高奖——鲁班奖。

（郑建果　言　礼）

闪亮的自行车王国“亚运头盔”

——广州自行车馆实施多项科技创新

继奥运、世博后又一受世人瞩目的盛会——2010 年广州亚运会已经拉开大幕。作为 2010 年广州亚运会自行车赛事的比赛场馆——人称自行车王国的“亚运头盔”广州亚运会自行车馆已在世人面前展现出真容，并得到很高的评价。本项目的钢结构施工单位——上海宝冶在工程施工中秉承低碳、环保、的先进理念，进行了多项技术创新而受到了各方的赞誉。

广州亚运会自行车馆是中国迄今为止最大的自行车馆，这是作为自行车王国的中国在亚运会上向世界所展示出的新形象。这个馆造型像一个硕大的银色头盔，设计灵感主要来源于广州亚运会的会徽和自行车头盔。整个馆的造型非常独特，雕塑感很强，中间还有镂空，（功能）指向明确。本项目的钢结构屋盖可分为起主要受力体系的主结构及起装饰作用的次结构：主结构为局部双层的单层椭圆球面网壳，整个屋盖平面投影呈椭圆状，长轴跨度为 147 米，短轴跨度为 120 米，属于超限的大跨度网壳结构。其最大亮点为钢结构屋盖中部的单层穹顶网壳部分，虽然目前国内对局部双层的单层网壳已有一些研究，但这样大跨度的工程实例还是首例。此结构虽然不属于结构承重体系，但是整个结构的造型是通过它来体现的，它是实现建筑造型的重要一环。

超限的大跨度单双层混合网壳结构及独特、新颖的造型势必给施工单位带来极大的施工难度，本项目钢结构不但具有形式多样的节点及数量众多、相互交错、鳞次栉比的杆件，而且各杆件在三维空间中的角度十分复杂，双曲、扭曲的构件比比皆是，稍控制不当不仅会给结构留下安全隐患，而且难以保证建筑造型的实现。

可以这么说，本项目大跨度单双层混合型网壳受力机理的复杂性及造型的独特性，在国内均属首次，没有其他类似工程及经验可循，开发出适合该种结构特点的施工工艺极具重要性及迫切性，这还是一个重大的创新课题。因此，宝冶在该项目施工中成立专门的科技开发小组，经历了项目立项、项目筹备、方案研发、项目总结、结题鉴定的多个阶段，有针对性地进行技术的开发，有效地进行技术创新。

上海宝冶在亚运自行车馆科技攻关研究小组，始终以低碳、环保为理念，以“安全适用、技术先进、经济合理”为准则，认真研究、开发，并在工程实践过程中不断克服各种突发性难题，最终形成成熟的施工技术，在项目得以成功实施，并达到预期的效果。该安装技术针对性强，对网壳结构支撑胎架的布置、桁架的分片方式、安装顺序、焊接应力的消除及合拢口的选择、加劲桁架的连接节点的优化等方面具有独到的处理和创新，对今后的类似工程具有很高的借鉴价值。

创新之一——立柱与横梁相结合的支撑体系

按照常规思路，在结构未形成整体之前，各个桁架分段单元必须设置临时胎架进行支撑，但是自行车馆钢结构屋盖的桁架分段单元数量较多，安装高度大，也不经济。

为此，该科技开发小组对临时支撑进行了一系列的优化，经周密的计算分析及反复论证，最终确定了“立柱及横梁相结合的支撑体系”，这比传统的支撑体系更科学、更合理。经调整，临时支撑胎架的实际投入量减少约百分之四十。更为可贵的是此种形式的支撑胎架并没有减少分段桁架的临时支撑点，反而增强了临时支撑体系的整体稳定性，保证了结构的安全。本项目通过减少竖向支撑胎架，增加横向连接梁的作法，在结构安装过程中可以直接利用横梁来铺设水平兜底网，为操作人员的作业安全提供强有力保障。因此，本项目所提出的“立柱及横梁相结合的支撑体系”可谓是一举多得、低耗、高效的一大创新。

创新之二——周密合理的吊装程序

广州亚运会自行车馆属于闭合结构，馆内根据功能需求又设计有赛道、楼层、房间等隔断物，因此用于钢结构安装的起重机械是无法入内的。通过各个安装方案的比较，最终选择“大型吊机跨外吊装”的安装方式。此种安装方法是沿用分条、分块安装的思路，其前提是吊装分段单元划分合理、吊装顺序井然有序。

通过对整个屋盖结构的分析、判断，可得知环形约束桁架的刚度及强度较大，它就会形成一种“箍”的效果。若环形约束桁架提前闭合，对结构整体的稳定及受力就很有利。因此本项目确定了以环形约束桁架、径向桁架、单层网壳、加劲桁架、装饰构架的逻辑次序进行施工的思路。此外，在单元合理划分方面，宝冶的科技开发小组借助计算机软件对划分出的各个结构单元在结构施工之前进行施工模拟分析，以保证结构安装符合受力要求，确保结构施工安全，用理论来指导结构的施工，实现理论和实践的有机结合。

创新之三——门型板连接工艺

广州亚运会自行车馆屋盖结构的各个分段单元是在地面拼装成小单元，由大量的圆管相贯而成；高空各分段单元间的连接为主管对接、次管相贯。因此，本结构所有节点的连接方式均为全焊接，焊缝存在大量交叉的现象，结构自身的焊接应力相当大。为了使得结构的焊接应力能够得到顺利释放，该项目技术开发小组从桁架分段单元安装中的临时连接节点工艺出发，对传统的高强螺栓临时连接点进行了改进，在合拢口处以“门型板”的连接工艺取而代之。

“门型板”连接工艺的优势：一是在控制焊接收缩、释放焊接应力方面，高强螺栓连接节点是依靠螺栓孔的间隙进行调节，调节量相当有限。而“门型板”连接节点的一端满焊，另外一端自由，焊接收缩调节能力强，可以根据应变的要求进行自由收缩，对焊接应力释放更有利，确保了工程质量；二是传统的高强螺栓连接节点构造相对复杂、施工程序较为繁杂，而“门型板”连接节点的自我调节能力强，施工速度快；三是“门型板”使用之后可以循环利用，而高强螺栓及高强螺栓连接板不可重复使用，可以看出“门型板”连接工艺在施工成本上更有优势。

创新之四——节点旋转就位的安装方式

为体现广州亚运会自行车馆钢结构屋盖的结构造型，在次结构上设计有飘带，此飘带通过坐落于主结构椭圆面上的 388 个支座将主结构与次结构连接成有机的整体。为造型的需要，这 388 个支座在空间的分布角度各不相同，是沿着空间曲面在不断地变化。

此结构是整个项目安装中最为艰难的一环，若直接按照原设计意图及常规方法进行施工，其安装精度及速度均无法保证，难以实施。宝冶技术开发小组从对原有结构连接节点进行更改的思路出发，经与结构设计人员的多次探讨及推敲，并重新对结构进行受力验算，提出“节点旋转就位法”的构想。通过对结构节点的巧妙处理和连接，结构中的连杆与支撑节点由固定转变为活动。这样，倾角各不相同的支座在高空就位时可以前后、左右自由调节，保证上下节点均坐落于设计指定位置。

“节点旋转就位法”独辟蹊径，实用可行，是解决本项目加劲桁架安装的不二之选。对此设计院及业主等均为宝冶精湛的安装技术、严谨的工作态度及巧妙的安装构想所折服，并予以了高度肯定。

宝冶在广州亚运会150米空间大跨度网壳结构自行车馆施工中，克服施工过程中的重重技术难题，最终保质、保量、如期完成工程施工。网壳结构成功实现了由外力支撑体系向结构自由支撑体系的转换。

该安装技术的成功开发不仅为宝冶今后类似项目的开发提供技术指导和借鉴，而且填补了国内在大跨度单双层混合网壳这一领域的技术空白。其安全合理性、技术先进性、经济合理性受到了行业内专家的一致好评。

（陈定洪　郑建果　林剑锋）

中国高铁“璀璨明珠”

——苏州新客站工程纪实

符合低碳、环保的发展潮流，突破“大客流”重要物资运输瓶颈，中国的高铁正快速推进，并以自主的知识产权、世界一流的水平、巨大的市场规模而倍受世界瞩目。

中国已确定“四横四纵”的高铁版图，在遍布中国广袤原野和山川的纵横交错高铁线路上，现代化的高铁车站则是高铁线上美丽的明珠，成为高铁的形象和所在地的重要建筑地标。上海宝冶已跻身中国高铁建设市场，并不断地为中国高铁挂上一颗颗璀璨的明珠。

已建成的不仅有举足轻重的磁悬浮公交、地铁交通为一体和京沪高铁的重要枢纽上海虹桥站，还有京沪高铁的山东济南车站、福建泉州站，和京广线大型车站与综合交通枢纽郑州东站工程。而2010年“七一”党的生日，上海宝冶钢构分公司参建的沪宁线苏州新客站又胜利通车。在隆重的通车盛典前夕，《中国建设报》的媒体人专程来到苏州新客站。得知工程建设情况后，几位媒体人当场向宝冶约专稿，于是采访了该项目经理曹路桥，近年来，他好事连连，被评为“2009年上海市新长征突击手”，“全国钢结构优秀项目经理”。

受命于难得的挑战

当宝冶钢构分公司项目经理曹路桥被派往高铁苏州建设工地时，业主似乎还对这个三十出头的小伙子不以为然，甚至还以为建设方抽不出更多高手来，业主的担心不是没有道理的。

从工程地位来讲，苏州是人称“上有天堂，下有苏杭”的著名千年古城。这座历史名城不仅是中国经济最发达的长江三角洲的“明星”之城，还是沪宁高铁的交通重镇。而苏州新客站位于市中心，将作为苏州市轨交、公交等重要的交通枢纽，对老城区和正在建设和未来规划的新城区经济发展将起到重要的推动作用。

从工程设计来讲，上海宝冶完成施工难度极大的被称为世界十大最精美设计的 2008 年北京奥运“鸟巢”工程。而苏州新客站的设计者正是鸟巢结构的设计者，也是国内著名的设计师范重先生。他设计的苏州站的正面看去是多个奇特的菱形由钢结构和幕墙玻璃构成的巨大的灯笼。突出体现了中国文化的元素，具有很强的视觉冲击力。而新客站整体波浪层叠起伏的造型，表达了水的情调，体现了苏州依傍浩瀚而又美丽太湖的地方韵味。作为钢结构设计大师，他所设计的苏州火车站屋盖钢结构为大跨度菱形空间桁架结构，体现了现代钢结构发展潮流。苏州火车站虽不是国内最大，但大跨度结构却为国内近年来所建火车站同类工程之首。

从工程施工来讲，苏州新客站整体平面布置呈工字形，对称的分为南北两半进行施工。屋盖钢结构南北方向最大尺寸为 350 米，东西方向最大尺寸为 198 米，屋盖最大高度为 31.25 米。大跨度屋盖由设置在下部混凝土结构柱顶的抗震球形支座上的斜撑杆支承。东西方向柱距为 88 米，最大柱距达 132 米；南北方向柱距为 22—54 米。桁架截面为菱形，菱形宽度为 11 米，高度为 8 米。是一座有特点的、有技术含量的建筑，有人说，苏州火车站钢结构施工有一些难度不亚于鸟巢。年轻的曹路桥虽然也参与过多个工程，也算是一个年轻的“老把式”，但面对苏州新客站这样的工程，他和他所率领的团队清醒地看到了困难，感到了压力，更激发了斗志。用项目经理曹路桥的话来说：“我不敢有任何的马虎，因为我受命于艰难的挑战！我必须迎难而上，承担重任！”

突破于科技创新

对于苏州新客站这样一个古典而又现代，具有地方特点又有世界视点的具有科技含量的建筑，上海宝冶针对工程难点、工程亮点进行了有重点的科技攻关和科技创新。

一是大型钢结构构件滑移支撑胎架施工关。与一般同类施工胎架比，苏州新客站新奇的大跨度树枝状的承重支撑来支持巨大的钢屋盖，如北站房高架层仅有 8 根树枝状柱，现场没有更多的支撑胎架可以依托的支撑点。而所有的支撑胎架全部需要自行设计制作安装的临时搭设的胎架。其中数千余吨北屋盖桁架结构没有一个支撑点是支撑在永久性结构柱或梁上的。首先，支撑胎架的稳定性计算设计是一大难点。同时滑移胎架有一部分设置在刚回填的基坑内，地基情况复杂，地基土的处理及支撑胎架的下部承载力设计也是一个难点。另外，一些胎架设置在混凝土结构上，还要对混凝土结构承载力进行验算。针对复杂的现场条件，经过宝冶设计院及项目部技术人员精心设计、大胆假设、小心求证，确保了万无一失。经过周密计算分析，并经专家专题讨论，通过多次优化，最终形成了综合性胎架的施工方案。其中采用了格构柱分点分段受力的方式确保胎架稳定性。并经上海同济大学土木工程学院等国内知名专家认证，攻克了施工难点。

二是滑移关。滑移支撑胎架制作安装完成后，进入大型构件高空滑移的重要阶段。宝冶具有国内领先的大型液压机器人特种施工的先进技术，可以通过电脑控制液压传动，进行多点、大面积大体积的构件准确就位和安装。对苏州新客站的高空大构件滑移，宝冶人动足了脑筋，做足了文章。宝冶人对屋盖结构采取分段拼装和散装后逐渐滑移。屋盖结构在施工滑移过程中，由支撑在滑移梁上的几十个滑靴将力传递给多个滑移支架，尽管桁架结构每榀重达 300 多吨，而且支撑胎架又为临时性胎架，但 198 米长的屋盖钢结构在滑移轨道上稳步行进，3 榀、5 榀、7 积……14 榀，滑移同步精确就位。一般此类情况的滑移也就是几十米，而苏州新客站大构件滑移距离达 175 米。其滑移距离与准确度为国内同类工程少有。

三是卸载关。大型的钢结构安装完成后，卸载是工程成败的最重要的环节。因为屋盖结构在胎架上施工完成后的整体卸载也是一大难点，需确保结构本身强度稳定性满足要求，确保胎架受力满足要求，同时还要保证屋盖结构力逐渐由胎架受力转换为永久性支撑柱受力。卸载方案经过宝冶专家讨论并经过业主单位组织的专家论证，形成严密科学的方案。整个卸载过程非常平稳，卸载过程中，屋盖钢结构未发现有异常声响，所有结构焊缝未产生裂纹。值得一提的是，整个卸载严格按规范、按标准进行，经业主、监理、设计及施工单位等各方面的现场检查及对监测数据的汇总分析，最后结果表明与理论数据相当吻合，误差很小，不足百分之五，达到少有的精确度，几万平方米钢结构卸载高质量成功，也证明宝冶整体施工质量的过硬。

成功于高效的管理

苏州新客站的施工，不仅仅是科技创新突破施工的难度瓶颈，而且靠的是高效管理。因为该工程施工用“螺蛳壳里做道场”来形容是再贴切不过了。

苏州新客站工程施工与其他地方施工不同的是新建筑和老建筑替换使用，施工交替不能一次完成。即原火车站继续使用，新客站紧贴老火车站建设，先建北站房，建成后，北站房投入营运，然后拆除老火车站，再紧贴北站房建设规划中的南站房。苏州新客站建筑与老客站同一区域，施工区前面与运行不得受到影响的老客站仅一墙之隔，列车奔流不息，每天有上百列。施工区后面是市政主干道，各种车辆通过汹涌如潮。多个单位在狭窄区域施工，而新客站大型屋面桁架现场预拼装需要大面积的作业场地，加上现场打桩施工、混凝土浇筑等作业四面开花，需要精细的策划安装。这对项目管理提出了更高的精细化要求。

一是指挥高度协调。宝冶钢构项目部有关人员每天都会“天天读”，开碰头会，对照施工节点，找问题，议方案。如在苏州新客站“大干75天，确保结构完成”的决战中，安装第九段主桁架时；十多米高的大型结构件因现场只有几米的作业距离而无法施工，项目经理曹路桥凌晨3点和有关人员细查图纸理思路、绞尽脑汁找对策，最后巧妙地根据现场条件，采用双机抬吊方式，通过精确指挥，完成了施工任务，并取得大干75天节点完成的胜利。

二是施工管理周密。项目部根据现场场地无法堆放更多的钢结构件情况，对钢结构制作根据所需要的规格件，先要什么，后要什么，要多少，进行精细化运作。对机具的使用场地周转问题，如吊机，根据现场的道路通行变化情况，对吊车行走及构件吊的先后次序具体位置做到心中有数，周密安排运行时间和运行路线。通过多项措施，将现场施工管理步步细化。

三是执行力到位。苏州火车站钢屋盖桁架吊装是标志性关键性节点，由于多种情况，需要提前，当时通知时间离要求时间不足半月。宝冶人雷厉风行、快速行动。现场内冒雨通宵平整场地、铺设碎石，创造现场条件。在现场外，则针对有可能发生的困难，提前作出相关预案，并与业主、设计院等各有关方面深入交流沟通，在达成共识的基础上，高效地进行图纸深化设计、物资材料准备、钢结构制作、施工方案形成等工作，在各方面条件极为不利的情况下，如期确保了节点吊装。宝冶的突出表现，受到苏州市领导、上海铁路局的高度赞誉。

2010年7月是中国高铁建设不寻常的日子，也是宝冶建设者自豪的日子。因为上海宝冶参与建设的京沪高铁上海虹桥站以及沪宁城际线苏州站同时投入使用。

我们有理由相信，在中国高铁的万里长线上，宝冶建设者还会打造更多像上海虹桥枢纽站、济南车站、苏州新客站等更多美丽的明珠！我们期待着见证中国经济发展脚步的高铁建设的更多辉煌！

（企　文）

以科技创新示范工程打造低碳环保新大运

——以“五个突出”总承包建设一流大运主体育馆

继奥运、世博、亚运会后，深圳大运会又是一个世人关注的新亮点。在低碳环保的潮流引领下，大运会对发展绿色建筑、推行绿色施工要求更高。

大运主体育馆 7 万多平方米面积，18000 观众容量，能满足多种国际比赛赛事，堪称国际一流的场馆。尤其是建筑中的雨水、中水、太阳能等综合利用，新型光电、绿色材料等使用，施工新工艺、新技术的实施。在施工中，宝冶大力推广绿色施工技术，提高绿色施工管理水平。实施了“五个突出”，实现了真正严格意义上的“交钥匙”工程的总承包，建设了一流的大运主体育馆，受到了各方高度的赞誉。

突出谋划、定准目标

大运主体育馆在中标后就被列为宝冶重点工程，为确保给业主交付满意的工程，决定以本工程的施工重点和难点为突破，以科技示范工程为抓手，以创深圳市优、广东省优、国优鲁班奖为目标，进行了周密的谋划。

宝冶大运项目部按照建设部颁发建筑业10项新技术的要求，结合本工程特点，并在和建设单位、设计院、监理单位多次研讨的基础上，确定新技术应用的课题，工程中大力推广运用了“建筑业10项新技术”。有针对性地确立新技术的33个子分项，如地基基础和地下空间工程技术、高效钢筋与预应力技术、新型模板及脚手架应用技术、建筑节能和环保应用技术、建筑防水新技术、直饮水技术和太阳能光热等节能、环保技术等。并根据项目难点和重点情况，设立6大项重点技术攻关和创新项目。

对目标的完成，宝冶都制定了详细的进度实施计划，有指标、有时间要求，有具体的应部部位，甚至应用部位数量都有具体的统计，以书面形成达到一清二楚。

突出管理、周密执行

提高施工管理水平，认真执行，是落实绿色施工的重要环节。大运主体育馆确定为建筑新技术示范工程后，宝冶根据工程特点，围绕创新目标，组织领导落实，成立“新技术应用示范工程领导小组”，负责推动创新活动的策划、调研、论证、检查、改进和总结工作。同时，在实施过程中，从抽调人员、添置设备、调拨资金等都给予了极大的支持。为保证更好的实施新技术应用和创新计划，宝冶突出管理，周密执行，从项目经理黄伟强，到项目总工、副经理靳峰。到项目工程部部长孙守先层层抓落实。将有关各项要求落实到工程管理、工序管理、现场材料管理等各项管理中去。

宝冶不仅指导督促、检查落实，还不断及时归纳、整理，革新工艺、完善做法、改进不足。通过各个环节的周密管理和有效执行，确保了新技术在工程中的应用。如大运主体育馆清水预制看台以倒“L”法安装，这在国内还是首次，这种方式虽能节约材料，缩短工期、环保，但施工复杂、质量要求高，程序多。针对其特点及难点、重点，组织了施工技术攻关，在施工各个环节上进行创新。如用折线板代替弧线板，解决因各层看台板曲率不同而造成施工困难；模具板面采用冷轧钢板冲压制作工艺，以高精度的组装保证外观质量。采用圆台机制芯模代替钢套管预留风洞口，成功地解决洞口周围渗漏水及水泥浆而引起的色差、起砂等问题；采用特有的光泽隔离剂，减少混凝土中气泡与黏结力；采用高效蒸养型减水剂，解决混凝土的高密实度；通过新型的外观缺陷修补技术，保证清水看台板成品质量。完工后的预制看台板尺寸准确、棱角方正、线条顺直、表面光洁、色泽一致。模板接缝与施工缝处无挂浆、无缺棱掉角。各项质量均优于设计要求。其中项目总工靳峰、方学军等发明的用于混凝土孔施工芯模技术还获得了国家专利。

突出创新　高端突破

深圳大运中心主体育馆造型新颖独特，结构复杂。集高耸结构和大跨度空间结构于一体，其结构形式为空间折面网格结构，是世界上最新颖的一种结构形式，也是在国际上首次应用于大型体育馆建筑。

宝冶建造的主体育馆由16个（8组）形状相近的巨大水晶体状结构单元构成，每个直径为158米，由于其多重复杂性，工程对钢结构的制作、安装精度的要求相当高。若按照传统施工工艺，施工现场需搭建16个钢结构拼装平台。即使如此，工程的安装精度也很难有进一步提高的余地。同时传统方法施工作业的安全性也较低。此外传统方法需要大量临时支撑杆件，形成材料的浪费。而具体到现场，由于体育馆承重面下有车库，其顶板承载力每平方米仅为2.5吨，根本不能满足大型吊机施工需要。为了完美地完成施工任务，项目部反复研讨，精确计算。最终确立了主体育馆钢结构工程采用空间多轨道对称累积旋转滑移的施工工艺，其空间、跨度之大、重量之重、弧线滑移之复杂等特点为国内罕见，旋转滑移的同步性、结构的稳定性要求很高，也是世界最大的此类工程总量的旋转累积滑移。

宝冶所采取的这种滑移是通过计算机控制的液压设备作为驱动力，推动超重物体精确移动。采用这种技术仅原有的搭建平台从16个减少到只需要2个拼装平台。将构件定点拼装后再滑移到设定位置，能够使构件安装实行标准化作业，很好地控制了安装精度。由于实施定点地面拼装和定点高空组装杆件，吊装设备位置固定不动，焊接工人位置不变，靠轨道等空间运转构件，作业区域固定，虽是施工现场，但拼装、组装和焊接达到工厂化，实现了在露天场地进行工厂式标准化工地管理，从而改善作业环境，有利于提高焊接质量、实现安装精确控制，有效地降低了多点高空立体交叉作业安全风险。这样的施工方法达到大型构件制作工厂化，大型构件安装定点化，还避免了散装频繁运输，众多车辆吊具来往穿梭，减少能源消耗和现场粉尘等，也实现了低碳环保施工。

宝冶在大运主体育馆钢结构施工中有关技术已成系列。如定点地面拼装、定点高空组装技术；空间多轨道同角速度旋转累积滑移技术；分级同步卸载技术；液压爬形器提供动力同角速度推进技术；采用光纤、光栅传感网络分析全程计算机控制等技术等，都具有创新的先进性。其中支撑体系设计与制作安装技术、累积旋转滑移技术研究、主结构卸载与支座就位技术的有关技术内容，获得了两项实项新型专利，分别是“用于沿弧形轨道滑移板材的滑板”“用于钢结构旋转和卸载的装置”。另外施工中针对大跨度新型结构采用的先进施工方法填补了我国大跨度钢结构在该项施工技术方面的空白，也使我国大跨度钢结构施工技术迈上了一个崭新台阶。

突出实效、达到共赢

上海宝冶在深圳大运主体育馆以及有关项目施工中，结合工程实际的各项新技术的采用和研发，收到可喜的实效，达到各方共赢。主要有：

一是确保工程质量的优质。新技术的推广应用，保证和提升了工程质量，如土建施工清水混凝土施工，所达到的成品质量获深圳大运中心清水混凝土施工质量优胜奖。而在施工验收中所有分部和分项工程验收合格率为 100%，得到业主、监理单位和外国设计方的一致肯定和极高的评价。又如，钢结构施工已获得深圳市优质结构奖、粤钢奖和钢结构国家金奖，以及国家优质工程最高奖——鲁班奖。

二是获得科技成果的丰收。新技术的成功应用，创造了卓越的施工成绩，获得了宝贵的科技成果。通过总结整理的成果就获得中冶集团技术开发成果1项，上海宝冶集团技术开发成果1项，上海宝冶集团工法1项；国家实用新型专利4项；国家级QC成果1项。

三是产生了良好多赢效应。这个效应首先是保证了深圳大运会场馆按工期、质量顺利投入使用，将主体育馆建成国际一流体育场馆，实现世界大学生运动会成为精彩难忘的大运会良好的社会效应。同时，新技术应用提高了工作效率和效益，减少了施工设备、设施、机具和人员的投入，节省了材料成本、劳动力成本和管理成本。

突出规模、提升绿色价值

上海宝冶在深圳大运绿色环保施工不只是局部尝试，更重要的是形成了规模化，达到最大绿色价值提升，达到规模效益的形成。

在机电安装施工中，被业主赞不绝口的宝冶高速优质完成的数十公里重型矿物绝缘电缆施工，施工周期短，施工用料少，节省了大量的人工，避免了能源的二次浪费和二次污染，大幅度节省了投资并缩短了施工工期。

在土建施工中，宝冶也是达到良好环保效果。如数万平方米现浇清水混凝土施工技术首次大规模、大面积在体育馆内外使用，而清水混凝土是绿色环保混凝土，整个施工过程质量要求高，可消除混凝土诸多质量通病，全面提升混凝土结构施工质量管理工作。由于减少了装饰和维修费用，也降低了工程总造价。还有首次十多万平方米大规模、大面积在体育馆及周边进行透水性混凝土地面施工，这种环保型、生态型的混凝土材料，具有良好的透水性和透气性，而且保水、节水效果好。可减轻降雨季节道路积水所造成排水系统的负担；可吸收车辆行驶时产生的噪音；可回收补充城市地下水资源；可增加城市可透水、透气面积，调节城市气候，缓解城市“热岛现象”。

（郑建果　梅正海）

墨舞“飞鸟寻梦”

——中国东盟（柳州）工业品展示交易中心—会展中心、会议中心工程纪实

一座历史悠久的边陲古城，富含深厚的文化积淀，美丽的景观天赋，独特的区位优势，其“民族风情四绝”得名天下。中国西部的工业重镇是地缘优势，也是千载难逢的历史机遇。而让这座城市闻名世界的，是第一届中国东盟汽车工业品展示会的举办地——广西柳州。

大河起雄坝，天堑变通途，这将是怎样一幅壮阔场景。这次，他们的到来是为绘制一幅城市工业的未来发展的“飞鸟寻梦图”，更为能再次成功缔造一个建筑经典——中国东盟（柳州）工业品展示交易中心会展中心、会议中心，犹如“飞鸟”破壳而出，冉冉预飞，开启梦想的窗口。

祖国62岁华诞之日，随着最后一榀构件起吊并安装到位，整个主体结构顺利封顶，建设者们欢呼雀跃，企盼了多少个日夜，这一刻，梦圆了！建设之路布满荆棘与希望，回忆拉开一幅壮阔澎湃的画卷，工程上马的前前后后，亦如世博中国馆的清明上河图中的影像一般，绵延不绝，如影随形。

构图——瞄准“黄金走廊”的崭新坐标

一个充满挑战与机遇、实现着光荣与梦想的时代，宝冶在市场经济大潮中勇于突破，面临抉择，凭借在钢结构建筑市场中雄厚的竞争实力和豪情壮志，瞄准中国最美丽的城市之一，广西最大的工业城市，建设者成功构图于被海内外誉为中国通往东南亚“黄金走廊”的崭新坐标，书画“飞鸟寻梦图”的气韵华章。

中国—东盟博览会是由时任中国国务院总理温家宝倡议，由中国和东盟 10 国经贸主管部门及东盟秘书处共同主办，广西壮族自治区人民政府承办的国家级、国际性经贸交流盛会，每年在广西南宁举办。博览会以“促进中国—东盟自由贸易区建设、共享合作与发展机遇”为宗旨，涵盖商品贸易、投资合作和服务贸易三大内容，是中国与东盟扩大商贸合作的新平台。自 2004 年以来，中国—东盟博览会已成功举办七届。第八届中国—东盟博览会于今年在广西南宁举办。中国—东盟博览会是目前中国境内唯一由多国政府共办且长期在一地举办的展会。中国—东盟博览会以展览为中心，同时开展多领域多层次的交流活动，搭建了中国与东盟交流合作的平台。

中国东盟（柳州）工业品展示交易中心—会展中心、会议中心钢结构工程位于柳东大道南段，包括了多个展厅以及服务区、仓储区和水体景观等，以及制高点上一座高高的观光塔，观光塔将成为柳东新区的重要标志性建筑。中国—东盟（柳州）工业品展示中心及周边配套设施项目，可将博览会这个经贸平台延伸到柳州，成为展示工业柳州、风情柳州、活力柳州的窗口，增强柳州的对外辐射能力，拉动柳东新区的开发和建设。依托中国—东盟博览会，利用柳州支柱产业、资源优势吸引内地和东盟参展商，承办具有柳州特色的中国—东盟博览会分会展。

上海宝冶工业安装工程公司承担了中国东盟（柳州）工业品展示交易中心两座单体建筑物会展中心和会议中心的钢结构施工任务。会展中心为会展类建筑，主要由展厅及其功能用房组成。整体平面呈 S 弧形，就像展翅欲飞的大鸟。会议中心，会议中心为高层建筑，结构整体呈蛋壳形，像一只金蛋，其结构形式为钢结构框架—钢筋混凝土核心筒结构体系。平面中北侧为中空中庭布置，中庭外部为纵、横向管桁架结构所构成的结构体系，其南侧为弧形柱、H 形钢梁等构成的框架结构体系，两种不同的结构形式巧妙的结合形成了独特的结构体系。其钢结构施工总量约为 14000 吨，由于工程体量较大，设计形式新颖，结构形式复杂，钢结构起重吊装作业属于超过一定规模的危险性较大的项目，施工难度不言而喻。

这个位居“黄金走廊”的崭新坐标，被建设者们戏称为一只“巨型的飞鸟”和一粒“破壳的金蛋”。对于这只“巨鸟”的攻坚，宝冶人身经百战，艰辛付出，收获成功。她也让这个有着半个多世纪发展史的建筑企业焕发青春与活力的同时，得到了迅猛的发展，人员素质和技术实力得到了质的飞跃。

勾勒——素描“飞鸟破壳”的清晰轮廓

有机会并不意味着目标一定能达成。要高效、安全、建成体量大、形式复杂、安全系数颇高的工程，显然还有一段漫长的路要走。上海宝冶工业安装工程公司的能工巧匠们独具匠心，以精湛的技艺和智慧，在项目攻坚战上演前，就已一笔笔画出幅幅施工素描，勾勒出“飞鸟破壳”的清晰轮廓。

构件异型，加工制作和安装难度大；现场拼装量大、精度要求高……如何攻克这种种技术难关？项目团队发挥宝冶人坚韧不拔、克难奋进的精神，迎难而上，以技术为先导，积极展开技术攻关，将重点优化分解、将难点深刻剖析，最终把蓝图变成了现实。

古人云：“天下大事，必做于细。”做好精密计划是确保钢结构主体如期封顶的一项法宝。为打好这场工期紧、施工难度大的攻坚战，项目部始终坚持精密策划，动态调整。在工期策划上，编制了较为详细的整体目标施工计划，分别对于图纸设计、材料备货、加工制作、现场安装等测算了逻辑关系和搭接时间，以及重要工序的必须启动时间、完成时间。在施工组织策划上，为满足现场吊装需求，不使主吊机出现窝工情况，项目部最大限度的投入人员与设备，精细的工作分解导致工程管理的工作量比原先大一倍，但加倍的付出换来现场施工效率的大幅度提高，项目部上下“乐在其中”。

创新是上海宝冶的传统，更是永恒追求。安装难题考验着宝冶人，面对传统复杂的安装模式，他们敢于创新，更善于创新，项目团队组织对项目的主控点进行分析和创新，先后制定了 5 个主要的施工技术课题进行攻关——改进钢结构的施工方法，提高施工的效率，降低了施工措施的成本；复杂箱型钢柱工厂装配及焊接工艺；复杂箱型钢柱现场组拼装及矫正工艺；对钢构件的出厂状态进行合理分段，有效地解决了部分现场焊缝无法施焊的问题，确保了现场焊接质量；针对会议中心弧形箱型柱，制定了连续三段分段钢柱进行预拼装工艺要求，有效地控制了现场钢柱的安装精度。2011 年 4 月 16 日项目的施工专项安全方案的编制顺利通过专家论证。项目技术攻坚的胜利为工程施工的顺利进行扫清了障碍。

点睛——墨舞“丹青之笔”的气韵华章

丹青难写是精神。正因为宝冶把满足业主需要作为自己搏击市场，扬帆破浪的最高理念，他们以工期快、质量优、服务好这一施工建设三件宝，诚信重誉，誓夺全胜。

“飞鸟破壳”的百余张建设画卷中，项目部利用倒排工期，现场把关，重点突破等科学的管理手段，风餐露宿，拼争流汗，百人会师集结、巧运匠心铸铁臂、挑灯夜战会展等“点睛之笔”，让一幅幅建设“丹青”焕彩。他们以自己的智慧，笔走龙蛇般地撑起座座钢铁脊梁像，推出群群叱咤风云的雄壮。

百人会师集结——2011 年 5 月 24 日，工程正式进入出地面上部钢柱的吊装作业，这标志着柳州会展中心钢结构安装的高峰期即将来临。6月3日，第一根折型钢柱吊装到位，意味着本项目钢结构吊装工作的全面展开，在工期紧、任务重等各种困难下，对项目部的考验也正式开始。百人会师集结，大面积地同时展开施工，在现场作业的各专业施工人员超过500人，在工期极其紧凑、天气又十分炎热的考验下，项目部始终严控现场钢结构施工安全，展现了“宝冶人”的铁军形象。

巧运匠心铸铁臂——虽然工期紧张，从项目经理到质量员，丝毫没有放松对工程质量的控制。鉴于工程焊接量大、作业面积大，节点较复杂，为保证焊接质量，确保“过程精品”，在会展中心的施工过程中，严格控制焊接工艺，并通过现场焊工考试来优选焊工，有效地保证了现场焊接质量。5月25日，第一根目型钢柱正式拼装、焊接完毕。经探伤，一次合格率达到100%。经检测，现场焊缝经探伤一次合格率在98%以上，并在第三方焊缝抽检中合格率为100%，获得了业主、监理以及第三方检测单位的极高评价。

挑灯夜战会展——随着“快干大干100天，确保会展中心按时交付”的醒目标语高挂会展中心主桁架上，钢结构工程进入抢工高峰期，项目部多管齐下，确保作业有序展开。项目部对钢结构安装施工计划进行仔细分析，在“合理组织、有序抢工”的指导思想下，重新编制抢工计划，根据计划组织施工队增加施工人员及吊装机械，在保证质量与安全的前提下，快干加巧干，施工进度大大加快。

目标就是方向，目标就是原动力，更是振奋人心。2011年6月3日开始吊装C区地上钢柱；8月12日开始吊装B、D区构件；10月1

日完成最后 1 件主体结构吊装……4 个月时间，宝冶人完成了会展中心主体钢结构 12000 t 安装的全部工作。

2011 年 12 月 8 日，第一届中国东盟汽车工业品展示会盛大开幕。形似“飞鸟”和“金蛋”的中国东盟（柳州）工业品展示交易中心向世人揭开面纱、惊艳亮相，承载中国工业品走向世界的梦想，展翅高飞，赢得无数的目光和赞叹。

当梦的神话最终形成现实，上海宝冶人用永恒的信念、忘我的追求、周身的力量，再一次次深深地投入，让自己也化为一道靓丽的风景线，呕心沥血地编织出幅幅娟美的希望。

（李　娜）

打造金色海岸的“萨菲那赫”

——科威特中央银行大厦（CBK）工程纪实

由上海宝冶钢构承揽的科威特中央银行大厦钢结构工程（简称CBK项目）——大三角帆船，一艘气势恢宏的顶级巨帆从此傲立于科威特中心城区距王宫500米处，诉说着如人类文明一样悠远的历史，昭示着人类同大自然的斗争与和谐合一，印记了宝冶钢构走向世界，续写建筑华章的英逸气韵与缔造钢结构神话的豪迈壮举！

攻难克艰，铸起海航之滨的坚固“船体”

作为上海宝冶首次涉足的全方位执行美标（ASTM、AISC、AWS）的海外超高层钢结构建筑，CBK项目的成功建设不仅实现了宝冶钢构将产品由国内海运输至国外，进行现场安装的首次突破，而且实现了所承揽的海外项目中，集设计、制作、安装为一体的钢结构专业承包模式的突破，同时也是目前中国施工单位在科建设的最大建筑工程。

建设如此一项举足轻重的海外工程，无论从项目运行实施，还是从满足质量、安全、工期要求，或是从中外文化融合与跨国沟通而言，均开了钢结构项目建设的极致高端之先河。曾经的重困之下，艰难面前，宝冶钢构精锐之师以锐不可当的磅礴气势，精益求精的雕琢技艺，完成了“沙州之璽”到“金海银帆”的华丽呈现！

建筑设计攻坚——构筑蓝图。在距阿拉伯海100米处的科威特中心城区建造这样一座总高238.475米，面积68771平方米，宛若巨帆的中央银行大厦，有其特殊重要的意义。它的建筑灵感来源于阿拉伯民族的伟大发明——三大角帆船，阿拉伯语称为“萨菲那赫”。在国徽和钱币上，也绘制有这种科威特人奉为国家标志的图案。要将此建筑设计思想完美体现，并完整转换在钢结构建筑实体上，难度非比寻常，建筑设计首当其冲：交付给宝冶钢构的图纸是项目的初步设计方案和框架，仅具有参考作用，同时本项目采取顾问公司管理模式，所有经我方设计的图纸都需经国外顾问工程师严格批复；除此之外，本项目涉及跨国沟通，文化差异和管理模式的碰撞，项目自主设计可以说是步履维艰。宝冶钢构积极应对，招贤纳士，迅速组成包括博士、硕士等20余人组成的专业设计团队派驻科威特现场，进行全面执行美标的结构设计、节点设计、详图深化设计工作。在进行大量细致分析研究和精确计算的基础上，设计团队解决了将空间三维立体结构模型用平面二维图纸难以表达的难题，同时，进行了一系列的节点试验，以作为设计的验证与补充。手执建筑梦想的设计团队，用艰辛与汗水绘出巧夺天工之笔，构筑蓝图，圆满完成了设计任务，打响了攻坚第一枪！

生产制作攻坚——精雕细琢。CBK项目钢结构制作全面采用美标，材料标准要求高，即美标材质、欧标截面，型钢大部分为进口配送。不同于一般建筑结构，其X节、Truss桁架、边梁等结构形式复杂、要满足其堪比设备钢结构的质量要求。宝冶钢构的生产制作团队迎难而上，很好地解决了各种难题：通过组织学习并多次进行交底，增强对项目要求及美标的理解与掌握，给生产制作提供必要的准备条件；为了保证X节点焊接质量，公司多次组织内外资深专家进行讨论，通过反复实践，制定了一套详细、合理的制作工艺方案和质量保证措施，同时在车间实施过程中，安排专人进行全程监督、检查，使X节点构件的制作质量得到了很好的保证。

施工作业攻坚——打造“船体”。由于CBK项目现场远离国土，地处带沙漠气候，经常出现沙尘暴，且夏季漫长，最热时树荫下为51℃，太阳直射处达80℃，酷热难挡。如此艰苦的环境中，钢结构项目施工组织难度可想而知。为了保证施工进度，项目将上班时间调整为凌晨3:00，避开高温时段，实现工作任务最优最大化；为了保障施工安全，现场制定了详细的安全生产和防暑降温方案，通过系统的安全教育，以完善的制度保障施工安全；为了确保项目质量，项目部严格按照美标相应的条款施工，实行宝冶钢构（SBC）自检，现场第三方（GL公司）验收，顾问公司/管理公司（PACE/HOK）审核放行三道质量关口，使现场质量严格处于受控状态。2010年11月27日，宝冶钢构携手中国建筑集团和曾参与奥运会“鸟巢”方案论证的国内专家对CBK施工方案进行缜密的评审，为施工提供了有效的技术支持和保障。在后续具体施工过程中，项目部以中冶、宝冶为坚强后盾，以辛劳汗水为有力支撑，发挥聪明才智，团结一致协作，攻克了一道道施工技术难关：在斜肋柱的安装及空间三维定位中，采用LEICA TCA2003精度达到0.5秒型号的仪器进行定位；在TRUSS S3/S5的安装过程中，采用无胎架安装技术；而在本项目最大施工难点42号杆件的安装过程中，使用了上海宝冶自主研发的临时桁架支撑系统，不占用其他安装空间，利用自身结构承重，填补了国内技术空白。

坚挺脊梁，架起乘风破浪的钢筋“龙骨”

作为帆船的压舱物来平衡风的偏移推力，龙骨是确保航向最主要的支撑。当走进CBK项目施工现场，聚焦奋战在基层一线的上海宝冶建设者，细腻的心灵独白，铿锵有力的号令……一代又一代“建设脊梁”的智慧与豪迈赋予航海之帆以神韵！

海天相依——坚定的守护者。来自宝冶钢构的白瑾家住上海，身为项目经理的他，多次获评上海宝冶双文明先进个人，上海宝冶优秀共产党员。进驻科威特CBK项目现场后，几乎每天都能在工地上找到他，视察施工进度、安全及相关作业情况，已经在这里连续度过两个春节的他，不管白天黑夜，他始终如一带领项目团队，守护一艘白色巨帆，守住建设者的责任，却只能在心灵深处留守一片属于亲人的天空……

朴实无华——忠诚的建设者。低调的为人，质朴的面容，一股永不服输的劲头，他就是CBK项目总工程师武思干。为了提供快速而有效的技术支持，他每天穿梭在中外双方之间，参与设计讨论，编写施工方案，进行图纸校核和现场技术、测量指导，正如他坚守的人生信条一样：“做事要严谨，做工程更要精益求精，永远保持认真的态度，做最忠实的建设者！”

搭建窗口——传神地描绘者。CBK项目实施至今，有一支传神之笔，开启了一扇项目部对外交流，项目部与公司之间紧密联系沟通的窗口，他就是一名老党员——李春堂。在他笔下积累了很多关于工程动态的文字资料，总结实践经验的同时，传递着异国的艰辛、建设者的英勇，在他的工作日志中曾写道："在 CBK 的每一天，都会有意料不到的困难，我们每一个人都有一张属于自己的照片，那就是在施工中，跨越所有国界障碍，为干好 CBK 工程披荆斩棘、战斗到底的精神肖像……"

驻守科威特半年之久的设计人员冯峰、愿做螺丝钉的生产制作主办张雪松……无以计数的建设者，无论男女，不计老中青年，以坚挺的脊梁，用心的浇筑，架起乘风破浪的钢筋"龙骨"，推动一艘顶级巨帆顺利航行！

和谐合一，扬起全速前进的银色"风帆"

作为钢结构建筑行业的旗舰品牌，上海宝冶已在神州大地树立起一座座丰碑，CBK 项目则有幸勾勒出一副跨越国界的大航海图，在汹涌澎湃的碰撞交错中实现和谐共融！

备受瞩目——上下合一。CBK 项目的开工建设备受瞩目，作为承建单位的上海宝冶也广受关注。各方的青睐扬起一面远航之帆，大大提升了上海宝冶品牌形象与市场影响力。

2010 年 2 月 2 日，中国驻科威特大使黄杰民、经商参赞胡要武莅临中冶宝冶宝钢 CBK 项目工地视察时指出：科威特中央银行大厦作为目前中国施工单位在科建设的最大建筑工程，项目难度大，业主要求高，是科威特一个标志性建筑，完成工程的同时，也要很好地注重海外项目自身的利益和提高规避风险的能力，更要高度重视施工人员的人身安全、生产安全，真正做到以人为本，科学管理。与此同时，中国十七冶、中国五冶、中冶国际、中冶海外、中冶交通等相关单位领导也曾莅临 CBK 现场观摩交流，上海宝冶相关领导在项目实施阶段分别赶赴科威特考察指导，给予大力关注和支持，积极助推 CBK 项目顺利实施。

碰撞交融——内外合一。作为中国的大型央企，承揽重大国际工程必然遇到不同国家之间的文化差异，面临思维及管理模式，语言及风俗习惯的各种碰撞。科威特是一个以伊斯兰教为国教的依海沙漠国家，早在公元前 7 世纪中叶，阿拉伯的使者、宗教家和商人就架起了中、阿两大地区经济、文化和宗教交流的桥梁，中、阿友谊根深蒂固，伊斯兰文化在中国历史悠久，而大三角帆船、郑和下西洋，同样见证了海航历史的源远流长。基于这些共性，在尊重对方文化的基础之上，项目部在价值观念、风俗习惯和技术规范三个方面加强了学习贯通，通过建立适应中东地区的管理制度因势利导，融合团队文化，缩小差异冲突；通过开展篮球友谊赛、歌唱比赛，新年聚会等活动渗透归属感与和谐包容的理念。在 CBK 项目建设过程中，努力实现中国与科威特文化的多样合一，彰显了中华民族五千年丰厚的文化底蕴及内涵，凝练出一种智慧，一种气度，一种风范，属于世界，属于中国，属于金色海岸的“萨菲那赫”，并在远航中熠熠生辉！

（王海利）

“虎踞龙盘”之巅

——南京国际博览中心工程纪实

钟山龙蟠，石城虎踞。

有着“六朝古都，十朝都城”的南京古老而悠远。

一座集合中西方建筑设计精髓之力作，融汇世界最新会展理念和南京地域特色，形成“虎踞龙盘”的独特建筑风格的南京国际博览中心已举办多项规模宏大的大型展会。其海纳百川，大气磅礴之势让人留下“印象之美”。

南京国际博览中心二期项目盘踞于大江沿岸，立身于河西新城区，河西大街与燕山路交界之处，相贯于一期工程。其设计灵感源于南京悠久历史和自然美景，融会了美国、欧洲和亚洲最新的会展设计原则。

它，极度彰显了现代建筑魅力，提升了城市空间品质，无疑将成为南京一个极具浓郁文化氛围的城市人文空间与景观，成为新的“城市坐标”。它，附着了现代建筑的艺术之魂，而这座登峰造极之作的缔造者，正是这项工程一期的建设者们，一个智慧而果敢的团队。

巅为积累，为财富

有幸能参与到南京博览中心二期的建设中来，是宝冶建筑团队的一次积累，也是一笔无形的财富，而这笔财富可以共享，迅速地获得提升。一位工程建设者颇有感慨地说："国博中心的建设，锻炼的是队伍，凝聚的是人心，总结的是经验，收获的是精神。"这种精神，是企业转型跨越发展不竭的动力，是企业腾飞有力的翅膀！

南京国际博览中心二期居南京会展中心一期北侧，位于南京市河西中央区的中心位置，是南京市重点工程，是集展览、会议、办公、酒店、商业为一体的多功能综合设施。二期工程主要包括1、2号展馆与路上展馆共三个展馆。二期工程总建筑面积148395.0平方米，工程用钢量约10200吨。由于工程建成后将成为2014年度南京青少年奥林匹克运动会的配套设施，将完善南京青奥轴线北侧的城市形象，为奥体中心周边众多居民小区提供商业配套服务。

大队伍经得起考验、担得起重担。拥有承接国内大型民用场馆、会展施工经验的宝冶针对项目的特殊背景，精选优选项目团队，调集有技术、擅管理的高水平人才和优秀骨干力量，他们技术实力强，施工经验丰富，能吃苦、肯吃苦。他们不仅带来了丰富的管理经验，而且带来了先进的技术和工艺，解决了诸多困难。可以说南京国际博览中心二期工程建设是宝冶建设史中的点睛之笔，更是整个建设团队的智慧和辛劳的结晶，是受用不尽的无形财富。

巅为质量，为精品

2013年11月18日，在深秋的寒风中，2号展馆首根张弦梁吊装，建设的大幕已悄然开启。向精心安排要效率，靠科学组织保工期。在工程项目部的会议室里，方案论证会、施工例会一个接一个地召开，工期、质量等成为会议永恒的主题，又好又快建设成为项目团队的共识，并转化为一项项具体的工作步骤和措施。本着精益求精的工作态度，在施工策划过程中，钢结构吊装专项方案和张弦梁拉索施工方案经过专家论证，并得到业内权威人士、专家的一致好评。在统筹管理以及项目部的细心安排下，于2014年1月26日完成1、2号展馆，路上展馆主体钢结构吊装。在工程组织过程中，周密落实施工组织，一个个难点问题在建设者们的不懈努力下迎刃而解。

在建设者的质量标准中不仅仅要建设合格工程，更要建设优质精品工程。建设者不遗余力把二期钢结构工程干好，干漂亮。二期钢结构主要为张弦梁钢屋盖，角部大悬挑，整个屋盖结构支承于两端固定铰支座上。两端固定铰支座生根在埋在混凝土柱的角钢埋件，屋面大悬挑部位设置斜撑杆。张弦梁节点撑杆插板制作要求精度高，对深化设计、加工制作焊接控制和尺寸精度控制要求高。张弦梁节点下撑杆达15根，拉索安装难度较多，索力和变形控制难度大。在项目实施过程中，为落实“百年大计、质量第一”的建设方针，加强工程项目质量管理，增强科技创新意识，科学组织、精心策划，加强对施工工艺的质量控制。在施工过程中预先向作业层进行工艺过程的技术交底，交代清楚有关的质量要求和施工操作技术规程，同时要求作业者认真按工艺进行作业，使施工工艺的质量控制标准化、规范化、制度化。同时严控焊接过程，如温度控制、工艺手法等；工程钢结构一级焊缝按100%，二级焊缝按20%

的比例进行探伤检测，一次探伤合格率：钢结构一级焊缝共21218条，其中一次自检探伤合格焊缝21038条，经返修一次后全部合格，一级焊缝一次探伤合格率达99%；二级焊缝一次探伤合格率100%，无返修焊缝，焊缝外观质量良好。就是这样全方位、全过程无处不在的质量管理，给工程质量上了一道又一道的保险，在确保工程进度基础上实现铸造精品的目标。

巅为革新，为创造

新理念促成新突破。克难攻坚，是面对严峻形势的建设者们唯一的选择。上海宝冶的建设者们本着求真务实的态度，积极采用和创新施工新技术、新工艺，在南京国际博览中心二期工程建设中破解了多项施工难题。

难度并未吓退勇敢者，胜利终将属于有心人。本工程钢结构形式复杂，构件数量多，现场场地复杂。工程建设难度之大，向建设者提出了新挑战。针对本工程施工场地复杂，结构形式独特，以及一期工程与本公司承担类似项目的施工经验，制定了总体施工思路。

建设团队用七个创造性的突破扣，攻克了七项难关：第一个挑战：张弦梁支座节点复杂，焊接及加工精度要求高。项目部制定合理的组装、焊接顺序，焊接过程中加强焊接变形、焊接工艺的控制，对装配尺寸、焊接等形成相关检查记录表，用于工程及现场检查。第二个挑战是施工场地复杂，构件安装及运输难度大。针对不同的施工场地条件对大型吊机行走、吊装站位的楼面进行受力计算分析，并针对性采取加强措施；对超长构件的运输制定相应的预案，保证现场的正常吊装。第三个挑战是冬季钢结构焊接。项目部制定合理焊接工艺，对所有焊工进行焊前的培训和考试，厚钢板和高强钢焊接要做好焊前预热和焊后保温措施，焊接过程中做好防风、防雨雪措施。第四个挑战是张弦梁撑杆多，拉索安装技术难度大。通过张拉计算分析得出每榀拉索的各索夹位置，并在加工时做好标记；张弦梁的各个撑杆根据张拉方案在张拉前设置好相应的微角度，张拉前期两端预紧，待拉索节点的全部索球进入撑杆卡槽内后进行同步分级张拉。第五个挑战是张弦梁跨度大，变形和索力控制要求高。项目部对张拉各阶段进行计算机模拟仿真分析，施工过程加强对索力和张弦梁变形监测，做到索力和变形的双控，保证结构质量安全。第六个挑战是悬挑结构长，安装要求高。项目部采用临时支撑并制定合理的预起拱值，控制悬挑结构安装顺序，确保安装质量。第七个挑战是场馆内部场地小、构件长，吊装难度较大。纷繁复杂的“疑难杂症”就这样有条不紊地得以解决和落实，工程建设一路全速推进。

建筑，是城市中凝固的音符；建筑，是城市中永恒的风景。“虎踞龙盘”之巅，是建筑的至高精髓，更是一种精神内蕴的体现，她如歌如诉般地记录着全体工程建设者的智慧和汗水。人的因素，永远是成功不可忽视的重要力量。他们视工作为事业，满腔热情，追逐理想，甘愿奉献，执著创新，以他们的创造，为城市增添光彩，以他们的成就，为人生提升高度，以他们的付出，谱写可歌可泣的崭新乐章。

（李　娜）

“高炉王”书写跨世纪“高炉传奇”

——宝冶特大型高炉施工创新纪实

高炉建设施工始终是上海宝冶传统的优势，并以非凡的实力，亮丽的业绩而著称于世。20世纪末，就宝冶圆特大型高炉建设梦并为钢铁大国争光的事迹，上海市青年话剧团专门为上海宝冶制作了话剧《本世纪最后的梦想》，在上海公演引起轰动。

进入21世纪，“高炉王”风采不输当年，创新依旧辉煌。中央电视台海外中心曾为向世界反映中国改革开放30年巨大成就，以《走遍中国——“地标物语”》专题栏目向全球播出了10个重大题材专题片。其中就宝冶建大高炉不断持续创新的突出线索，反映中国钢铁业巨大成就，以《高炉传奇》为题，制作了25分钟的专题片，向国内、国外播出半年多。当今的上海宝冶更以大高炉建设短工期、高科技、低成本、低碳环保的不断追求，成为特大型高炉建设始终保持领先优势达到国际先进水平的一流企业。

厚积薄发——选择发展新突破

上海宝冶在高炉建设和大修施工中，选择的是市场高端。上海宝冶在高炉建设施工中，在数量和质量上始终堪称行业“排头兵”，创出了许多纪录。早在 1985 年宝冶建设的当时国内容积最大的宝钢一号高炉，高炉本体和热风炉焊接横缝和立缝一次合格率均超过了当时日本大分厂水平；高炉炉顶液压管道清洁度达到国际宇航标准 8 级，比设计提高 2 级；高炉两台超大型同步电动机驱动鼓风机轴承温度和机体膨胀都在规定值以内，振动值只有 4 微米，远优于当时世界同类鼓风机振动值 20 微米的世界水平。

虽有深厚积累和光辉的业绩，宝冶仍在不断寻求新突破。特别是在进入 21 世纪以来，宝冶选择了高炉短期快速施工这个重大创新课题。这是因为新建高炉和高炉大修周期都很长。实现短期化也是世界各国冶金同行企业追求的目标。同时随着中国经济发展，中国已成为钢铁产量最大的国家。而炼铁厂高炉是钢铁生产的龙头，具有举足轻重的作用。特大高炉一年百万吨的产量，一天就可产生可观的经济效益。另外我国在从钢铁大国向钢铁强国跨越中，不断加快钢铁产业升级步伐，节能型、环保型、高效率的大型高炉逐步替代高能耗、高污染、低效率的小型高炉，快速建造与大修还可推动整个产业升级向低碳环保发展。

对于高炉大修短期化施工宝钢曾与国外大型钢铁企业接触过，打算在宝钢二号高炉大修中采用他们的技术，可是要价太高，条件十分苛刻，只允许一次性用于一个项目。为了不受制于人，业主决定选择自主开发。宝冶就响应业主的要求以高炉短期快速大修这个宝钢业主极为重视和支持的关键项目，同时也是国家立项、财政部支持的超高、超重、超大设备（结构）安装新技术中的攻关重大项目，定下目标，以科技创新为驱动，以宝钢二号高炉的拆除与重建为载体，与宝钢联手，攻克了重重难关，采用新技术，首战告捷，仅用98天完成施工任务。打破了发达国家在大型高炉短期化建设领域的垄断地位，首开我国特大型高炉短期化大修的先河。后又在宝钢一号高炉大修和重建中，创出了78天震惊业界的行业“神话”。

创新施工——咬定世界新一流

在不断取得突破的实践中宝冶体会到，科技创新的重大项目一定要咬定世界先进水平，起点要高，后来要居上，外国人创造的纪录要努力赶超。当然这个赶超依托的是企业的整体实力，在人才队伍上，宝冶有以享受国家级津贴的老专家为代表人物的李树彬，有高炉施工久经历练、年富力强、战绩非凡的代表人物、全国优秀项目经理李鹏，有不同层级、不同专长的各类有关人才的集聚，形成高炉建设整体团队强大实力。在先进的装备上，除了常规的大型吊车外，宝冶还有先进的大型液压提升装置和其他先进的工器具。在现场重大项目攻关上，宝冶有对高炉基础改造、炉内遥控清渣、炉体气垫运输和放残铁等项目组成专门科研项目组。通过上下联动，合纵连横，全方位抓重大项目的攻关创新。

宝冶科技创新全面开花，又有重点，主要围绕举足轻重的技术来进行。如炉体气垫运输技术，是整个短期化施工技术的关键核心技术。气垫运输主要解决将工厂化制作大型的几千吨炉体现场安装就位。在现场还要解决在滑移运输下部炉体时，防止震动对炉体已砌好的耐材的损害等诸多重大问题。而这项技术在中国是空白，即使出钱国外也不肯卖。宝冶和宝钢咬定这个空白进行有效攻关，对总重量达2800吨下部炉体采用实施气垫运输方案进行整体安装。在模拟开发成功后，又开始进行现场安装实践。首次运用时，气垫运输和滑移安装几进几出仍没能安装就位，宝冶与业主、设计院共同研究找原因寻求解决办法，改进方式，采用新的技术措施，很快气垫运输和滑移安装终于获得成功。其中核心的技术高炉炉体运输技术、高炉基础切割、充填技术分别申请了国家专利。这套技术填补了我国特大型高炉短期化大修的空白，达到国际先进水平。

技术整合——突出集群新优势

建筑施工与工厂化流水作业不同，施工现场技术的多样性、现场的复杂性、管理的特殊性决定了科技创新要进行多方面的集群化整合作保障，包括高炉基础施工、炉体制造、耐材砌筑、机电安装调试等。

对此，在战略上，宝冶重视通过集群化创新，形成企业在这个领域持久的竞争优势，形成企业的专有的领先的技术，形成难以复制和模仿的竞争力。上海宝冶将一些已形成优势的具有纵向、横向或互补联系的技术协同攻关，沿着高炉快速施工科技和产业价值链整合结集为综合体系，现已逐步达到集群化。如完成特大型高炉短期化大修300余项工程技术试验研究，成功开发出一套完整的特大型高炉短期化大修成套技术。这套技术包含：特大型高炉短期化大修耐材清除工艺及机械选型和改造技术研究、特大型高炉短期化大修离线耐材砌筑及在线炉内耐材快速砌筑工艺研究、特大高炉短期化大修旧炉体拆除分段及运出技术研究、特大型高炉短期化大修新炉体气垫运输技术等。各种高炉快速施工技术由单一到系列化，由中低端向高端提升，最后向核心技术突破。

对将科技整合集群化延伸到管理保障，宝冶还引进了先进的管理软件，针对快速大修的特点，借助先进的计算机软件编制了详细的分级网络进度计划，综合控制进度以天为控制单元，工序一级网络进度以小时为控制单位，使科技创新集群与管理集群达到高度融合。

顺应潮流——追求低碳新环保

冶金建设施工低碳环保的任务艰巨，高炉大修工程拆旧建新要做大低碳环保绿色施工更为不易。而宝冶却始终在这方面进行探索，在低碳环保施工方面形成创新亮点。

高炉到一定炉龄会产生大量残铁，残铁放出后，仍会有大量凝固的残铁。炉底残铁清除是高炉大修一个相当重要和非常特殊的环节，处理技术十分复杂。一般高炉残铁处理是采取分块爆破方式，爆破会产生巨大噪音和强大冲击波，产生大量废气、烟尘，而且危险系数高，对环境污染大。另一种就是吹氧切割残铁，高温作业会产生大量黄红色烟尘，对环境污染也很大。上海宝冶根据先进的理念和原理，紧跟世界新技术和潮流，摸索用先进绳锯切割法处理高炉残铁，并取得研发成功。在宝钢不锈钢事业部二号高炉残铁处理中，宝冶用绳锯将残铁按每块 20—

30 吨切割成块，不爆破、不动火，清理容易，吊运便捷，粉尘少，实现了低碳环保，这在国内还是首次。

模块化施工在发达国家应用比较普遍，中国也在海上钻井平台和核电站建设中采用，是一种现代化建筑产品标准化施工的方式。宝冶在大型高炉大修施工中，采取先进的模块化施工方式。如将部件最大预组装模块化，将现场作业工厂化。通过大型高炉许多部件，数百吨、数千吨部件安装工作前移到预组装中，包括将有关连接电缆、工艺管道支架、耐火材料等组装为一体，减少了在现场复杂的作业条件下进行立体的空中拼装、散装，避免了种种风险和不利因素。减少了木材、钢材等材料的大量浪费，减少了现场氧气、乙炔切割还有焊接的工作量，减少了现场的大量工业垃圾，减少了散件的高频率大量运输，使现场施工作业更文明、更有条理，施工工期也大为缩短和优化。将模块化施工大规模用于冶金建设是一种创新，这对行业提升低碳环保的绿色施工是个有力的促进。

（企　文）

“右玉”掠影

——中国（太原）煤炭交易中心展览中心工程纪实

在这里，远离喧嚣的闹市，远离旖旎的霓虹灯和迷离的氛围。在这里，没有了烦恼和躁动，面对着呼啸而过的寒风和挥洒遒劲的潇潇冷雨，心是静静的，暖暖的。在这里，充满了建设者们激情澎湃的冲动和冲天的豪情。

唐风晋韵太原城，其厚重的华夏历史与黄河文明，昭示着慕名而来的建设者们将要创造新时代的建筑经典。汾河旁，一支名叫上海宝冶的队伍，入乡随俗，传承着“右玉精神”，迎难而上，栉风沐雨，攻坚克难，痛并快乐着。

剪影一：“右玉”之“起”

“右玉”之“起”是精神的初衍，也是梦开始的地方。在山水交融的西北大地上，一条巨龙正在如火如荼地建设中，这就是我国第一个由国务院批准建设的全国性煤炭交易平台——中国（太原）煤炭交易中心，在这条巨龙上，作为全省 152 项重点工程之一，更被纳入了太原十大重点建筑之列，作用至关重要。中国（太原）煤炭交易中心位于太原市长风西大街南侧，与在建的长风文化岛遥相呼应，是长风商务区占地规模最大的集约建筑群。该项目建设用地 660 亩，总建筑规模 21 万平方米，包括煤炭交易、国际展览和国际会议三大功能。建成后，不仅能进一步完善太原服务功能，为扩大开放、招商引资提供一个良好的平台；同时将为我国改革煤炭订货方式，创新煤炭流通体制，促进煤炭工业可持续发展发挥重要作用。除此之外，它还将为山西省 2011 年 4 月承办“第六届中部六省博览会”提供场所。为此，省重点办主任赵建宏表示，在太原十大建筑中，首先要确保煤炭交易中心项目的工期。在工程建设中，钢结构工程又是建设的难点和重点。可以说钢结构建设是太原煤炭交易中心的关键，如果能够成功按期拿下钢结构建设，将对建设起到巨大的鼓舞作用。

炎炎烈日，激情八月，上海宝冶工业安装工程公司调集精英，组建了钢结构项目部，肩负着公司的重托，承载者山西人民的期望，他们开赴新的战场——太原。在巨大的压力面前，他们发扬“敢打必胜，奋勇拼搏，不甘人后，永争第一”的精神，组织钢结构大会战，经过 160 天地激烈战斗，创造了钢结构制作、安装的又一奇迹，56 天完成 28 榀主桁架封顶。2009 年 9 月 18 日第一根顶节柱安装，10 月 1 日，内圈柱子在国庆节当天安装完毕，10 月 2 日第一榀桁架 A 段拼装完毕，10 月 3 日支撑塔架落位，10 月 4 日支座安装，10 月 5 日第一榀桁架 A 段脱模，10 月 6 日，第一榀屋面主桁架开始吊装……2010 年 1 月 23 日胜利完成屋面卸载，这就是“巨龙”组成的全部。单看这些数据很难想象短短 160 天怎么才能完成这样大的工作量？钢结构团队到底是由什么钢铁之躯的队员组成的？这一个个问题让人感到一阵阵迷惑。

如果你不是亲自到施工现场看一看，也许你真的不会相信这样的奇迹会发生——一座钢结构时代精品呈现在并州大地，震惊山西。来到这里的建设者们并不是有天赋异禀的神力，只是拥有勤劳的双手和聪颖的智慧，还有一种精神，那就是“右玉精神”，在太原这片土地，他们被这种精神所孕育和滋养。

剪影二：“右玉”之“承”

“右玉”之“承”是精神的传衍，也是梦实现的地方。在中国（太原）煤炭交易中心大力弘扬“右玉精神”的过程中，全力以赴把煤炭交易中心项目建设成为安全、优质、高效的样板工程是建设者们的夙愿。建设者用激情高唱着劳动之歌，大跨步走在前进的道路上，承担着万斤重担，昂首向前。

对于这项百年大计工程，工程质量要求非常高。为了这个百年大计，项目部从基础做起，严格把控工程施工中的每个细节。每道工序都要求用心去做，越是复杂的地方就越要认真扎实，坚决做到精雕细琢。

“啊！自从干上了施工，我就爱上了雪！”遇到困难时，他们总是能保持乐观的心态。11 月 9 日，太原 53 年未遇的大雪如期而至，吊装工作暂缓，大雪虽然暂时延误了工期，却没有削弱他们的斗志和必胜的信心。面对工程受到风雪等因素的影响，工期十分紧张，建设任务异常繁重的局面，施工人员迎难而上，乘风破浪，创造了令人感到惊叹的奇迹。大雪过后，以每四天完成一榀桁架吊装的速度，在12月3日完成所有主桁架的吊装，等待的是更为严峻的高空补档和焊接任务……钢结构队员们围绕急、难、险、重、新等工程特点，有针对性地进行施工，把工程质量放在第一位，不断推进青年创新创效活动；针对工程规模巨大，施工复杂的问题，钢结构团队继续加强科学管理力度，科学组织现场施工，注重安全管理，强化安全意识，绝对奉行“安全第一，质量为本，决不能因为抢工期放弃质量”的信条，奋勇拼搏，迎难而上，竭尽全力创造更大的辉煌。支撑塔架卸载完成，结构处于设计状态。经测量，塔架卸载值与计算值的吻合度达95%。

剪影三：“右玉”之“转”

“右玉”之“转”是转折和升华，也是成就梦的地方。这么大规模的钢结构工程，必须要有先进的科学技术作保障。这支队伍施工经验丰富，具有超一流的技术水平。作为驰骋钢结构领域的一支老牌劲旅，具有领先国内外的施工技术，可谓是一支钢结构领域的王牌军。他们纪律严明，施工有序，技术高超，处理问题能力强，面对施工特点和难点，以一种“舍我其谁，永争第一”的精神不断开拓创新。

面对工程钢结构施工构件重，安装高度高，高空焊接量大，钢结构主要构件重量大，安装高度高，安装作业半径大等苦难。项目部有一种持之以恒，坚持不懈的毅力和精神，对于技术问题痴迷其中，乐在其中。在技术节约成本方面，为了在保证工期、质量和进度的前提下节约成本，提高经济效益，不断优化施工方案，并积极及时运用到实践施工中去。在项目经理的组织和带领下，工程通过优化施工方案，选择最科学、最经济的施工方法组织施工，降低工程成本。项目部领导在实施每一种施工方案前，都要反复进行成本核算，在保证质量、进度、安全的前提下，以最优、最省的方案组织施工。项目部首先制定了高空散装法、分块安装法、高空滑移法、移动支架安装法、整体提升安装、分榀分大段与散件结合安装法等多种先进的工艺方案，然后根据工程特点及现场实际情况，从安全、快速、经济等多方面比较、论证，最终选择优化了分榀分大段与散件结合安装法，使整个庞大的工程组织“豁然开朗”，施工分区、人员组织、加工计划、安全、质量及成本管理控制等各项工作顿时明晰开来。在工程实施过程中，采用了科学的施工技术：计算模拟分析技术、相贯管口自动切割技术、弧形杆件机械冷弯技术、冬季焊接技术、大型构件吊装技术、支撑塔架分阶段同步等比卸载技术、大跨度空间双曲管桁架定位控制技术等，针对性地解决了工程的诸多难点，为工程顺利进行提供了强有力的保障，为工程的圆满完成奠定了坚实的基础。

剪影四：“右玉”之“合”

“右玉”之“合”是精神的光泽，也是梦延续的地方。从他们离开自己的家乡到这里，成就了一个团队，他们不是一家人，却胜似一家亲。他们玩笑地称呼自己的团队是个“山寨”。大当家项目经理唐兵传是个顶真的人，不管风再大，天再冷，气候再恶劣，每天都会到现场亲自督战。整个钢结构的施工进程时时刻刻放在他的心上，牵动着他的神经。二当家施工副经理张君根是项目部的老大哥，他在每次施工会议前，都会找项目部总工，说“雄啊，这个问题咱下午开会时，碰一下。”三当家是项目部总工王雄，当有人表扬他想法很好或技术很到位时“兄弟，我不是一个小技术员，好吧。”四当家张延华在现场催构件时，他说：“构件全部到位，没问题”。当然还有那各具特点的“十八罗汉”，每当有人过生日的时候，便会有一顿格外丰盛的晚餐，有时也会到饭店小聚，喝喝小酒，谈天说地，放松心情，其乐融融状可见一斑。套用他们的一句话“大家在一起，感觉就是好！”正是凭借他们身上的这骨子“合力”以及大无畏精神和壮志豪情，钢结构团队才能创造这样令人惊叹的奇迹。

团队目标来自项目的发展方向和团队成员的共同追求。它是全体成员奋斗的方向和动力，也是感召全体成员精诚合作的一面旗帜。一个团结坚强的集体是完成任务的根本保障。

如今，站在高处放眼望去，太原（中国）煤炭交易中心展览中心如巨龙蜿蜒奔涌。每个人的心里都激荡着一股热流，忆往昔，峥嵘岁月，看今朝，鹏程万里，越过的是过去，抹不掉的是记忆，太原煤炭交易展览中心工程建设中发生的一幕幕可歌可泣的故事和一个个艰苦卓绝的日日夜夜至今还让人记忆犹新……

（李　娜）

打造中国光谷的“旋风皇冠”

——武汉光谷国际网球中心网球馆施工精彩看点

美国有“硅谷”，中国有“光谷”。美丽富足的中国中部，楚汉文化的发祥地，这里有一片领先国际的光电产业热土，它就是武汉东湖国家新技术开发区。作为中国第一个国家级光电产业基地所在地，它也被人们形象地称为“中国光谷”。这里有定位国际一流知名网球中心，可举办国际高水平赛事的国内最大的开闭相式网球中心，项目一期15000座主场馆已经建成，并作为WTA超五巡回赛武汉站的比赛主场馆。工程现已成为彰显武汉市文化魅力的经典工程和城市新地标，其造型如同“向上旋转飞翔”，被称为中国光谷的“旋风皇冠”。

在工程建设中，上海宝冶突出地展示了企业不凡的实力和杰出的品牌形象。参战的上海宝冶工业安装工程公司以比同类网球馆建造工期少三分之一的“旋风”速度，克服了复杂的同体系结构制作、结构安装的重重难关，其空间扭曲箱型构件加工、开合屋盖施工、预应力桁架张拉是该项目施工的三大突出重点和“三大精彩看点”：

动感飞扬的“钢气旋”结构

网球中心建筑采用了特有的钢板气旋结构，建筑单体外以旋转提升的竖向构件形成整个建筑向上飞扬的整体动势。64 根大型钢板三角气旋倾斜旋转的立柱跟随网球馆的椭圆造型覆盖，既寓意击出的网球旋转的气流轨迹、“旋风”的造型意象，又形成富有张力的空间效果。而这种气旋结构截面为变截面三角形的空间双曲箱体结构是典型的空间扭曲结构，这种结构制造技术是钢结构制造业高难度技术。特别值得一提的是，外围“钢气旋”是本工程建筑造型的灵魂，既充当了装饰构件，又作为外幕墙结构的主支架，是该项目设计最大的亮点。但难题在“钢气旋”构件采用变尺寸三角箱型截面，底边倒 R30 圆角，沿长度方向空间扭曲造型。截面设计超乎常规，在大跨度建筑中没有应用先例。

这样一个典型空间扭曲造型结构，虽然更好地实现了建筑师的设计理念，对网球中心特征起“画龙点睛”之效，但这种空间扭曲箱形截面构件加工技术却不简单。近年来建造的国家体育场“鸟巢”、北京凤凰国际传媒中心大厦、大连博物馆“贝壳”等建筑也大多采用钢管结构，部分如国家体育场则采用矩形截面。而像武汉光谷国际网球中心工程采用变尺寸三角箱型结构未见应用报道。空间扭曲钢结构不仅工艺复杂、精度要求高、常规加工工艺无法保证板型构件尺寸和外观质量，也难以在流水线生产。为此宝冶一是攻克了大片钢板辊曲成型空间扭曲构件加工的难关，二是攻克了三角箱型构件的焊接变形控制和加工精度控制的难关，三是攻克了三角箱型构件的组装工艺难点。宝冶大胆采用多项空间扭曲箱型构件加工工艺，采用多项关键技术包括光谱区域分析在空间扭曲钢板种的应用、三角箱型构件焊接变形控制与加工精度控制技术等，完成了未曾有过的高难度扭曲结构件的加工制造。

为确保质量控制万无一失，宝冶还实施“样板引路”，先制作气旋结构1∶1的实物单个样板，然后又1∶1制作新型实物单元格样板。这种做法引起广泛的关注和重视。有关投资方、建筑设计院、监理方等专门召开钢板气旋样品讨论确认会，肯定了宝冶样品的制作，还同时对宝钢铁提出的钢板气旋代替原菱形网格+不锈钢气旋的创新方案表示赞同。会议对高品质产品的制作寄予厚望，还进一步对油漆涂装及灯带包括焊接等提出新的更高要求。设计院按新的样板出钢结构施工图，作为施工方的宝冶在加工制作和施工中严格确保正式构件施工质量不低于样品质量，并实施首件验收制，确保了工程高标准推进。

创新领先的预应力桁架张拉

上海宝冶是具有总承包双特级资质的大型国有企业，承建了许多国家重点工程。作为其优势产业，宝冶的钢结构设计、制作、安装施工等精益建造技术综合能力形成市场竞争力，承担了许多高、大、难、新的各式各样的钢结构工程。光谷网球馆是一个具有挑战性的工程，如工程采用宝冶提出并设计、设计院认可下弦管内预应力的拱形桁架张拉，没有成熟的施工工艺可借鉴，更是本工程创新的一种结构形式。

国内已建成的预应力钢桁架结构中，大部分采用管外折线布索方式，如1994年建成的北京西客站主站房工程、湖南省政府办公大楼钢屋盖等，而光谷网球馆工程采用宝冶提出的方案，在空间桁架下弦管内设置预应力组装索，将预应力拉索设置在拱形桁架下弦管内，具有保护拉索、节省建筑空间等多项优点。因此，光谷网球馆工程采用预应力桁架同时在管内进行预应力拉索布置是在已有预应力桁架结构基础上的进步，这也是传统的钢结构引入预应力后，新型的预应力钢结构的一种突破。而具体到工程中，由于受种种因素影响，桁架在使用中会因温度变化和其他荷载变化变形较大，同时也使桁架在预应力张拉时变形较大，增加张拉监控难度。宝冶对此类预应力结构张拉工艺进行了专门研究。一是对张拉时机进行研究，取舍和选择科学合理的拉张时机；二是在拱形桁架下弦管内穿预应力索时，对超长拉锁在管内的转折节点、端部张拉节点进行精细科学设计计算，以保证预应力索顺利穿入及张拉；三是从传递竖向荷载，还有对最终张拉影响临时支撑约束方式进行有效选择。正是这种严谨的科学态度、精细的工艺措施对现场施工有效进行控制，确保下弦管内预应力张拉的圆满成功。

新型超群的活动屋盖

开合屋盖的现代大型体育馆是一种特殊的建筑形式，要求建设者具有高超的技艺。

其一，具有现代性。作为体育场馆的重要发展趋势，业内权威将开合屋盖建筑称之为“第三代体育建筑”，尤其是现代化的大型高标准建筑。

其二，具有代表性。在国内，应用可开合屋盖技术的体育场还不多，典型性项目有：国家网球馆“钻石球场”、南通体育会展中心体育场和鄂尔多斯东胜体育场等。其中的南通体育会展中心体育场为上海宝冶所建造。

其三，具有复杂性。开合屋盖是一种集合建筑、结构、机械、电气，自动化控制等多个科学领域的新型建筑体系，与一般体育场馆相比，开合屋盖场馆在技术上要复杂得多，对结构设计技术、施工安装精度也提出了更高的要求。

其四，具有开创性。开合屋盖建筑技术的发展还处于起步阶段，其理论和实验研究滞后于工程实践，时至今日，世界上还没有关于这种结构的国家或地方成型规范，迫切需要通过工程实践和研究来提高开合屋盖的设计施工水平。

武汉光谷国际网球中心一期的15000座网球馆就是一座现代化的具有开合屋盖的大型综合性体育馆。建筑面积达54340平方米，屋盖投影面积约为13600平方米，不仅可进行职业网球赛还可以兼顾其他室内或室外硬地比赛、训练、歌唱演出等多种文体活动。使用了现代化的开合屋盖就实现了建筑物在室外环境和室内环境之间进行切换，打破了传统建筑室内外空间的界限，使大型场馆可全天候使用。其屋盖采用了先进的轮式自驱系统，每个屋盖单元投8台自驱式台车，通过台车与轨道间的摩擦力实现多个大型活动屋盖的移动开合，由于自驱式台车均为主动台车，因此可以更好地适应结构变形，而且运行时非常安静，降低了故障停车频率，并且提高了屋盖运行时场内观众的舒适度。

尽管武汉光谷15000座网球馆体量与国家网球馆“钻石”球场大致相同，场馆的功能和建筑造型也相似，但上海宝冶仅用一年时间就全面完成结构施工，并进行了多项创新，活动屋盖经过结构自重条件下的调试、维护，结构施工后的带载调试、联动调试等多个调试过程，经对活动屋盖运行时间、运行噪音、运行姿态、密封性能等多项功能进行测试，均达到设计规定，活动屋盖实现平稳、可靠、低噪等最终运行目标并且优于同类开合屋盖的运行参数，成为开合屋盖技术的成功典型案例，为开合屋盖建筑施工提供了良好的参考。而宝冶作为总承包建设国内各类场馆最多的企业之一，从南通开合屋盖体育馆施工到光谷，武汉光谷大型开合屋盖体育场馆施工其里程碑意义和品牌效应都非同小可。

经第三方检测，武汉光谷国际网球中心结构制作良好，结构安装各项误差均小于规范规定的偏差值，焊接整体质量一二级焊缝探伤合格率99% 以上，工程整体质量得到各方一致好评。人们在为武汉国际网球中心这个璀璨的“旋风皇冠”赞叹时，也为建设者高超的技艺而喝彩。

（郑建果）

雪国“佳人”风姿出尘

——“世界最美建筑”哈尔滨大剧院工程纪实

北方有“佳人”，一顾倾城再顾倾国，从太阳岛望去，在自然风光极美的哈尔滨湿地内，“红妆素裹”的仙女与“冰雪之城”交相呼应。湿地上的颗颗明珠衬托着这个绝美的“佳人”，自然的鬼斧神工和人类的文明杰作融为一体，这个刚与柔并存的“佳人”就是被ArchDaily评选为“2015年世界最佳建筑”之“最佳文化建筑”的哈尔滨标志性建筑——哈尔滨大剧院。

风雪掩盖不住她的光芒，这个被美国有线电视新闻网评价超越了悉尼歌剧院的中国最美建筑，成功获得2016—2017年度第一批中国建设工程鲁班奖（国家优质工程）。

在几个月内，上海宝冶的建设者们精雕细磨，以“冶金建设国家队、基本建设主力军、新型产业领跑者”的战略目标，在建设哈尔滨大剧院的时候创造了一个又一个的建设神话。

宝剑锋从磨砺出

深思自己，我们是个什么样的团队？我们拥有怎么样的利刃？我们的利剑是怎样铸就？答案就在我们的面前，当我们面临前所未有的压力时，我们宝冶人团结一心，众志成城，攻坚克难，休戚与共组成最优秀的“铸剑”团队。作为一个有担当的央企，基本建设主力军，宝冶人不屈的精神和深耕细作六十载优良文化厚土，使我们有优良的信誉和过硬的团队，创造着一个又一个的奇迹。

哈尔滨大剧院是上海宝冶在东北地区承接的首个地方标志性建筑。凭借上海宝冶的品牌优势，场馆类建设的斐然成绩和技术优势，凭着锻造精品的利剑，成功中标哈尔滨大剧院钢结构工程。

哈尔滨大剧院坐落在哈尔滨文化中心，是“北跃”战略发展的重要项目之一，由哈尔滨大剧院、职工文化艺术宫及原生态湿地景观公园组成，总占地面积约 1.86 平方公里。该中心将着力打造以音乐为主题，集高雅音乐、鱼文化餐饮、文艺演出、音乐培训、艺术体验、观光休闲于一体的文化高地，建成后将成为哈尔滨的标志性建筑。

项目承接后即列为重点示范工程，宝冶钢结构公司从方案论证、项目策划、详图深化、加工管理、施工管理等方面，派出精兵强将，集中公司最优良的技术力量。能够承接哈尔滨大剧院项目并不是偶然的，而是多年拼练内功，加强技术和施工管理人员培训，不断提高自身“武功”，追求顾客满意，带来的必然结果。

不畏浮云遮望眼

众所周知，剧院建筑是世界建筑界公认的“建筑之最难”，抬眼望去，哈尔滨大剧院犹如一个巨大的贝壳落在冰雪之城中，独特的外形，注定了她清奇的骨骼。就是这清奇的骨骼造就了这个项目的复杂结构形式，三维曲面，施工难度可想而知。

哈尔滨大剧院依水而建，与太阳岛风景区隔江相望，毗邻东北虎林园。其设计有很多创新的亮点：一是采用了世界首创的将自然光引入剧场的方式。二是在大剧院的屋面上设置了世界首创的步行式观光环廊。三是哈尔滨大剧院坐落于风光秀丽的湿地之中。四是整座建筑没有使用奢华的建筑材料。

哈尔滨大剧院大剧场和小剧场屋顶钢结构之间以温度缝断开，考虑剧场建筑、功能的分区，大剧院屋顶钢结构分为后区和前区两个部分，后区为支撑于剧场混凝土结构之上的网架、玻璃顶单层网壳和空间折梁结构体系，前区为支撑于剧场混凝土结构基础上的单层玻璃顶网壳、侧面多（双）层网架结构体系；小剧场结构形式与大剧场类似，但体型规模略小。大剧场前区与后区之间设缝断开，前区尚有支撑于网架以及混凝土剧场的钢结构旋转楼梯，采用空间曲梁结构体系。

针对如此复杂的结构，技术小组全力攻克，创立了自己的独有的创新技术。自由曲面高精度玻璃顶箱型弯扭网壳，复杂异型双层（多层）焊接球节点网架和扇形变曲面屋面折弯梁的安装，都是通过制定详细、可行的加工拼装和安装方案解决施工安装问题。均采用 tekla structure 三维参数化模型的创建，精准的三维数字坐标来建模，在三维模型创建后，加工图纸要工厂能够认识和操作，标示清楚易于工人认识，准确判断加工。加工完成后要合理划吊装单元，化繁为简，模块化、统一化，易于操作实现。同时大单元差异化逐渐变化，大致做到模块化和统一化，长度基本固定且在运输长度范围内，易于打包和运输。几项创新技术在项目上的准确应用，使项目进展顺利，“多种类异型扭曲钢结构施工技术研究及应用”成果，顺利通过中冶集团科技成果鉴定专家委员会的鉴定。并于 2014 年 1 月 6 日被上海安装行业协会授予“2013 年度上海安装行业协会科技创新一等奖”。

直挂云帆济沧海

2012 年 5 月 10 日，在万物复苏的哈尔滨湿地公园旁，随着鞭炮声的响起，哈尔滨大剧院的第一根柱子顺利就位，就此拉开大战 160 天劳动竞赛的序幕。

在整个项目的实施过程中，施工安全、质量、进度呈现三头并进的趋势，三者之间的逻辑关系相辅相成，在保证安全、质量的前提下，按照既定的施工进度进行施工。本项目大部分构件异常复杂，采用模块框架单元地面组装可以多个框架单元同时进行组装，不仅扩大了施工作业面，又缩短了组装周期，有利于工程总进度的控制。不仅将复杂的结构体系简单化、模块化和统一化。本身已经够复杂的结构，加工、拼装、吊装单元必须简单化、模块化和统一化，易于制作和施工。安装时用最少的分块，减少支撑胎架的数量，降低施工成本。

10 月 20 日，随着最后一根构件的就位，哈尔滨大剧院主体顺利封顶，160 个日夜，有谁知道，那灯火通明处就是正在拼抢的工地。为了能够抓住有利的施工时间，项目部开展大干160天活动，通过倒排计划，责任到人，落实到点，完成施工任务。夜以继日的160天，圆满完成了哈尔滨大剧院项目钢结构建设任务，并得到哈尔滨人民和政府的认可。同时，在获得了工程业主、监理、设计单位以及中国建筑金属结构协会金奖专家组给予了高度评价。因为我们的辛苦付出和敬业的态度，上海宝冶哈尔滨大剧院钢结构工程项目部荣获由哈尔滨市总工会等政府部门联合颁发的2012年度“展主力军风采、创精品工程”重点工程劳动竞赛先进单位、重点工程劳动竞赛优秀组织单位、2012年度哈尔滨市工人先锋号称等荣誉。

生命不息，奋斗不止，宝冶人面对广阔的市场，迎接新一轮的挑战，砥砺奋进，全面推进持续发展，改革创新，全方位打造“宝冶钢构”品牌形象。

（王莹莹）

驰骋内蒙大草原　打造最美新地标

——鄂尔多斯体育中心体育馆工程纪实

蓝天白云，欢声笑语，掌声雷动，当人们为2015年第十届全国少数民族传统体育运动会喝彩时，也为精美大气的大型现代化体育馆而赞叹不已。这就是由上海宝冶总承包建设的鄂尔多斯体育馆！

上海宝冶被誉为场馆建设的“专业大户”：一是其场馆建设数量多，目前已达八十多个；二是其建设的场馆种类多，涉及会展、体育、科技、文化、场馆等；三是其涉及的建筑影响大，有世界影响的奥运会、世博会、亚运会、世界大学生运动会、APEC会议等场馆建设都出自宝冶人之手，人称“五朵金花”全收入囊中，已成为行业一绝。

而在鄂尔多斯体育馆建设中，尽管遇到了许多困难，但上海宝冶“总包管理‘大而不疏’，质量控制‘咬定不放’，进度保证‘后墙不倒’，服务至上‘不讲条件’”为实现工程“鲁班奖”提供了强大保障！

总包管理“大而不疏”

众所周知，现代场馆建设兼具综合性、标志性、代表性、时代性，往往是建筑施工专业集大成项目。鄂尔多斯体育馆建设不仅设计标准高、技术要求高、时间进度紧，还牵涉到几十个专业。

工程量大、工程复杂、各种工序错综交叉，但千条万条都应以工程大局为重，宝冶始终坚持在整个过程中，不以包代管，管就要管到底，有效地控制施工进度、质量、安全。

值得一提的是，宝冶总承包项目密而不疏，不仅仅履行合同约定，还主动进行鲁班奖创奖，努力打造“精品中的精品”工程。对此项目确定了管理方法和重点，对精品工程提出了八项具体要求，建立了创优组织体系，进行了创优培训，分析了创业的难点、重点，并从软件与硬件等多方面努力，从一个个细节环节具体抓起。如鄂尔多斯体育馆有600多块混凝土大型看台板，采用了体现当代潮流的清水混凝土制作方式。从现场混凝土基座施工，到看台板工厂化制作，再到最后安装，影响质量的因素多，哪一个环节项目部都不放过。针对其形状尺寸不同、精度要求高的情况，项目部以钢结构件标准来要求混凝土件的预制和安装，从每个过程严格把关。如基座打混凝土前，反复测标高和间距，等到基座浇筑定型后，为避免收缩及沉降带来的误差，还要对实体基座再进在实测实量，将基础数据提供给制作工厂，制作厂又将理论数据与实际数据最后核对，有误差及时调整，最后再进行定模、浇筑。整个体育馆单个长达6米的数百个大看台板，就是这样一个个精准“对号入座”，保证了弧形看台施工的创优高质量，受到了各方的好评。

质量控制“咬定不放”

宝冶持续健康发展的“秘诀”就是“质量制胜”，这在鄂尔多斯体育馆工程建设中再次得到充分体现。针对该项目具体情况，“咬定青山不放松”，重点抓控制的“三个到位”：

一是策划预控到位，即抓质量策划。项目部以目标分解的方式确定质量控制要点，将可能出现的问题预案在前。如对影响场馆使用功能、观感质量和耐久性的重要分部分项工程先行研究，掌握分析，拿出有针对性的解决办法。如对水、电、暖等管线布局是否合理向设计和业主方提出改进合理化建议等。

二是样板引路导控到位，即坚持样板制度。在全面施工前先作出综合样板间，以样板间验证施工效果与设计方案有无偏差，有偏差及时纠正；样板一旦确定，便作为大面施工的实物质量标准。

三是操作过程严控到位，即突出过程的细部处理。施工依照上海宝冶制定的《细部工法》的要求，达不到要求规范不允许进行细部施工，并通过对操作人员的技术、技巧能力的严格培训，把质量控制具体体现在每道工序和每个细部处理的操作之中。

鄂尔多斯体育馆有 9 个特别的室外疏散平台，平台的踏步大台阶最长达 80 多米，而这个踏步台阶全为圆弧形，采用大理石石材铺设。踏步台整体面积大，大理石石材数量多，大小形状各异，每块都不一样，既要保证质量，还要保证美观。宝冶在施工中精测精量，整体放样，整体进行石材布置。近万块大理石石板一个个编号进入电脑，进行程序化精确定位，落实到每一块石材。按编号加工后，又按编号一块一块现场铺设。在石材铺设中，项目部按照“创优”要求，十个班组全都采用“样板引路”方式，以高标准做“规范标杆”，对标后再大面积铺设。业主方、设计方、专家都对工程给予了高度评价。

进度保证“后墙不倒”

鄂尔多斯体育馆不仅仅是一个普通的体育场馆，其建设事关全国少数民族传统体育运动会在鄂尔多斯如期召开。从立项到建设乃至比赛使用，时间并不充裕。加之鄂尔多斯地处北方，气候条件恶劣，气温低于零下 20 摄氏度的时间长，每年正常施工时间只有 8 个月，给大型混凝土浇筑、钢结构焊接施工带来极大困难。三年合同工期折扣下来，只有两年多。此外，草原上每年四、五月份沙尘暴天气时，施工作业人员除了安全帽还要戴口罩、披纱巾，在各种恶劣天气下艰苦作业，确保工程进度压力非常大。

为保施工后墙不倒，上海宝冶显示出“特别能战斗”的总包管理能力。如在确保计划上，宝冶采取“一级网络统控、二级网络调控、三级网络主控、具体工作严控”的方式，使得总包管理网网相连、级级相扣、一级保一级，确保了关键线路的顺利挺进。宝冶还采用了独特的三方“共保法”，业主、监理、承建方捆绑式考核等方式，在一个个节点上共同抓落实。而在进度管理中，宝冶主要采用“前锋线”和“综合进展率”双控技术，起到动态调整、不断优化、实时监控、确保目标的作用，从而有力地保证工期目标的如期实现。

确保工程后墙不倒，除了管理和顽强拼搏外，宝冶还注重科技创新，以巧干提高效率。如场馆的大体积积混凝土底板长750米，宽20—26米，总面积达2万平方米。原设计采用后浇带施工方式，按顺序施工。从现场实际情况看，这样混凝土施工操作面小，清查和混凝土振捣不易，板块按缝处理防水难度大，容易留下隐患，进度也难保证。项目部以其丰富的经验和周密的分析，提出有针对性地采用“跳仓法”施工。为此还邀请了国内著名裂缝专家王铁梦等及设计院进行科学论证，得到了各方的认可。新方法施工使工期减少了三分之一，工程质量得到充分保证，成本实现了大幅降低，施工得又好又快。

服务至上“不讲条件”

在鄂尔多斯体育馆施工中，宝冶始终奉行“急业主所急，想业主所想”的服务宗旨，为业主服务不讲条件。

首先，在工程施工中，宝冶以良好的合作确保工程总承包合同全面履行，从多层次、多角度协调好与业主的关系，坚持了“三制”：一是对可能出现的矛盾和问题，采用定期例会制，如定期召开与业主的碰头会，理顺每一阶段的相应关系。二是有关工作沟通，采用预先汇报制，如每周五将下周的施工进度计划及主要施工方案和施工安排，以书面形式向业主汇报，便于业主监督。三是对维护业主利益，采用合理化建议制，为业主当好参谋，及时向业主提出各种合理化建议，争取使工程建设取得最好的结果。

不仅如此，宝冶为客户的服务历来有“增值服务”传统，不仅仅在施工期间，而且延伸到交工之后，只要客户有困难需要帮帮助，也同样全力以赴，不讲条件。

2015年的全国少数民族传统体育运动会在鄂尔多斯召开，这是第一次在二线城市召开这样的盛会，国家体育总局和当地政府对此非常重视，采取各种措施确保各项比赛顺利进行和万无一失。特别是比赛场馆正常运行，具体牵涉到土建、钢结构、强弱电、给排水、暖通、装潢、照明等多个专业，保驾护航极为重要。上海宝冶把为运动会“保驾”当作自己的分内之事，为运动会胜利进行当起了“特殊的志愿者”。宝冶提前几个月就派出了由五十多人参加的团队，从事场馆运行的专业保障。此次保障不仅是水、电、风等一系列运行维护，还有关键时刻冲得上的“抢险”。随着各类比赛陆续展开，高峰时设计电源供电负荷不够，上海宝冶冲锋在前，在不影响比赛的前提下，抓紧比赛间隙巧妙施工，新敷设电缆数百米，保证了比赛高峰用电。

建一项工程，树一座丰碑。鄂尔多斯体育馆工程获得了内蒙古建筑施工最高奖“草原杯”、中国钢结构金奖和国家建设工程质量最高奖“鲁班奖”。宝冶这支金戈铁马的铁军之师驰骋大草原，为美丽的内蒙打造了一座经典建筑新地标！

（郑建果）

珠澳新地标　最美十字门

——珠海十字门国际展览中心项目创鲁班奖纪实

作为上升到国家战略的珠海横琴岛开发建设关键项目，由上海宝冶总承包建设的珠海十字门中央商务区会展商务组团一期项目是珠海建设核心城市的重大项目，承载着珠海城市发展、珠江口西岸崛起和粤港澳一体化发展的历史使命。工程建设规模大、建设起点高、质量要求过硬，是国内为数不多的集展览、会议、剧院、音乐厅、酒店、办公、商业、旅游、观光为一体的超大型公共高端综合体建筑群。各类不同的高端建筑同时施工，大型深坑、大跨度钢结构等不同先进技术大范围使用，工业、民用、市政、园林多种专业全面覆盖，还有许多设备安装调试，施工复杂性可谓前所未有。

整个项目施工经历了风风雨雨，最终取得成功，项目经理唐文革对此充满感慨。他和他的团队以管理的提升、科技的创新，克服了许多困难，在珠海铸就了工程经典的“高大上”，打造了精品的“好优佳”。其中获得中国建设工程最高奖“鲁班奖”的国际展览中心就是成功的案例。

深坑施工的“组合拳术”

国际展览中心是珠海十字门中央商务区最大的单体工程，首战拦路虎就是超大深基坑施工。

上海宝冶在众多的大型深基坑及地下工程施工中积累了丰富的经验，这次又在珠海挑战号称“天下第一坑”的深坑施工，为此备受业界关注。工程面临深厚淤泥、流沙、岩石、孤石及抛石复杂地质情况，属特大型临海地下工程，极为少见。整体建筑面积大，有32万平方米，周长达1700多米，而基坑开挖面积就达17万多平方米，深度为13米。如果将工程整体开挖的200余万立方米的巨大土方量全部装上土方车，车辆可由珠海排至上海。加上地下工程离大海只有40米远，巨大的海水压强使透水、垮塌危险性增高。项目总工程师庞洪海带领技术人员认真谋划，科学研判，做出周密计划；深入现场，分析问题，采取有效措施；总结经验，大胆创新，不断提高施工水平。为避免在深坑桩基施工中时常会发生的因深厚淤泥区边坡失稳而造成PHC管桩破坏的情况，宝冶根据PHC管桩抗水平力较差的特点，邀请相关专家召开专题研讨会，结合实施情况对在淤泥中土方开挖PHC管桩的破坏原因进行计算分析，根据分析结果制定不同的保护方案，并对每个方案进行优缺点分析，针对不同部位巧妙采取不同的处理方法。在珠海工程大面积基桩施工中，无一根基桩因土方开挖造成破坏，成功解决了PHC管桩保护难题，为类似工程施工提供了成功的经验。在深坑施工的其他方面，宝冶还综合运用深地层、深基坑支护技术，超大型基坑工程变形信息化监测等多项技术，凭借旋喷、搅拌、注浆置换等多种土体加固成熟经验，科学的管井降水、顺逆施工等施工手段，采用超深三轴搅桩连续墙和超深三管悬喷帷幕技术，达到临海超大深基坑施工整体安全优质的目标。项目在施工中的成功经验已在国家级核心刊物《施工技术》相继发表专题论文十多篇，其中庞洪海的论文《特大基坑复杂地址条件下锚索成孔施工技术》获全国第三届地下、水下工程技术交流会“优秀论文奖”。

庞然大物的“举重若轻”

与超大地下工程相应的地上工程也同样不小。国际展览中心建筑总长度 321 米，宽 207 米，可承担各种国际性和全国性的大型展览。特别是整个建筑充满动感起伏变化的屋顶极具流线的美感，从空中俯视如同一架巨大的钢琴，屋面起伏如同跳动的钢琴键，美不胜收。

国际展览中心别出心裁的设计，带来的是大型双曲面大跨度钢桁架结构屋面结构形式的复杂多样，安装制作要求高、难度大。加之国际展览中心地下室承载力限制，大型吊机不能在顶板上作业。在施工中，宝冶对展览中心屋面桁架采取了大型地面拼装、整体液压提升的方式，运用大型工业机器人技术进行安装。通常，这样的大型安装是一跨一跨构件按线安装，而上海宝冶则是整体。进行桁架按面安装。如将国际展览中心屋面分为 5 个提升单元，最大提升单元屋盖面积约 1 万平方米，单重超千吨。这样大面积、大跨度、大体积、大重量的复杂构件结构安装，对计算机控制整体提升安装施工技术精度要求极高。上海宝冶依托液压提升器、泵源系统、传感检测及计算机等先进设备，先将待安装钢结构构件在地面或低标高平台上整体组装完成，巧妙利用钢构件拟安装部位附近的永久结构，设置临时提升支架作为支撑点，通过计算机计算精确同步控制众多受力点，将庞然大物安然提升到安装位置。

为保证提升安装的万无一失，宝冶还大量采用虚拟仿真技术，从节点设计、方案设计、受力分析、工况分析等各阶段进行仿真分析，精确计算，解决工程中的各种复杂工况施工难题，加快了工程进度，安全达标率百分之百，质量良好，并获多项质量奖。比较传统施工方法，需要的起重机械多、速度慢、成本高。而宝冶采用整体提升不仅效率高、质量好，同时安全环保，还降低了施工成本。

复杂管网的“巧织纹理”

珠海十字门中央商务区国际展览中心机电工程系统多，管线层叠、空间布置难度大，具有集成性、综合性、复杂性的特点。其密如蛛网的大量各类管线若按常规施工，易交叉碰撞，造成大量返工，对施工单位是个不小的挑战。上海宝冶对机电管线施工不盲目拼抢，而是精心布局，对复杂的各类管线“巧织纹理”，有序施工。

该工程机电安装工程包含水：生活水系统、消防水系统、空调水系统等；电：动力、照明系统、消防报警系统、保安监控系统、楼宇自控系统、数字网络系统等；风：空调风、地下室送排风、消防送风、排烟等。根据系统复杂、覆盖面积广、工期紧、建筑空间有限等特点，项目部走出了“三步好棋”：

首先是认真熟悉原设计的系统工作原理、路径、位置、深入理解系统的设计思路、公式、经验数值的取定范围，还有系统部件的工作正常条件与参数，进行合理性、可行性、高效性深化设计，站在全局的角度上结合各专业的特点解决各类管线合理平面布局的问题。在满足工艺、标高等要求的前提下，为施工乃至今后检修制定管线施工最为合理的层次、最科学的程序、最稳妥的方法，有力地保证施工的协调与配合。

同时，成立了工程专题BIM（建筑信息模型）技术小组，工程中的机电安装全部采用BIM技术，集成各专业BIM建模，迅速地识别和解决系统冲突，及时进行修正。如：基于BIM模型，出机电综合管道图（CSD）及综合结构留洞图（CBWD）等施工深化图纸，及时发现管线之间以及管线与结构之间的问题，经精确计算，再次转化为CAD施工蓝图下发班组实施，在保证功能情况下，采用机电综合图纸解决内部管线的标高和位置问题，避免管线交叉时产生冲突，配合并满足结构及装修的各个位置要求，增强施工的精密性，实现了安装的高质量。

宝冶还在施工中抓样板引路为工程护航。一是以样板施工测试深化设计和既定程序；二是以样板施工掌控实施效果，磨合施工队伍；三是通过样板施工，进行有关测算和小结，对深化设计的实效性与不足进行科学评估。项目部选定不同点总计3000平方米的样板区域，通过比较各种有关数据，及时对相关技术运用加以验证和改进。项目部还在复杂管线施工中实施“车间化预制生产，现场装配”，不仅缩短了占用施工平面的时间，还大大避免了返工修改的工作量，提高了施工效率，降低了施工成本，实现了复杂管线布局合理、整齐美观的“巧织纹理”。

预铺反粘的“防水不漏”

珠海十字门中央商务区国际展览中心地下室为国内少见的多单体共用整体超大二层地下室。地下室总建筑面积约32.4万平方米，深度达十多米，水位高，对防水要求严格，防水工程面积大，施工困难不小。

传统的地下室防水施工是通过回填土夯实、垫层浇捣、砂浆找平层、防水层、细石砼保护层、结构防水混凝土底板等系列工序来完成，难以实现与混凝土主体结构达到牢固、全面、持久的粘贴，还可能因主体下沉形成结构与防水层不粘结产生窜水通道。在该项工程中，宝冶采用了预铺反粘防水施工技术，使用预铺反反粘防水卷板，利用其与聚合物水泥浆良好的亲和性，经过预铺施工，与垫层点粘，在重力作用下自行与地下室底板结构层满粘，形成真正意义上全外包防水层，解决了防水层与结构层脱离失效的问题，以及窜水等密封难题。

为保证预铺反粘防水卷材的应用效果，在工程开工前进行认证试验，即把普通卷材和反粘防水卷材在同一试验块上试验，做到新方法运用胸有成竹。在施工中，对垫层浇捣、自粘卷材点铺、扎钢筋保护、浇混凝土等各道工序严格把关、一丝不苟，还对可能出现的有关问题采取措施，有效防范。如针对钢筋绑扎时易造成预铺反粘卷材破损的问题，在绑扎钢筋、堆放钢筋、焊接钢筋等多方面采取针对措施，防患于未然。尽管该工程地下室预铺反粘防水卷材大面积使用达几十万平方米，但实现了地下室各个部位的满粘防水，达到超大深地下室无渗漏全面达标，这在国内同类工程中是少有的。

人们称赞宝冶是能工巧匠，而当今的“能工巧匠”更是科技“鲁班”。正是宝冶的科技实力为打造工程精品提供了强大支撑。

（郑建果）

“日出东方”报新颜

——北京金雁饭店重建钢结构工程纪实

立身于山水之间，方可悟得何为秀色可餐；置身于雁栖湖畔，即便是得道高僧，目光中也不免流露少许贪婪。可见雁栖湖之美，在于她宽广的胸襟，在于她感悟的灵性。

而在短短数月间，来自上海宝冶的建设者“绘制”出一幅让世人惊叹的壮丽，“日出湖面，水出芙蓉”的美态让雁栖湖东岸锦上添花。而新添的这一抹颜，点缀了雁栖湖的现代化气息，她就是一座采用玻璃幕墙透光设计的，名为“日出东方”的超五星级酒店——北京金雁饭店。

“颜”之“源”

“源”起责任，“源”起信任——政治使命，光荣而艰巨。

怀柔区雁栖湖畔的北京雁栖湖生态发展示范区工地，这里规划了一个可接待大型国际会议的“国际会都”项目，将建设成为一个生态标准符合最新时代要求、达到国际一流的会议会展区和生态发展示范区。其将在5年内建成，它还将成为世界级城市旅游目的地和生态文化休闲胜地。

北京市怀柔区雁栖湖风景区北京金雁饭店是该规划中的项目建设之

一，属北京市政府重点工程。建成后将作为2014年在中国主办APCE领导人非正式会议的接待酒店，也将成为北京市雁栖湖风景区唯一的涉外五星级酒店。北京金雁饭店位于北京市怀柔区，南邻京通铁路，北滨雁栖湖，该项目总建筑面积：83490.07平方米，地上56033.12平方米，地下27456.95平方米。裙房2层、地下1层，裙房以上塔楼共17层，建筑总高度为90.55米。主楼采用钢筋混凝土核心筒和钢框架混合结构体系，钢框架由钢管混凝土柱和钢梁结构构成。主楼平面呈椭圆形，立面呈圆形，整体呈“日出东方”之态，平面最长约94米，平面最宽处约38米，钢结构总量约为9800吨，楼承板总量约为30000平方米。

项目建设期间，外交部和北京市各级领导多次视察工地，对工程质量、施工进度、绿色文明安全施工管理等方面进行指导。面对北京金雁饭店项目的特殊政治意义，上海宝冶作为该项目的参建方，深知责任重大，任务光荣而艰巨。为此，在项目成立之初，公司各级领导对本项目即予以特别关注，在项目部组成、施工资源组织、施工机械配备等方面予以倾斜，保证项目运转高效有序。不仅在项目部实施过程中全力完成业主制定的各项节点计划，在土建严重滞后的情况下，力保主塔结构封顶目标不变，展示了宝冶人不怕吃苦、能持续作战的铁军形象。

“颜”之“精”

“精”于科学，“精”于细致——施工组织、科学精细。

2013年8月15日上午9点18分，在美丽的雁栖湖畔，随着北京市建委领导一声令下，北京金雁饭店重建工程钢结构最后一根拱管顺利吊装。在上海宝冶统一部署、精心策划下，在项目部全体成员群策群力、科学组织、精细管理下，项目克服种种困难，历经艰辛，终将迎来胜利的时刻——北京金雁饭店钢结构封顶。

北京金雁饭店项目原计划2014年8月竣工，后因2014年APCE领导人非正式会议接待酒店的使用，业主将项目竣工日期提前至2013年12月。因总体工期压缩较多，主体结构绝对施工工期也进行了大量压缩，对项目的组织和实施造成较大困难。针对本项目前期施工不饱满、后续工期压力大、需力保结构封顶后墙的特点，项目部按照加工与施工统筹兼顾、各阶段逐一细化的原则进行施工组织，项目部内部群策群力积极进行各项施工组织论证，充分利用公司资源优势作为坚强后盾。

项目成立之初，重点进行材料采购和加工资源策划，为后续抢工高潮创造条件。在项目实施前期，由于施工队工作量不饱满，根据土建施工状态合理进行劳动力分配，保证前期钢结构施工能持续开展，尽量减少工人窝工现象。项目施工后期，钢结构需短期内组织大量劳动力作业，高峰时期现场施工人员达200人，面对施工场地狭小、构件数量多形状各异、施工作业人员多、24小时连续作业的特点，项目部全体管理人员深入到施工队各作业班组，对现场构件倒运、各吊机吊装范围、当天吊装构件明细、当天收尾工作明细等一一列出书面清单，项目部管理人员与各作业班组一一对口，带领其一一督促落实。在项目经理的带领下，项目部全体管理人员争抢分秒，对各项施工组织做到科学有序、精细高效，力保钢结构 8 月 15 日封顶目标不变。

“颜”之“髓”

“髓”在工艺，“髓”在创新——工艺技术，创新完美。

北京金雁饭店设计新颖，线条简明，造型美观，属于建筑造型独特而超限的高层建筑，其外侧钢柱为弧形柱，加工难度大、安装精度要求高，结构体系复杂。因其施工场地为原址重建，且紧邻雁栖湖水库，在吊装机械选择上需兼顾场地条件及结构造型特点，保证使用高效及便于后续拆除。项目构件数量多达 11000 件，且构件型号繁多，截面尺寸及长度各异，对深化设计、制作运输及现场物料管理有着更高的要求。

针对项目的技术特点及要求，项目部结合现场实际情况、构件加工资源及目标工期要求，多次组织公司内外资深专家进行施工方案论证，最终确定“平面分区、立面分节、先主后次、对称施工、下部支撑胎架、上部单点支撑”的原则进行施工。鉴于项目复杂造型高层钢结构的特点，制定施工前期过程受力分析，施工过程严格施工顺序、焊接顺序、三维测量监控等手段来进行结构成型控制，以达到设计效果、满足结构受力要求。

在具体施工过程中，根据现场施工条件变化及业主、总包工期目标调整情况，因地制宜的对原有施工方案或措施进行调整。由于业主应政府工作指示大幅压缩了土建和钢结构工程的工期，大大提前了结构封顶的时间。项目部对各种可能情况分析，制定了增加履带吊、增加作业人员奋力拼抢3个月的实施方案，在经多方充分论证的情况下，在业主、总包的大力支持下，及时组织实施，提前主塔结构封顶时间45天。

“颜”之“益”

“益”是安全质量，“益”是效益——安全质量，严管求效益。

在项目实施过程中，施工安全、质量、进度呈三角鼎立之态，三者之间也存在辩证的逻辑关系，在保证安全、质量的前提下来促进施工进度，提高生产效率，达到严管出效益的目标。项目均为高空作业，施工风险高，高空安全防护措施及防火措施标准要求高、难度大，北京地区对绿色文明安全施工管理要求高。项目部针对项目安全管理起点高、标准严的特点，编制与现场实际相符的施工安全专项方案，并定期对各班组作业人员进行安全技术交底、安全教育，强化工人安全意识，做到人人要安全、人人讲安全。在项目管理上，项目部全体人员在施工现场做好本职工作的同时，积极兼职安全员，对施工现场违章现象、安全隐患情况重点监控，不留死角。在安全措施设置方面，严格按照施工方案及北京市相关管理要求执行，按照安全投入不计成本、安全措施设置不遗余力、安全管理全员参与的思路进行安全管理。

北京金雁饭店结构造型独特，现场安装难度、精度要求高，存在大量铸钢件节点和厚板低温环境下焊接，外部弧形柱需兼顾管柱中心及牛腿定位坐标，现场安装测量及空间定位难度较高。为保证现场施工质量，项目部在质量管理上重点关注加工质量，为现场安装精度创造条件；突出现场安装测量监控，结合上下工序不同精度要求，确立定位精度控制关键点；严格焊接工序，从材料检验、焊工培训、焊接温度、焊接工序、焊接顺序等方面一一监控；配套软件资料，针对北京地区软件资料的特殊要求，积极培训学习，做到资料与实体同步，符合规范及北京市地标要求。

“颜”之“情”

“情”乎团队凝力，“情”乎信念——乘风破浪，成绩斐然。

掩卷深思，一个团队如何才能有战斗力？或许，宝冶人的精神和传统文化给出了答案：领导的魅力和表率作用其实就是一面镜子，可以激发员工的激情和创造力。而成员之间，团结是基础，责任心是动力，少考虑自我，多关心他人，不钩心斗角是主因，百舸争流千帆竞，借海扬帆奋者先。

北京金雁饭店重建钢结构工程项目是在北京奥运项目所承接的首个民用项目，一年来，项目部十几名成员坚守在北京金雁饭店工地，亲眼目睹了雁栖湖畔的花落花开，他们既是见证者，更是参与者。他们因此付出了超出常人的辛苦，白天工地现场留下他们穿梭的脚印，到了晚上他们仍然挑灯夜战，与钢铁构件为伴，一次次检查着，监管着，他们心中只有一个信念，那就是“披星戴月战天地，加班加点抢工期”。夜深了，他们揉揉酸疼胳膊，跺跺发麻的双腿，走在返回宿舍的路上，被灯光拉长的身影，还是那么挺拔……

经过日日夜夜的奋力拼搏，终赢胜利的硕果，这践行了宝冶人对业主的庄严承诺，树立宝冶人起负责任的形象，产生了较好的社会效应，影响广泛而深远。

（李 娜）

花开的背后：一场美丽的嬗变

——海南恒大海花岛钢结构工程纪实

牡丹，“羞杀千花百卉芳”。花开，倾其所有，燃烧着蓄集了一个寒冬的力量，每一次绽放都是生命最完美的呈现。殊不知，在花开灿烂背后，或发挥坚韧生命力的背后，是勇敢面对困境、搏击自然，这样一个生命周期的峰回路转。

当一种优秀的结构造型或建筑形态横空出世，其背后必然是一场自然与人文的完美契合。以“花中之魁”为原型，9个单体，12朵牡丹花型艺术钢结构单体组成的，拥有全球规模最大、功能最全的会议以及全球最大圆桌会议厅“三大世界之最”，可承办G20、APEC等国际会议的海南恒大海花岛1号岛C区国际会议中心，是海花岛献给世界的峰会之都。这是钢给予花的力量，花赋予钢的生命。

不求“孤芳自赏”，只求“最美绽放”的建设者——上海宝冶可谓“精工细作”的“钢构工匠”，更谓“妙手细琢”的“牡丹花匠”。他们沿着一个自然花期的时间轴，历经“生根—发芽—开花”的完满嬗变，用钢的坚硬雕琢出“牡丹花虽好，孤芳不自赏”的华丽、高贵和柔美！

"生根"聚梦想——"永不落幕"的"海上盛宴"

"牡丹"生根于一片沃土，这片沃土，叫做"海花岛"。

这片沃土，建设者种下了一颗顽强的种子。他们并没有被当地的偏远、荒凉所打败，而是选择默默的扎根并耕耘在这片热土，历经了300个勇搏激流的朝夕，日复一日磨砺着建设梦想的萌芽，洒下一种叫"拼搏"的肥料，一点一点的让"牡丹花群"这件钢结构艺术品在这里生根发芽……

在热火朝天建设中的海花岛，一个个建筑单体项目的快速推进，工程建设日新月异，正在为儋州打造全新的西部旅游经济发展格局搭建起结实的骨架。汇聚600位国际设计大师，铸就重构世界旅游版图的世纪巨作——中国海南海花岛。位于海南省儋州市排浦港与洋浦港之间的海湾区域，由三个独立的离岸式岛屿组成，规划平面形态为盛开在海中的三朵花，故人工岛取名为"海花岛"。这也是恒大在海南投资的最大综合性旅游项目、顶级文化旅游胜地，将傲立世界，全球向往，缔造永不落幕的海上盛宴。海花岛不仅顺应了海南国际旅游岛的发展战略，且被海南省政府确定为"十二五"期间海南省西部旅游的一号工程。

儋州火热的六月，最火热的无疑是像这样的重大项目工地。恒大对该项目高度重视，更是在国内层层筛选施工企业竞标，择选国内知名建筑企业上海宝冶，委以多项单体工程的建设重任。其中难度最高且最具神秘的，当属充满设计师智慧和凝聚建设者超凡施工技术力量的"牡丹花”——国际会议中心。经过宝冶钢构建设者近一年轰轰烈烈的建设，所承担的“牡丹花”已落地生根，盛开的牡丹在海花岛含苞待放，绽放的花瓣在海上璀璨夺目。如今，在建设者的“悉心灌溉，静待花开”下，悄然进行着一场艰难而美丽的嬗变。

“发芽”现锋芒——“独辟蹊径”让“春芽破土”

生命开始的一瞬本就带着斗志而来，种子发芽迸发出的是一种难以置信的力量。当“牡丹花种”在海花岛洒下的那一天，每天都有新的变化，如今工程建设日新月异。“宝冶”无愧于“专业”二字，在海花岛创下同类钢结构施工中的先河，他们以技术攻坚当“肥”、用坚韧执着作“阳”，执精细管理为“露”，滋养花苗成长发芽，春芽破土初露现锋芒……

“海花岛内所用管径最大、厚度最厚、弯管数量最多、双曲难度最大、外观造型最复杂的单体”“使用国内目前最大的热弯成型机”“第一次运用大直径厚壁空间双曲弯管结构施工技术”以及“设计和施工复杂程度到达世界顶尖水平”……这一系列的“之最”和“第一”不难看出工程所采技术之先进和工程之浩大。建设者在技术工艺没有先例可循，第一个吃螃蟹，摸着石头过河的过程中，施工面临着新的挑战，无不考验着建设者的勇气、智慧和能力。

为了让这一颗颗新兴的“牡丹花种”迸发出新芽，宝冶人直面困难，敢于担当，勇于超越，迎难而上，敢于走别人没有走过的路，集中专业技术力量，“软硬兼施”，攻克六大技术难题：针对空间双曲、多变、大直径、厚壁钢管结构造型的结构特点，攻坚开发运用系统性、关键性的钢结构施工技术，解决空间双曲多变大直径厚壁钢管结构施工过程中的各种难题；通过海花岛1号岛国际会议中心CH1、CH8花瓣钢结构关键施工技术的研究，形成一套完整的空间双曲多变大直径厚壁钢管结构的施工技术。

其实，像这种“小发明”仅仅是施工过程中的冰山一角。类似这样的技术在其他单体施工中还有很多，譬如在海花岛海洋馆项目中开发的倒链同步提升安装技术等等。这些新技术、新工艺的应用不仅为今后类似项目积累宝贵的施工经验，并对钢结构施工技术的发展有较大的帮助，同时也为企业最终取得社会效益奠定了坚实基础。宝冶人在攻坚克难中追求卓越，独辟蹊径，亮剑海花岛，书写了一段“海上筑花”的施工传奇。

“开花”显生机——“精细求进”促“满枝蓬发”

牡丹花大，开花需要消耗根里储存的营养，也需要消耗根里储存的绝大部分养分，往往耗尽精力。牡丹以坚韧的性格生根开花，而宝冶钢构人再苦再难，也没有放弃一朵牡丹花的盛开，用精细求进的科学管理，以“舍命不舍花”的真情和气节，让她们花开娇艳显生机……

古语有云：“窥一斑而知全豹”。项目管理团队是一支阳光、朝气、充满活力、富有战斗力的队伍，他们勇于挑战、敢于创新、求真务实。

这样一支兼具实力和朝气的项目建设团队在海花岛钢结构工程施工建设中稳扎稳打、勇于创新，凭借技术质量过硬、安全过硬、项目管理过硬，发挥团队无限大的力量，让“宝冶钢构”品牌的良好形象植根于海南人民的心中。

小的细节能够反映出企业的综合管理水平，体现出能否将工作做到“高水准”，具有超越表面现象的价值，是创造卓越的根本点和立足点。特别是在这样施工难度复杂的世界级项目的管理过程中无不体现宝冶人的先进的管理理念——管理关注细节。无论从项目策前期划、深化技术管理、工程材料管理、卷管加工管理、弯管加工管理、拼装焊接管理、涂装和运输管理、以及现场施工等过程管理中，无不体现管理的真功夫来。在海花岛得建设中，宝冶的管理常常被津津乐道。

项目建设速度决定着一个企业的发展速度，折射出员工的精气神。项目建设的紧上快干，正是宝冶人“一天也不耽误，一天也不懈怠”朴实厚重的企业精神，夙兴夜寐、以奔跑状态干事业的一种体现。这要归功于项目团队背后“抓时间节点，寓速度于管理”的高效作业。项目团队落实管理机制，细化分解，明确时间节点，有力地保证了项目按计划推进。如新销售中心摇号区钢膜结构和签约区钢结构工程，宝冶临危受命，短短两个月时间完成了两个空间异形的复杂单体的建设。1 号岛 E 区博物馆群的八个空间异形单体建筑，设计为了凸显博物馆群新、奇、趣主题特点，主杆件大量采用了不规则曲线，即每根弯管存在多个不同的弯曲半径，通过连续的弯管组合成空间多曲异形结构，杆件截面小、数量多，施工难度极大，采取分区同步施工、土建、钢结构有序穿插等施工管理方法，极好地压缩了施工周期，为后续施工赢得了宝贵的时间。

笔者走进工程现场，再一次近距离感受宝冶“铁军”的力量与风采。仲夏正午，牡丹花群在海岛中静静屹立，优美光洁的钢骨身躯在耀眼的太阳下显得熠熠生辉，笔者似乎感觉到一种无言的力量，在默默记载着这些在炎炎烈日下挥汗如雨的建设者的功绩。宝冶人践行着客户交予他们的神圣使命，兑现着自己的承诺，为早日项目建成播种着希望的种子，以火热的心坚持做着这片沃土上最忠实的守望者。

建设者们的故事仍在南海之滨日以继夜的上演，待到花开烂漫时，他们的故事，未完待续……

（李　娜）

谱写钢铁环保提升治理新篇章

——安钢焦化环保重点工程纪实

2017年8月19日和8月25日，经过连续数十小时紧张施工，工程技术公司承建的安钢焦化环保工程7、8、9、10号脱硫脱硝装置顺利完成关键性的烟道对接节点；8月31日15时16分，8号脱硫脱硝装置顺利通烟运行，标志着安钢焦化脱硫脱硝工程实现突破性进展，已进入最后冲刺阶段，有望提前建成投入使用。亲身见证这一切的安阳钢铁集团公司总经理刘润生深有感触地说道：你们做的要比你们说的好，在如此紧张困难的条件下，能圆满如期实现烟道对接、装置通烟运行等各个重大关键节点，上海宝冶不愧是一支勇于拼搏、敢打硬仗、技术精湛的队伍，把环保重点建设项目交给你们是安钢最正确的选择。

为绿色安钢出力

2017年2月，国家环保部出台了更为严厉的环保措施，对包括安阳在内的京津冀周边“2+26”城市群实行新的更为严格的污染物排放指标，要求达到超低限值排放标准。安钢作为城市中心钢厂、与殷墟古遗址为伴、地处大气污染传输通道城市的大型钢企，面临着巨大的环保压力，企业生产经营遭遇严峻挑战，污染物排放治理任务十分艰巨。面对环保治理工作新形势、新常态和新要求，安钢集团顺应时势，从事关企业生死存亡的高度，鲜明提出“绿色转型、生态发展”的战略目标，投入近30亿元，采用最先进技术、最成熟工艺，推进新一轮环保大提升，开启包括焦炉烟道气脱硫脱硝工程在内的六大环保提升项目，从根本上解决制约安钢生存与发展的环保问题，为企业实现可持续健康发展奠定坚实基础。

公司承接焦炉烟道气脱硫脱硝核心项目建设任务后，迅速调集精兵强将，成立由相关专业工种技术管理专家和新进大学生组成的项目管理部，肩负着责任与使命于5月初进驻安钢施工工地，全面履行项目建设和管理职责任务。精心挑选的各专业分包和施工队伍以及各型施工机械纷纷聚集施工场地，工程先期勘探、工程设计、技术准备和培训、施工方案制定、材料设备采购、施工建设也都在紧张有序展开，共同汇聚成一股誓与安钢共进退，同舟共济，并肩作战，坚决打好大气污染治理攻坚战的铮铮誓言。

宝冶集团领导和有关职能部门对工程建设十分重视和关心，给予及时指导和帮助。上海宝冶董事长白小虎、总经理陈刚、副总经理岳文彦等领导，先后赴安钢焦炉环保建设工地检查指导工作，鼓励慰问工程项目建设者，帮助协调解决工程建设中遇到的困难和问题，并要求项目建设和管理团队以安钢所想、所盼、所急为己任，大力增强抓好工程建设的使命感和紧迫感，全力以赴，顽强攻关，高标准、高质量完成工程建设任务，为再造“绿色安钢、环保钢企”作出应有贡献。工程项目管理团队在负责人罗文带领下，始终保持昂扬向上的精神斗志，勇于拼搏，甘于奉献，严格科学管理，成为凝聚各方施工力量的一面旗帜。罗文自身要求严格，时时处处身先士卒，始终坚守在施工一线，从没有回上海看望家人，即使连续感冒咳嗽近一个月也不休息，继续奔波奋战在施工现场，树立起一名共产党员的感人形象。

众志成城抢工期

安钢焦炉脱硫脱硝项目是属于公司承接的 EPC 总承包项目，集设计、采购、施工于一体。主要采用国际先进、国内一流的活性炭—烟气逆流集成净化技术。项目建成后，将实现焦炉烟气脱硫脱硝处理能力每小时 14 万标方至 18 万标方的目标，极大降低安钢焦化烟气污染物硫和硝的排放含量，有效满足 9 月 30 日前国家对大气污染物特别排放限值标准要求。工程需要在安钢 6 座焦炉附近建设 5 套烟气脱硫脱硝环保装置，其中有两座焦炉共用一套环保装置。由于这 5 套装置完全独立，需要分 5 个作业面并行推进施工，实际意味着要同时建设 5 个项目。按照正常施工工期需要 7 个月左右，而合同工期为 5 个半月，但安钢又提出烟道通气调试时间节点提前 1 个月，整个施工工期被压缩至 4 个半月，施工工期十分紧张。工程施工环境非常复杂，作业场地狭小，地下和周围都布满各种管线和障碍物，且要在焦化生产不停工的情况下进行施工，施工难度显著增大。而公司项目管理部负有总承包牵头人职责，既要主动联系协调安钢业主方、工程设计方、技术服务方工作，还要直接监督管理 20 多个作业班组现场施工，以致管理工作千头万绪，需要协调事项层出不穷，给项目管理人员带来严峻压力和挑战。

项目管理团队和施工队伍不畏困难，主动迎接挑战，广泛开展“大干90天，誓保关节点实现”立功竞赛活动，坚持靠前指挥、一线作业，采取定人、定点、定时、定任务的方法，确保各项施工工序稳步推进。项目管理部每天一早都要召开项目协调会，部署明确施工内容、作业工序、完成时间、人力和材料准备等；适时组织召开项目专题会，安排组织相关人力、物力和施工机械，协调解决遇到的棘手困难和问题；每天与安钢业主召开项目协调碰头会，相互交流施工进展和工程保障情况。通过这一系列会议协调机制，有效畅通信息交换渠道，提高项目管理工作的针对性、科学性和实效性，从而凝聚成推进项目落实的强大合力。

项目管理团队采取24小时跟班作业的方式，合理调配施工力量，明确每项工序完成时限，并严格按照时间节点督促落实，保证时间进度始终处于可控状态。工程现场无论白天和黑夜，环保施工现场始终是一片热火朝天的建设场景。即使遇有高温天气，在做好防暑降温措施的基础上，施工也不停歇，顽强奋战在施工一线。在钢结构焊接工序中，钢结构顶端温度达到近50度，但焊接工人身穿防护服仍挥汗如雨地坚持作业，一丝不苟地精心操作，待作业完成下来防护鞋内能倒出一摊水。在实施清除和新砌烟道内耐火砖工序时，施工人员要冒着烟道内50多度的余温和烟尘废气侵袭，需要在狭窄密闭的空间里连续施工20多个小时，这在一般常人看来确实难以忍受，是对人的精神和意志的极大考验。但为了保证项目关键节点如期完成，他们正是用“以命相搏”的毅力，通过付出艰苦的劳动和汗水，大力抢抓工期和进度，保障环保项目如期建成使用。

标准化管理显神威

管理是企业永恒的主题，项目管理是确保工程建设成败的关键。项目管理部成立之初，就把“安全、文明、绿色、环保”施工要求贯穿于项目标准化管理全过程，严格按照《施工现场安全文明标准化手册》管理规定，致力建设打造功能先进、质量优异、绿色文明的标杆示范性工程。

质量是工程的生命，严把工程施工质量关，是项目管理工作的首要任务。为此，项目管理部专门成立施工质量监督检查小组，积极配合工程监理严格实施对施工全过程质量管控。在每项施工内容和作业工序开始前，都要进行技术交底，明确相关施工方法、施工工艺、技术标准等施工要点，做到科学施工、精准施工、规范施工。每道施工工序完成后，都要通过自行检查、专业检查、互相交叉检查等方式，确保一次性质量检查验收合格率100%。特别是对于项目关键部位、隐蔽部位、密闭空间施工作业，均要指派专业技术人员全程跟踪监督把关，不放过任何一点质量瑕疵和问题。

确保工程施工安全，是项目管理工作的重中之重。项目管理部结合工程施工特点，制定颁发《安全环境管理奖惩制度》《安全技术操作规程》《安全检查制度》《文明施工管理规定》等一系列管理制度和规定，并反复督促施工单位和作业人员自觉执行和落实。安全管理小组紧随工程施工进度，每天坚持安全施工交底，开展日常巡查与集中检查、重点检查与隐患排查、教育引导与处罚警示相结合，严控安全危险源、风险点，有效杜绝了违章施工现象发生，没有出现一起工伤事故，为工程顺利推进提供了可靠安全保证。

坚持绿色文明施工，也是项目管理工作的一大亮点。项目管理部一直抱着建设环保项目更应体现绿色环保的施工理念，与施工单位签订《绿色安全文明施工责任书》，开展经常性的跟踪检查服务，引导大家自觉做绿色文明施工的践行者和排头兵。施工前，对施工场地安排专人监管，设立安全围挡和警示标志，硬化施工场地，及时清洁路面场地，保证施工场地整洁有序；施工后，及时清理归整现场废弃物，冲洗清扫地面粉尘杂物，恢复施工环境整洁。正是通过这样一系列行之有效的监管措施，在安钢环保督查组多次检查中，均达到施工现场“六个100%”标准，实现污水、噪声、粉尘、有毒有害废弃物排放完全受控要求，受到安钢业主的高度好评。

“脱硫脱硝项目要为安钢其他环保项目建设树立一个标杆，做出一个示范”，安钢副总经理赵济秀曾经如是希望。如今，这项工期最紧、开工最迟、施工任务最重的脱硫脱硝项目，经过宝冶建设者的顽强奋战、协力攻关，取得推进速度快、关键节点把握最好、施工效益高的建设佳绩，为安钢环保提升作出了突出贡献，完美实现了项目建设之初许下的诺言，向安钢环保提升工程交出一份出色的答卷！

（杨庆华）

“绿色”鲁班炼成记

——南京河西儿童医院工程纪实

2017 年 10 月，上海宝冶南京河西地区综合性医院（河西儿童医院）门诊医技病房楼工程荣获“鲁班奖”。

一座奖杯，是对建设者四年来辛勤付出的肯定与褒奖，是项目团队的荣耀与自豪，更是兑现“传承鲁班精神，建精品工程”的铮铮誓言。在获奖的背后，有着又有什么故事呢？走进这项“绿色”鲁班工程，让我们为大家探寻它究竟是如何炼成的。

披星戴月　攻坚克难保工期

2012 年 4 月 14 日，南京河西地区综合性医院工程正式开工。

河西地区综合性医院位于南京最具现代新都市特色的河西新城，为广州路儿童医院搬迁新址而建，为 2014 年南京青奥会项目子项目及南京市重点民生项目。由门诊楼、医技病房楼、综合楼、感染楼及连体地下室五个单位工程组成，总建筑面积 167615.3 平方米，是一所三星绿色现代化医院。

作为青奥会医疗保障点的急诊区须在 2014 年青奥会前完成所有施

工内容并投入使用、在2016年“六·一”儿童节作为节日礼物送给全市儿童。自开工以来，即刻组织精干力量，一方面科学合理的布置施工总平面、协调解决各专业、各工种时间空间的矛盾、各项物资提前准备，有序进场满足施工需要，另一方面调集充足劳动力、在保证安全质量的前提下披星戴月赶进度。四年斗转星移，四年沥风沐雨，地下室从10月份土方开挖至12月封顶仅用两个月时间便按时完成，主体于2013年6月提前封顶，2016年5月3日整个工程竣工、6月1日正式开诊，为青奥会顺利举行保驾护航。

严格管控工程　质量内外兼修

质量是工程的根本，而技术水平又决定着工程的质量。

作为全国建筑行业工程质量的最高荣誉奖，项目管理团队深知创“鲁班奖”的艰辛，“高标准、严要求、优中选优、宁缺毋滥”是“鲁班奖”最基本的评比标尺。从申报、初审、复查，再到最终的评审阶段，如何从全国数千家工程中脱颖而出？“誓夺鲁班奖！”时刻激励着项目团队。工程开工前明确了争创“鲁班奖”目标，成立了创优领导小组，编制了详细的创优规划，制定关键工序、工艺质量控制措施，质量通病的防治办法，层层分解目标、逐级落实责任。项目自开工建设以来也受到政府各级领导的关注。

严格管控的管理理念体现在每一个环节。项目管理团队狠抓技术准备、落实技术交底，按照《施工组织设计》和专项方案实施，特殊及关键工序先论证再实施，过程中严格样板引路。在加强过程管理上，严把材料“三关”，入场关、检验关、复试关。除制定《工程实体实测实量标准》外，更把好工序过程关，采取的各项有力措施，保证了施工质量一次成优。

点滴积累，金秋喜获丰收硕果。2013 年获得江苏省安全施工文明工地；2014 年获得南京市优质结构；2016 年获得中国安装工程优质奖、全国建筑业绿色施工示范工程、住建部三星绿色建筑设计标识证书；2017 年获得江苏省优质工程奖“扬子杯”、全国冶金行业优质工程；2017 年 10 月最终问鼎鲁班奖。

走出带入　技术创新保驾护航

工程不是由独立于传统施工技术的全新技术造就，而是由可持续的眼光对传统施工技术的重新审视。

医院建筑复杂程度较高，设计、施工中遇到的困难也较多，为此，采取了走出去、赴全国各大儿童医院考察、学习、取长补短，把先进的设计理念、施工技术、管理经验带进来，成功解决五大施工难题，如采用优化混凝土配合比、严控原材料及带模养护等综合控制手段，做到大面积地下室无裂缝、无渗漏、研发专用工装平台，采用横向三块、纵向四段地面拼装、组合吊装工艺，既保证安装精度又保证施工安全，以及采用绿色认证装饰材料等等，使得工程的使用功能更加完善、更好地为广大儿童患者服务。针对 3 间百级、23 间万级洁净度手术室，施工过程中采用施工阶段、标准清洁阶段、洁净阶段“三阶段”逐层升级的控制措施，确保了手术室洁净度。

本工程还积极推广住建部“建筑业10项新技术”，应用了10大项中的22个子项，通过省部级新技术应用示范工程验收，成果达到国内领先水平。

节能环保　打造三星绿色医院

“绿色”施工面临巨大的压力及多方面的困难，项目团队铸就“智剑”，巧解“绿色”施工的种种难题。该工程绿色理念贯穿于设计、施工、运营全生命周期，融会于每一个系统和细节。围护体系采用玻璃幕墙、局部陶土板；正面看为格栅玻璃幕，侧看为石材饰面。利用建筑朝向配合季节变化，夏季遮挡阳光，冬季充分接收阳光；太阳能热水系统，屋面导光管采光系统，零污染、低能耗；种植屋面，保温隔热、美化环境。雨水回用、中水系统，可节约用水3.3%；智能立体车库，充分利用空间，节约土地；药品气动物流系统，实现从库房到病房智能传输，节约人力；建筑综合节能率达到65%。同时，工程施工期间严格落实“四节一环保”措施：噪声、扬尘、光污染、污水及固体废弃物排放等要素均符合标准。

至诚至美的呈现，永无止境的探索。能斩获多项荣誉，得益优秀管理团队不懈追求、勇攀高峰的进取精神，建设一流的绿色工程，超前绿色施工理念，在绿色鲁班创建之路上走在全国领先的位置，在绿色施工领域已占得先机，上海宝冶在建筑施工领域开拓出了属于自己的经济增长点，蹚出了一条属于自己的康庄大道。

（宋飞虎）

扛红旗树品牌形象　占排头铸精品工程

——山钢日照冷轧工程纪实

齐鲁大地，物华天宝，人杰地灵，是中华古文明的重心所在。位于黄海之滨、山东半岛东南侧翼的日照是一个优美的滨海城市。作为国家批复的最后一个城市钢厂搬迁至沿海的特大型钢铁项目，日照钢铁精品基地项目于 2012 年 12 月 26 日获得国家发改委审核通过。日照钢铁精品基地计划年产铁 810 万吨、钢坯 850 万吨、钢材 790 万吨，分两步投用。主要生产热轧薄板、冷轧薄板、镀层钢板、宽厚板等高技术含量、高附加值产品，满足海洋工程、汽车、家电、轻工等行业的高中档次需求。该项目是山东省省级示范性重点工程，对于促进山东省钢铁产业转方式、调结构具有重要战略意义。

在这个万众瞩目的项目上集中了 17 家冶建单位，上海宝冶工业工程公司承揽的 2030 mm 冷轧工程，是山钢日照精品基地最大的单体施工总承包工程之一，总建筑面积 13 万平方米，厂房总长度 915 米，最大跨度为 48 米，设备总重达 34000 吨，钢结构总重 21000 吨，建成后其将成为国内首屈一指的冷轧精品基地。

从中标的那一刻起，工业工程公司领导就深知重担在肩。在这个强手如林同台竞技的大舞台上，怎样交出一份让业主和集团满意的答卷？

怎样用今天的现场赢得明天的市场？怎样在山钢这个重点工程打造上海宝冶亮丽的品牌？很快，集聚精兵强将的项目管理团队组建了起来。整个团队共 46 人，90 后的年轻人 19 人，年轻的团队冲劲十足，围绕着怎样干好冷轧项目，一场场头脑风暴不断碰撞出智慧的火花。

周密策划，BIM 建模更直观

冷轧项目有两条连续退火生产线、一条连续镀锌生产线，虽然总工期为 22 个月，但实际 2 号连续退火生产线投产工期仅有 19 个月。“宜未雨而绸缪，毋临渴而掘井”，面对紧张的工期，前期项目策划显得尤为重要。

“平、断、剖” + “最强大脑”，过去的施工策划很大程度取决于策划人的经验，要根据平、断、剖图在脑中对整个项目形成清晰的脉络，就算是最有经验的人也难免有失误的时候。“前虑不定，后有大患”，要打造“冶金建设国家队”品牌，意味着不容许有任何闪失，每一步策划都要有据可依，落到实处。

项目部第一时间在策划阶段引入 BIM（建筑信息模型）建模，BIM 多专业建模后，将复杂程度高、专业性强的二维图纸转化为直观性强、精准的基础数据模型，变隐蔽为可见，变平面为立体，生产中的每一步都进行模拟，实现生产与策划的无缝对接，为设备安装、管道安装时刻紧扣现场基础施工脚步打下了良好基础。

匠心凸显，创新铸造精品

退火炉安装一向是冷轧线的关键点，对整个冷轧线工期具有关键意义。以往的退火炉安装，意味着无比繁重的焊接量，意味着日日夜夜的倒班、拼抢。如果按照这个模式进行，工期难以控制，人力和资源高度消耗。要想在整个冷轧线工期上把握主动，退火炉的施工必须优化。有没有更先进的方法来完成退火炉安装？设备厂家运输过来的是一根根构件、一块块面板，如果构件不采用焊接而采用高强螺栓连接的方式，是不是可行？可这似乎不是施工企业能决定的事情。怎么办？是被动等待还是主动联系设备供应商，磋商解决方案？项目指挥曾斌大手一挥，作为冶金建设国家队和王牌军，更要有全局观，多为业主着想，也有利于更好地推进项目建设。

项目部马上集中力量收集国内外其他类似冷轧工程设计案例，通过对比大量已完成及在建冷轧工程，发现设计公司在韩国浦项冷轧工程设计中曾采取简约化设计思路，而该方案同样也可以运用于日照冷轧工程。在确定方案后，项目部成立专门的优化领导小组，通过换位思考，主动站在业主的角度上，从后期生产维护、工程建安过程中用钢量的节约等多个方面积极建言。项目部“想业主所想”的服务精神让山钢业主大为感动。在业主大力支持下，冷轧团队积极投入与外方设计公司的设计方案优化。项目部对以往冷轧施工经验进行总结，建议设计方去弊存精。如何将炉区工艺结构进行模块化，尽可能减少现场结构安装焊接工作量，是整个设计方案优化讨论的重点。然而事与愿违，设计方似乎对项目部抛出的橄榄枝不以为然，整个设计的推进一度陷入僵局。

“善治病者，必医其受病之处”，与其单方面努力，不如好好思考一下问题的症结。优化领导小组暂停了与外方的设计优化谈判，并针对现有情况认真进行分析，发现主要问题存在于以下几个方面：首先，作为世界知名的大型冷轧炉区工艺设计公司，设计公司有着固有的一套设计工艺，设计方对宝冶提出的方案并没有足够信心，要在短时间内用自己的思路说服设计方，显然，还需要更加有力的支持和实证。其次，在整个谈判过程中，项目部没有拿出有力证据说明结构设计优化后不会对后期其他专业设计带来困难；而且，因修改后部分介质管道、电缆桥架、电缆布设等专业需要进行二次设计以避免碰撞，这些都会给设计单位带来繁重的工作量，也因此让他们不愿配合。

优化领导小组决定主动挑担上肩，运用BIM与X-steel软件对修改后的结构进行三维设计，完成设计后提交给业主方与设计公司进行审核，完成审核后再由设计公司正式出图升版。正是项目部的主动精神和扎实的技术，终于成功说服设计方，获得设计方的首肯。

几经努力，退火炉模块化工作终于顺利完成，焊接节点改为高强螺栓连接节点。整个高29.5米、宽13.3米、长135米的炉体被分割成3段，其中最大模块的尺寸达到高14.8米、宽13.3米、长42.3米。炉体、柱体和平台分别模块化集成化，大大减少焊接作业。由于模块化是在炉侧地面进行拼装后再整体提升，高空作业也大幅度减少，安全工作得到保障，工期从10个月压缩近一半。

退火炉的成功，让业主对项目部刮目相看，对上海宝冶“冶金建设国家队”排头兵的认识更加深刻，这不仅仅是一支会干活会吃苦的队伍，更是一支善思考能科研的创新生力军。

守护安全，细微之处见真章

安全生产重于一切，山钢日照冷轧项目部管理团队深知“抓安全”和“防事故”之间的必然联系。在工程建设中从细微处入手，坚决贯彻执行“安全第一，预防为主”的方针，正确处理好安全与施工、安全与效益、安全与进度的关系，扎实开展安全管理工作。

项目有不少高空作业，钢结构厂房安装是安全监管的重中之重。要将高空安全施工时刻置于监管之下，单靠人力难免顾及不到，这时候“无人机”进入了项目管理层视线。

“无人机”的优势明显，可以在空中对各个施工点进行监管，还可以对高空作业质量进行近距离拍摄，一丝一毫的不规范作业都逃不过无人机的大眼睛，而且还可以留下影像资料，让不按规范施工的人员心服口服，从而严格要求自己，规范操作，不留隐患。利用无人机担当空中安全管理员和质量监督员，开拓了项目管理思路，使现场的安全管理和质量监督真正做到无死角，全方位管控。

同时，因施工需要，冷轧现场存在诸多交叉作业，属重大风险管控项，项目部采取专项对策。交叉作业签订安全管理协议书，设立作业点安全警示告知。为让安全交底更加深入人心，生动形象，使作业人员充分了解吊装作业的技术要求，项目部特组织各施工队伍的起重指挥人员及安全员进行钢结构大件吊装观摩。

在文明施工方面，指挥长曾斌从项目伊始就树立目标，争取达到文明施工示范工地的标准。他深入优秀的民建示范工地学习，立目标、树标杆，要求项目团队始终坚持“绿色”和“科技”两大要点，同时大力推行“节能、节材、节水、节地”和环境保护工作。

各项安全管理措施实施到位，有效地促进了现场文明标化工作提升，在山钢组织的安全文明施工检查中屡次获得好评。山钢日照有限公司执行董事、党委书记陈向阳称赞宝冶冷轧项目部的安全文明施工管理是日照钢铁精品基地的一面旗帜。

一分耕耘一分收获。2017 年 6 月 8 日，宝冶收到山钢集团日照有限公司冷轧项目部发来的感谢信，信中对项目部在冷轧二标段施工中管理措施到位、施工力量组织得力、施工进度扣网有序推进、现场管理规范给予肯定，表扬项目部员工发扬特别能吃苦、特别能战斗的精神，为抢进度攻坚克难，在日照精品基地树立了良好的典范，鼓励项目部再接再厉，拼搏进取，再创佳绩。

（黄文敏）

从无到有，敢为人先

——宝冶装配式保障性住宅施工纪实

2017 年 11 月 9 日，国家住建部办公厅公布首批装配式建筑示范城市和产业基地名单，上海市等 30 个城市为第一批装配式建筑示范城市，上海宝冶集团等 195 个企业为第一批装配式建筑产业基地。

2017 年 6 月，上海宝山区罗店大型居住社区二期项目 C10 地块装配式住宅楼顺利交房。罗店 C10 地块装配式住宅是上海市 2015 年的“装配整体式住宅示范项目”，也是上海市在保障性住房建设中第一次运用 PC（预制混凝土）装配工艺的工程，同时还实现了上海宝冶装配式住宅建设零的突破。

勇挑重担，预先绸缪

上海宝冶从 2012 年开始关注装配式住宅，从启动到研发，经过两年多的积累和摸索，已经有能力开发设计整体式剪力墙结构的装配式住宅。

那么由谁来施工呢？对于这个从未涉及的施工领域，大部分人望而却步。但是宝冶建工总经理董清却有着不同的看法，她说：“作为对建筑业生产方式的变革，装配式住宅符合可持续发展理念，是建筑业转变发展方式的有效途径。公司高瞻远瞩，已经在装配式住宅领域迈出了步伐。作为一个从事土建专业的公司，要以发展的眼光看问题。在别人犹豫不决的时候，我们看准了就要抢得先机！”于是她说服了公司内部有不同意见的人，决定在罗店大型居住社区工程二期项目 C10 地块中把 3 号楼、6 号楼建成装配式住宅。这是上海市第一次在保障房中尝试建设装配式住宅。

“他山之石，可以攻玉”，千头万绪先从考察学习开始。在 2015 年春节前后一段时间内，宝冶建工和房地产事业部的相关人员，几乎跑遍了上海市所有装配式住宅的建设工地，虚心向他人学习。大家对如何建造装配式住宅有了一定认识后，就紧锣密鼓安排学习总结，进行技术方案的策划和施工组织方案的实施准备工作。同时采用 BIM 技术进行前期审图、建模、纠错工作，完成了 C10 地块 PC 住宅 4D 模拟动画并用于后期指导现场施工。

样板试验，技术攻坚

由于这次 PC 结构是采用剪力墙系统结构，不同于目前其他房地产开发商普遍采用的 PCF 结构体系，无他人行之有效的方法可循。项目部在 C10 地块边上划一块区域作为样板实验区，在这里进行样板装配试验。

样板试验期间，项目团队人员“不畏浮云遮望眼”，迎难而上，开拓创新，攻克了很多技术难题，比如，解决了PC构件的运输和存放中的问题，制作了吊装机具，完成了PC构件斜撑杆的选用与改良，灌浆试验获得成功，掌握了构造防水的施工要诀等等，成果斐然。

其中涉及暗柱钢筋绑扎的试验给人印象深刻。PC构件之间暗柱钢筋的绑扎需要把构件主筋、暗柱纵筋以及箍筋的连接和绑扎都要在一个40厘米见方的狭小柱形空间中完成。“事非经过不知难”，试验小组成员天天泡在试验场地上，一种一种办法地试，一次一次地修改方案，一遍一遍地与设计沟通。历时46天，共计11版设计修改，试验小组终于啃下了“暗柱钢筋绑扎”这块硬骨头。正是有这种“咬定青山不放松”坚韧不拔的意志和创新的精神，实现了“螺蛳壳中做道场”的壮举。

历时两个多月的试验阶段达到预期目标。5月29日，宝冶装配式住宅PC构件正式起吊，这是装配式住宅起吊安装第一钩，也标志着宝冶正式迈入装配式住宅的施工领域。

低层磨合，渐入佳境

虽然在样板试验阶段有了一定经验积累和配合，但在实际施工中还是遇到不少“纠结”的事情。常出现这边繁忙、那边窝工、同时争塔吊等工序的配合和统筹安排的问题。

项目管理团队很快发现这些问题，并及时调整各类构件的进场时间点及数量，调整工序安排。加强各工种之间的配合。用了15天时间终于完成第一层楼房的施工。

低层施工就这样在不断磨合中进行着，第二层用时 12 天，第三层用时 8 天。大家都为 8 天一层的速度而欢呼，因为这个速度在其他有成熟施工装配式住宅经验的房地产商来说，也是比较高的效率。于是，从第四层开始，项目部就按这个 8 天一层的速度施工，大家也开始干得得心应手，渐入佳境。人们可以看到宝冶建设的装配式保障性住宅在一天天长高。

高层突破，挑战极限

据了解，在上海及周边地区，同样装配率的住宅，有些房地产商可以做到 6 天一层的效率。毕竟宝冶建工是第一次从事装配式住宅施工，8 天一层已经是很了不起的速度。但为了响应业主 10 月底所有楼房结构封顶的目标，项目经理周代杰组织人员经过周密研究，觉得还有潜力可挖，决定将原来设定的 8 天一层的工期，调整到 6 天一层。这绝对是一个难度极大的挑战。

项目团队开展劳动竞赛调动工作热情，调整工程量、持续时间、资源供应等因素，最大限度减少闲置时间，同时再挖内部潜力。“团结就是力量”，在“10 月封顶为目标，6 天一层为步进”的攻坚战打响后，项目部团队所有成员心往一处想、劲往一处使，于是形成了合力，经过“7 天一层”仅一个回合的奋战，就达到了“6 天一层”的施工进度，并保持此施工进度直至 10 月 31 日成功实现 18 层楼房封顶的目标。装配式住宅“6 天一层”的施工速度也达到上海市装配式施工行业工作效率的顶峰。

从无到有，硕果累累

宝冶装配式住宅 2015 年春暖花开的时节破土动工，至金秋收获的季节结构封顶，在这过程中实现了三个“从无到有”：上海保障性住房领域中装配式住宅从无到有，上海宝冶设计开发装配式住宅从无到有，宝冶建筑工程公司装配式住宅施工总承包也从无到有。

筚路蓝缕，春华秋实，在从无到有的施工过程中，收获颇丰。一是宝冶有能力总承包施工剪力墙 PC 构件的装配式住宅，跨入了装配式住宅施工行业的“俱乐部”。二是获得 5 项国家专利技术。三是 BIM 技术在施工中的运用，极大提高装配式住宅施工效率。四是练就了一个不畏艰难、开拓创新、能打胜仗的装配式住宅施工总承包项目管理团队，培养了一批装配式住宅施工技术及管理方面的人才。

全国劳动模范、宝冶建工总经理董清认为，装配式住宅在全国仍处于起步阶段。上海宝冶正是以创新的理念，“超越自我，敢为人先”的精神开创性地在上海市保障房领域建造装配式住宅。所以只有求变创新，才可能在未来立于不败之地。

上海宝冶今后将以国家装配式建筑产业基地为依托，集中优质技术资源，深入研究装配式建筑产品体系和相关技术，以标准化设计、工厂化生产、装配化施工、一体化装修、信息化管理、智能化应用为目标，完善技术体系、加速产业化进度，把宝冶打造成具有国际先进水平的装配式建筑集成技术服务商，为推动建筑行业绿色、协调、健康发展做出应有的贡献。

（杨江华）

速度与力量：126天打造电子显示器全球最大“航母”

价值百万的8K显示屏，是一项影像革新技术，未来将走入千家万户。

富士康近10年在大陆最大的投资项目——世界上唯一一条采用IGZO代表着中国第10.5代显示器全球领先技术面板产线落户广州，富士康超视堺第10.5代显示器全生态产业园区项目，被誉为中国广州市改革开放以来最大的投资项目及中国制造2025及工业4.0的代表性工程。

这项“超级工程”的总承包商——上海宝冶集团有限公司，铁肩挑重担，追求卓越，“不讲困难，不讲条件，不打折扣，不辱使命”，挑战极限，与时间赛跑，仅用126天完成主厂房结构封顶，建造全球建筑面积最大的面板生产线厂房“航母”，创造了“中国奇迹”。他们用“速度与力量”向改革开放40周年献上了一份厚礼。

高举一颗红心：勇挑1号工程

2017年，富士康和广州“联姻”，致力打造“世界显示之都”。610亿元先进制造业项目！郭台铭近10年来对国内投资的最大一笔项目！

达产后年产值高达920亿元！全球建筑面积最大的10.5代TFT-LCD面板生产线！带着诸多光环，富士康10.5代8K显示器项目在广州落地。

作为有责任担当的国内一流的大型央企，对这项具有重大社会影响力的标志性项目，上海宝冶庄严承诺：以“最强的团队、最好的管理、最快的速度”，助推中国打造国际面板业最大的市场。上海宝冶承建的主要工程内容包括园区的最大单体与核心厂房——1号阵列厂房和6号综合动力站等，建筑面积共54.49万平方米，其中1号阵列厂房48.79万平方米，6号综合动力站5.7万平方米，钢构吊装量总量10.5万吨。项目建成后，预计2020年广州新型显示器产值将超3000亿元，带动电子信息制造业产值超5000亿元，这标志着广州落实中国制造2025、振兴实体经济迈出重要一步，也标志着富士康科技集团在穗投资合作、加快产业链布局开启崭新篇章。项目对于广州市加快调整产业结构、提升产业层次、形成产业集群以及打造“世界显示之都”具有重要意义，并对高端要素有着强力的磁场作用。

作为高科技厂房国内一流承包商的上海宝冶与广州、与富士康结下不解之缘。此次与富士康科技集团首次联手，也是宝冶有史以来在国内承建的体量最大的电子厂房。宝冶在助推“电子产业第一高”上，结束中国8英寸0.25微米以下宽芯片依赖进口历史的“中华第一芯”——中芯国际集成电路厂房项目、“全球第一条最高速玻璃基板生产线的生产厂房及动力配套设施——合肥蓝科玻璃基板设施建设项目”、“中国存储器航母”、中国最大单体投资项目、中国集成电路存储芯片产业规模化发展零突破——国家存储器基地项目等一个个象征着中国光电产业发展里程碑意义的“第一高”，均出自上海宝冶之手，在实现我国光电产业发展的重大战略布局的同时，更实现了在存储芯片厂房建设领域的新跨越。广州也是上海宝冶的福地，从中国三大门户复合枢纽机场之一——广州白云机场，到中国华南地区唯一一所高等美术学府广州大学城美术学院，再到号称可以让车手“飞檐走壁”的广州亚运会自行车馆……这些重点工程让上海宝冶在广州声名鹊起。凭借良好信誉以及在高新技术电子厂房领域的卓越战绩和龙头地位，一举中标该项具有世界级影响力的头号工程。

发扬一种狼性：拼出“中国速度”

这是一场没有退路的“决战”，他们“开工即大战”，宝冶人用无懈可击的“宝冶速度”助力富士康抢占新一代电子信息产业新高点。

“四最”项目，效率是成败的关键。对于宝冶承建的国内外电子厂房中单体量最大、工期最紧、任务最重、结构最复杂、质量要求最高的项目，中冶集团将其列为20个重大项目之一，中冶集团副总裁王石磊亲临现场指导工作，“质量上要精益求精在安全上要加强管控，技术上要出成果，团队建设上要培养人才……”充分体现对该标杆项目的重视程度。2018年9月7日前全面建成交付——节点工期的倒计时牌，像一面警钟时刻提醒着每位参建“战士”身上所肩负的沉甸甸的责任。

“中国速度”在团队精神特有的“狼性文化”中孕育而生。主厂房钢构吊装总量9.4万吨，创宝冶吊装最大量，土建钢筋总量7万吨，混凝土量43万立方米，支撑架1.2万吨，奇氏桶40万个，大量材料需在7个月内完成进出场。他们倡导绝不畏缩，绝不放弃，坚韧不拔，绝不怠惰，苦练内功，绝技制胜，这六个“狼性文化”的显著特质，以不达目的誓不罢休的顽强精神，争分夺秒地全力冲刺，塑造宝冶人坚韧不拔、永不言败的强者形象。为实现既定工期目标，以施工速度的提升为重点，所有专业立体交叉平行流水作业，开展大兵团作战。采取“歇人不歇机”的做法，不仅大投入，且高效产出，底板施工阶段60台挖机、100台土方车，主体结构施工阶段高峰期工人达到4500人，30台履带吊、80台汽车吊，日进场钢结构量高达1200吨。即使在深夜，现场也是“人山人海，车水马龙，灯火通明”的大干景象，充分展现宝冶作为国内电子厂房龙头建造商的“铁军”精神。

大体量与大强度催生大速度。“大干”不是“蛮干盲干”，而是“实干巧干”。电子厂房项目，体量大，工期紧，属于典型的“短平快”项目。其核心和难点在于如何科学组织，让人、机的效率更大，机械如何搭配，让吊装速度更快。结合项目的特点，在吊机选型上，以满足不同类型构件的吊装；在吊机布置上，遵循平面和空间搭配的同步；在工序安排上，拼装、吊装、焊接班组形成流水，而每个轴线可以作为一个施工段，快速流水、搭接，极大地提高了吊机的使用效率。自2017年11月21日如期开工以来，纪录在他们手中不断创造着，并完成多项节点提前的优异战绩：两周内完成人才机资源组织，组建起130人的项目管理团队，45天完成大底板约20万立方米砼，钢结构首吊提前5天，首层筏板完成提前3天，西支持区封顶提前1天，东支持区封顶提前17

天；50天安装钢结构6万吨、日平均吊装量达1200吨、高峰时日吊装量达到1800吨，刷新国内电子厂房单体日完成量最高的新纪录；创造了钢筋7万吨，模板40万平方米，混凝土41万立方米，钢结构10.5万吨的大体量项目中国同类施工建设奇迹。

显示一股力量：筑起“轻重之堑”

“智慧建造”让显示器生产线与厂房结构的“结合”达到力量上的平衡。

“重于泰山”的大跨度钢桁架为“轻如鸿毛”的高科技电子产品筑起“科技护城墙”。高科技电子产品的生产对厂房洁净度的要求极高。在结构施工阶段，结构面层的处理是厂房实现其洁净标准的基础，属于洁净度的第一道防线。只有工匠般的精雕细琢，才能做好打磨、除锈、表面清洗等各道工序，让结构为其保驾护航。洁净厂房一般设计为内外两层全封闭结构，洁净室与周围的空间维持一定的压差。电子厂房洁净室内是恒压、恒温、恒湿的，其使用的机电设备数量相当庞大，管线相当复杂。在施工内墙板或夹芯板时，板与管道的碰撞和开洞又是一大难题。通过BIM技术的检测碰撞和三维建模，完全避免了此类问题的出现，提高了施工效率，节约了施工成本。

电子工业属于高精尖加工制造，其设备在运转过程中对结构的微震要求极严，不允许出现大的震动或位移。对于单层工艺华夫板，结构的微震控制靠筏板上密布的微震柱来保证。而对于双层工艺设计，第二层华夫板的微震控制靠其下方的支撑体系来保证。楼层桁架的设计很复杂，采用密布的纵横桁架 + 支撑的形式，以此来满足结构的微震要求。同时，工艺对华夫板的平整度要求极高，达到每 2 米范围内不超过 2 毫米的高差要求，这就需要钢结构在施工时必须严格控制标高，特别是钢柱和楼层桁架的标高。为确保钢结构快、准、稳一次吊装就位，项目部"头脑风暴"集思广益，从钢结构拼装开始，就严格控制其尺寸。在吊装时采用多点布控，引点时从原点引线，以此消除累计误差。常规施工需多 8 个月的工程量，宝冶仅用 126 天完成钢结构的安装。多项施工技术填补厂房建设领域的空白，这支多次曾问鼎中国钢结构行业的最高奖项的央企劲旅，再次完美挑战速度极限。

赢得一片喝彩：缔造"诚质品牌"

投身高科技电子厂房建设的宝冶人用匠心呈现"中国品质"与"中国速度"。

工程既要"短平快"，又要"稳精准"。高科技厂房虽然工期较短，但是对结构精度、质量要求特别高。上海宝冶追求精细化管理，运用精细化技术，将工匠精神渗透到每一个细节中，确保项目各项工作正常有序开展。

施工不仅仅是一门技术，更是一种艺术。在战略引领方面，董事长白小虎指示"不打无准备之仗，不打无把握之仗"，坐镇总指挥的集团公司副总经理李乘建要求在全力以赴赶工期的同时，要将过程控制标准化落实到施工生产实际工作中，抓源头，抓过程，抓细节，严把质量关；在创新驱动方面，对方案优化，所有框架柱采用方圆扣加固，大底板采用导轨法施工找平；华夫板测量及调平采取多次测量调平技术，采用物联网模式运输钢构件，群塔施工采用防碰撞技术，高支模脚手架采用应变检测系统；同时高度重视信息化、智能化管理，钢结构构件在加工厂内就贴上二维码，物流过程中及进场后可根据二维码轻松分辨钢构件产地及使用部位等，以此提升施工精度和效率，在品牌建设方面，推广绿色施工技术，打造标杆观摩工地，用承诺和智慧雕塑时代的艺术品。

富士康项目受到广东省、市、区各级领导的高度关注，先后接待广东省副省长陈良贤及富士康集团总裁郭台铭等众多领导观摩调研，郭台铭对上海宝冶的履约能力予以充分肯定，并大力赞扬了上海宝冶在电子厂房及钢结构领域一流的施工实力。陈良贤称赞上海宝冶集团承建的项目在进度、质量及现场安全文明等方面的管控能力充分体现了国内一流大型央企的超强实力。项目同时受到中国中央电视台、广州市电视台等多家主流媒体的跟踪报道。

搏击厂房建设领域近20年，上海宝冶成为厂房建设行内“速度与力量”的代名词，成为一张不断挑战“高科技厂房”建设新高度的名片。用126天的“中国速度”创下“全球最大”厂房叹为观止的建设奇迹。

（李　娜）

城市地下“动脉”的“质”造者

——浦东机场综合管廊项目纪实

“城，所以盛民也”。地下基础设施建设为城市的“里子”，并被城市建设方视为“城市建设的百年大计”。在城市地下基础设施的建设过程中，各类地下设施：电力、通信、供水、排水等管线，常常出现由于统筹规划、建设管理不力等原因导致一系列问题。解决城市地下的这些问题，需要开发地下空间，大力发展综合管廊建设是最好的办法。其意义在于充分利用地下空间，使城市运行更加顺畅。虽然一次性投资较大，但从长远来看，其实是节省了许多综合费用开支。

2015年7月28日，国务院总理李克强在国务院常务会议上指出：针对长期存在的城市地下基础设施落后的突出问题，要从中国国情出发，借鉴国际先进经验，要把城市建造中集中敷设电力、通信、广电、给排水、热力、燃气等市政管线的地下综合管廊作为国家重点支持的民生工程。城市地下综合管廊的建设自此进入了高速发展期。

上海宝冶正朝着成为一流的最具产业链竞争优势的全生命周期工程服务商的目标迈进。公司积极响应国家的民生工程，在地下综合管廊的建设中，不断开拓创新，寻求突破。近年来，宝冶先后承揽了上海浦东机场综合管廊及部分管线工程、江西吉安管廊项目等一大批地下综合管廊工程，展现了公司坚持走高技术、高质量发展之路的坚强决心。

2017 年，公司承揽了上海浦东机场综合管廊及部分管线工程，是浦东机场三期扩建改造工程群中一个极为重要的项目。由于项目工程难度大，工期短，建设方对能否履约的担心直言不讳，并形容此项目为“工程禁区”。设计单位也对此项目能否正常施工表示担忧。

不畏险峻　攻坚克难

上海浦东机场综合管廊及部分管线工程埋地段结构总长约 875 米，从机场卫星厅接出至飞速路抬升架空段与南进场路西线地道平行设置，穿过飞机滑行道区域和非滑行道区域，地处机场的核心区域，机场管制要求极高。

项目设计、施工的难点在于南进场路是进出 T1、T2 航站楼的主要通道，与机场运营息息相关，并与新建的多条滑行道与进场南路地道交叉，需利用地道结构建造滑行道桥。这就要求综合管廊基坑施工过程必须严格把控基坑变形。加上综合管廊埋设区域属于港湾机坪范围，管廊顶面覆土深度在 700—1500 毫米之间。机坪设计按照波音 747 客机荷载考虑，最大着陆质量 592 吨，最大轮压 100 吨，且属于反复冲击荷载。这就要求综合管廊地基承载力稳定性高、结构沉降控制严格。另外综合管廊下方约 6.5 米处存在直径 6900 毫米的盾构，为浦东机场捷运系统工程，规划采用 1435 毫米标准地铁轨距，地下隧道内铺设无缝线路和混凝土整体道床，按照 B 型地铁列车相对应的线路工程主要技术标准，车辆最高速度每小时 80 公里。这就要求综合管廊基坑支护需充分为盾构穿越条件考虑。除综合管廊自身结构荷载要求外，入廊管道主要为供卫星厅使用蒸汽热力管、冷冻水供回水管、凝结水管、给水管、电信线缆和电力线缆，其中最大蒸汽热力管和冷冻水供水管为 D1220*14 螺旋缝埋弧焊钢管，管道运行期间荷载大。加之管廊结构荷载要求，结构板厚尺寸大。受机场周边建构筑物及地下已有的埋设管线条件制约，施工场地狭长，施工可利用空间非常有限。该项目的难度还在于浦东机场区域地质条件较差，地下水位高，管廊防渗漏要求高。不仅如此，项目除涉及综合管廊外，还涉及排水箱涵以及 7 类市政管线，施工场地分布于东西两个场区、穿越整个三期扩建的核心区。与卫星厅工程、捷运系统土建工程、港湾机坪工程、飞行区桥梁工程、S1S2 下穿通道工程、能源中心工程、助航灯光工程、燃油管道工程等多个标段存在多处协调界面，可谓贯穿整个三期扩建工程南北的能源命脉。不仅有施工顺序上的先后搭配，也有作业场地、通道等条件的协调，甚至有同道工序需 2 个标段共同协作配合完成的情况。

面对重重困难，项目管理团队没有任何退缩，他们相信办法总比困难多，山再高也要在脚下，浪再大也要在船下，再大的困难也不可能难倒宝冶人。他们群策群力、集思广益，带领员工将施工组织管理放在首要位置，每月定期分析整体施工进度计划，阶段性开展施工组织进度分析及讨论，并形成动态调整计划；从确保主要工种连续性施工角度出发，合理组织安排流水施工，在多点施工区域内做精细化调配，克服了超长线性结构施工劳动力周期性停滞时间长的困难；重大节点集中管理力量，群策群力，工期计划细化到天，关键工序专人跟踪统计日完成量，及时分析纠偏。通过项目全体成员550多个日夜的不懈努力，克服了一个又一个复杂穿插施工组织难题，圆满完成一项项重要节点。整个团队敬业、务实、高效的工作作风感染了参建方，得到各方的高度认可。

精细管理　铸造精品

作为上海市的重点项目，浦东机场项目的工程质量管控定位高、基础工作要求扎实。尤其在这种“禁区”中施工，“质量和安全”更是施工企业的生命。

为了保证施工质量和安全，项目部结合工程实际开展了多项管理工作；注重施组、方案的针对性和可操作性，严格方案内部讨论与审批；各工序检查、考核标准全体管理人员共同讨论制定，纳入合同管理范畴；关键节点提前策划，形成标准节点做法与工艺；样板引路，利用样板段主体结构的施工影像，记录其方式并制作成标准的照片、工艺流程及操作要领，直观指导现场施工；加强过程工序自检、验收，对施工主管人员履职进行考核并与工序质量成活率挂钩；采用书面交底与现场交底结合的方式，提高现场技术的指导作用；定期进行实体质量状况及原因分析，对质量通病组织研讨，跟踪纠偏措施落实；紧密结合施工生产，开展QC、专利、科技开发、合理化建议等质量技术活动。通过项目部的努力，工程在机场指挥部多次质量督查评比活动中获优，在指挥部组织的地下工程结构施工技术比武中获综合评比、专项技能评比双第一。

浦东机场管廊项目无论是管廊、排水箱涵还是七类市政管线，每一项的施工难度都很大，且地处机场内部，安全文明施工高标准严要求。首先对所有的管理标准、制度、流程全体管理人员共同讨论制定，纳入合同管理范畴；其次全员参与，施工管理人员安全责任区域化、安全管理人员检查监督专项化，每月定期考核职责落实；再对吊装、动火等作业采用展示板动态监控；而后对开挖、模架体系验收、模架体系拆除等危险性较大工序严格组织验收；项目经理组织每周联合安全检查，每月组织安全文明状况分析讨论并对下步工作做出部署；并对重大危险源、安全管理重复发生隐患组织专项整治，设立班组安全观察员，结合专职安全管理岗形成点、面结合的隐患排查网络，充分利用微信群，做到信息共享、专人跟踪、快速消除隐患；再结合项目超长线性结构、场地狭窄、多标段交叉特点，动态化开展区域划分、基坑封闭、临边围护、大临设置等工作，确保硬件设施合理、动态地适应安全施工要求等等；同时从提高员工安全意识、增强安全防护知识入手，开展诸如员工安全信息二维码管理、安全体验区以及适当奖励先进个体等多种做法、活动。在此基础上，项目积极推进“绿色施工”，进行详细策划，制定绿色施工方案及实施计划，每周进行内部安全联合检查，组织安全教育，开展现场安全技术交底。在项目部的努力下，整个施工过程克服了场地狭长、多标段交织等带来的安全管控困难，安全文明施工管控到位，无安全事故，在机场月度考核评比中长居三甲，获机场建设指挥部颁发“红旗工地”。

以人为本和谐施工

人才是企业和项目成败的关键因素。在项目实施过程中，浦东管廊项目部将“项目团队人手少、年轻人多”的压力转化为“快速培养年轻员工”的动力。项目部采取师徒对接，并利用团队协作沟通的方式，将“现场就是课堂”的培养理念，给予年轻人工作方向与重任。项目前期，项目部指定年轻人担任重要岗位，并且拟定提纲，让年轻人自主思考并策划板块工作，反复审核修改后组织发布；施工过程中明确了年轻人具体需参与的工作，手把手地进行指导；还利用业余时间组织培训、内部交流，内部群定期发布外界优秀做法、技术论文等资料。项目部还积极组织工程实践性学习，组织到外界优秀工地的观摩学习。和谐文化的打造是项目部提高自身核心竞争力的关键。通过组织开展篮球、乒乓球等比赛以及生日聚会等文体活动，增强团队间的凝聚力，营造积极向上的企业文化氛围。

正是因为分工明确、职责落实到位、团结务实高效，展现了良好的上海宝冶风采，赢得了参建各方认可。项目部团队学习、创新、协作氛围良好，被评为机场“2016年优秀团队”“2017年突击队”。项目经理也被授予机场建设2017年度“先进个人”、上海机场工程立功竞赛“建设之星”以及上海市重点工程实事立功竞赛“建设功臣”等称号。

（龚庆锋）

看见：筑路者与行路者

——探访贵州黔东南州“十三五”农村公路“建养一体化”工程建设足迹

“我爷爷最大的心愿就是能到山下去看看火车。”这是大山中祖辈的奢望。

希望是本无所谓有，无所谓无的。而希望之路是走出来的路，也是实践出来的路，更是探索得来的路。

走进这里，在这黔东南的十万大山中，这里的山，这里的风土人情，给人一种清净安宁的感觉。很少有人踏足深山，了解黔东南鲜为人知的一面，这里记录了在大城市中永远不会看到的景象，那些村落藏在深山中偏僻落后，没有路也许一辈子都走不出去……

修路者，始行之初。农村公路的建成是筑路人创造的奇迹，来自上海宝冶修路人的庄严承诺，以中国中冶首个农村公路项目为重点，全面构建农村公路路网，推进“建养一体化”服务模式，将“中国中冶”刀旗遍布黔东南州 3 万平方公里，这片以苗族、侗族为主的 33 个少数民族自治州的土地上。

“村村通”项目实现了近 200 个村寨的通畅，巨大的付出带来了民生的便利。一条路，使乡亲们告别贫困，让更多的人深入这里。在这里的人走出去的同时，外面的人也走了进来，这里的一切或多或少地正在悄然发生着改变。

看见：最美丽的“村路”

“要想富先修路，脱贫攻坚修好路才能致富。”这些老百姓常常挂在嘴边的话突出了道路建设在经济发展中的重要性。

脱贫攻坚，是习近平总书记最深的牵挂。2015 年 12 月，党中央、国务院作出打赢脱贫攻坚战的决定。

贵州，一直被认为是交通不便，偏僻落后的地方。阻碍贵州交通发展的主要是地形，贵州是中国唯一没有平原依托的省份，92% 的土地都是山地和丘陵，61% 为喀斯特地貌，素有“八山一水一分田”的说法。因此，在贵州修路的难度和成本十分大，比丘陵和平原要高出 2 倍多。然而，励志的贵州没有让人失望。西部第一个村村通公路在这里诞生，如今贵州的交通发展成就令人瞩目，已经成为全国的一个奇迹。随着交通的改善，贵州的经济也在腾飞。

农村公路是直接服务于黔东南州广大农民群众和农村经济的基础性设施，是农村地区居民出行的主要通道，甚至是唯一的通道，成为沟通农村人流、物流、信息流的重要载体。

“看，那山边一条条蜿蜒的村路真美！”自然之美油然而生。

“这路是你们修的吗？我跑过贵州大部分的村路，这路又宽又平坦，修的真是好啊！你们真是为这里的老百姓做了件大好事了啊！什么时候你们也帮忙把我家乡的村路修修嘛！”司机师傅是当地侗族人，这条路让他难掩激动和赞叹。

走进贵州省剑河县久仰镇内深度贫困村党薅村，早上8点从黎平县城出发，由于山路崎岖很多地方不通公路，80公里的山路走了6个小时，到达党薅村已是下午2点多，崎岖的山路让同行的一位小伙伴晕了车。

党薅村地处久仰乡东南部，距乡政府12公里，土地面积34平方公里。辖5个村民小组，130户，人口576人，人均纯收入1450元。党薅村纯苗族，居住在半山腰，交通闭塞，文化落后，是该县最偏僻的村庄之一，吃水难、行路难是村民平时生活中最大的难题。

“想当年，路都是村民开垦出的土路，窄而难行。我们这的村民没事不出门，有事再大的风雨都要赶下山，没办法啊！晴天一身土，雨天一身泥。这也是村民们多年的心结！我最大的心愿就是帮助村民能修通这条路，可是凭一己之力想实现这些简直是天方夜谭。现在政府让这一切都实现了好的转化，有了通村水泥柏油路，再没人走羊肠小道、扬尘路去赶城了。”村长杨胜洪的激动之情溢于言表。

如果不经当地人介绍，很难想象，三年前这里还是交通闭塞、一贫如洗，村民以种地和外出务工谋生，村庄凋敝，几乎沦落为空心村。穷乡盼富路，一切因路而变。去年年中，全长10.13公里的久甲至党薅公路完工，极大改善了村民的出行条件，也为当地经济农业和旅游的规划发展注入了活力。

“我们地里打的粮食，因为没有路，客商不上来，卖不出去。我们也没有车，运不出去，偶尔有客商上山收粮，把价格压得很低，因为量大，一下就少卖许多钱。”村长对曾经的生活感慨道。

“路通了有一年多了，我们村里有100多人走出去打工，比原先翻了一倍，有3户人家盖起了砖房，整村有了3辆7人座的面包车，以前要走两三个小时的下山路，现在半个小时就到喽！我们还打算买台卡车，把我们种植的辣椒、粮食多运些到山下卖。”对于下一步村子的规划，村长和村委会的干部充满信心和憧憬。

“我们山上还有全贵州最美的映山红，外面的人都不知道的呢，应该来看一看，好漂亮啦。”村里的宣传员兼卫生员不忘重点推荐这里的旅游“产品”。

“我们村到东邻的尖峰村，约10里路，还是土路。我们虽不敢奢望，但还是希望你们能给我们用水泥碎石铺一下路就行！”村长希望筑路人能给村子再带来更多便捷。

随着贵州省精准扶贫工作的不断深入，作为直接服务于农村、惠及农民的民生工程，农村公路建设成为上海宝冶驻黔东南村村通公路项目部帮扶工作首要任务之一。经过三年的建设期，如今“乡乡通油路、村村通公路”，农村公路如毛细血管般逐渐覆盖到贵州黔东南州的每一个村镇，还延伸进寨子和村组。

为了解村民的真实生活状况，沿乡间小道环顾，木质榫卯结构的吊脚楼栉比鳞次，村民白天大多去田里农忙，有些清冷和宁静。住在半山的一户人家门口，“四朵金花”倚扶在围栏张望着，观望了许久，这引起了我们的注意。四个女孩3—10岁不等，娇俏可爱，身旁一位30出头的苗族女子背着一个奶娃。看到我们，孩子们并不怕生，脸上露出纯净温暖的笑容。打听到这户住着兄弟两户人家，她们是在“研究”家门口正在施工的电线杆工程，路通了，改善生活的各种基础设施都能加快落实的脚步。她们的眼中充满了欣喜和渴望。

看见：最可爱的“筑路者”

“姑娘，这瓶水你拿去喝”，难以推却地接过古州镇滚玉村小卖部店主从山下辛苦运上来的矿泉水，“谢谢你们为我们修路，谢谢，谢谢”一语道出了村民“路通百业兴”的夙愿和对筑路人的感激之情。

“从大城市来到偏远的贫困山区，四周环绕的重重大山，早出晚归，跋山涉水，喀斯特地貌带来的施工难题，文化和语言的障碍，有些地区没有通网通电，甚至只能挤住在牛棚里……这是我们这些筑路人驻扎在这里三年多最真实的写照。”宝冶市政公司总经理助理、西南片区项目总指挥张华山意味深长地说。

2016 年 1 月，中国中冶上海宝冶肩负央企责任担当，响应国家精准扶贫、精准脱贫的工作要求，克服种种困难，毅然投身到贵州省“十三五”黔东南州通村公路的建设中来：项目分布在黔东南州 16 个县市，共 250 多个道路项目，全长约 2200 公里，按照公路建设类别和规模包括通村水泥路、撤并建制村通硬化路及县乡道改造工程。点多、线长、面广是难点和重点。项目策划之初，上海宝冶党委书记、董事长白小虎来到现场就提出：项目怎么管？怎么才能管得好？我们肩负的是黔东南州老百姓的希望之路。

为把握好开局，针对项目的特殊性，从时间、空间总体策划，以县为区域划分，按照项目类别及建设规模，合理组建项目分部，成立1个指挥部，8个项目分部。各分部在各村落安营扎寨，协同当地政府及交通局组织对每一个项目现场实地查勘，因地制宜地制定施工方案，合理配备人机物料，重点解决材料供应及运输问题，合理安排雨季、冬季、高温季节等气候条件的施工，保证了工程建设的高效推进。

古州镇滚玉村坐落在古州镇的东南面，离榕江县城23公里，与从江的高坎村、高传村相接，是两个县的交界处。全村辖4.5平方公里，耕地面积518亩，有两个自然寨，5个村民小组，共216户，1323人，居住着以苗族为主的少数民族村寨。作为曾经的贫困村，年底预计将可实现脱贫摘帽，而该村是实现脱贫销号的一个目标村。

从凯里市出发前往榕江，顺着县道行驶，看到许多条分流到大山深处的通村水泥路。到了通向滚玉村的路口，这条通往村里的水泥路在杂草丛生的环境中显得尤为宽敞干净，二十余分钟后，到达了滚玉村。此时正好经历了一场“东边太阳西边雨”的奇景，大雨对修建好的柏油村路的通行并无太大影响。

刚进村口，正好碰见一位赶着牛回村的老人。他不住回头端望我们，露出熟悉而憨厚的笑容。

“由于道路是环山建设，从山底通往山顶没有原始的道路，需要开山劈石打通阻碍。多处项目施工地点海拔较高，运输困难，加上自产砂石骨料不能满足施工强度，缺水缺料成为了道路建设的一道难题。任务悬在头上，实地勘察之后决定就近运水满足需求；因当地工程建设项目较多，砂石料供不应求，只有不计成本地从其他地方拖运材料。这位大爷还有村里的村民们自发地多次用他们的板车、牛车给我们拉过砂石还有其他物资。他们还经常硬拉强拽的把我们带到自己家吃饭，招待我们的都是过年才舍得吃的腊鸡腊肉。那股子热情劲儿实在让人难以拒绝啊！”项目副总指挥江宁凝视着这位大爷介绍道。

来到一户帮扶贫困户家中，户主名叫徐兴桥，一家三口务农为生。家门口贴着融洽干部鱼水情的“帮扶责任人信息”以及“同步小康驻村工作组干群连心卡”。今年年初，路修通以后，他通过扶贫帮助和自己攒蓄的钱，盖起了砖房，日子也越过越好。

“家门口的路平是你们修路的时候，顺道用水泥给我铺的，你们真好啊。”徐兴桥感激地说。

“门口这条路是当年老支书带领村民修成的，即使没有硬化也还是村里的主干路，好多村民就只有从这里走出去。自从路修好了，很多村民购买了电驴，全村汽车有 30 多辆，基本都盖上了砖房，带着村民发展生态养殖和水果种植，机械化程度也提高了，用上了小型农耕机，未来还将发展香料等种植业，目前养殖黑毛猪 786 头，去年只有 70 多户参与农作经济，今年猛增到 119 户，经济收入增加了 30%，留在村里的村民也多了。以前有的男孩到了成家的年龄，娶不上媳妇，现在我们这有两个小伙儿娶县城的姑娘，我媳妇也是山下人。”上任已有 8 年的 90 后年轻的村支书徐基静激动地讲述滚玉村的变迁史。

村落的深处的一户人家，一位老人独坐着，略显孤寂，驻足上前和她交谈。婆婆用简单难懂的普通话和我们交流。她的年纪已经过百，自己的“电视话”也是和来到这里修路的建设者“打交道”的时候学的。年初的时候，外出打工的孙子回来，说路已经通了，也好走了，他学了驾照，准备开车回来接她，带她下山转转，看看县城，看看火车。她摆着手，告诉我们，年纪大了，在这也习惯了，哪都不想去了。

援建便民桥助民出行暖民心。“立信于心，尽责至善”。中冶人时刻牢记作为央企的社会责任和担当。2016 年 10 月黔东南榕江县项目部代表中国中冶为榕江县当鸠村跨村修建便民桥，便民桥修建前是由水泥管支撑出行，后来因长期下雨导致水泥管道被冲毁，给村民农产品运输带来极大不便。桥没有了，近在咫尺的两村之间通行要绕道，需要耗费 2 小时。了解到这一情况后，上海宝冶市政工程公司黔东南州“十三五”农村公路建设项目部与村干进行商量，确定了解决方案，并主动资助 20 万元作为修建便民桥的帮扶资金，便民桥建成后，解决了当鸠村 382 户人家，1615 户村民的出行问题。援建修桥这一善举，不仅解决村民“出行难”的问题，更带动农业生产和农产品运输，解决山货“下山难”等问题，带动群众早日脱贫致富，引得当地老百姓交口称赞。

看见：最温暖的“同行者”

“这是过去我们做梦都想不到的事情。公路修到了自家门前，还能在施工单位务工赚钱。”对于黔东南州各个村寨的村民来说，农村公路

“建养一体化”服务工程项目实实在在带来了实惠。

路口永久公示牌上静静地伫立在那里，施工单位一栏写着“中国中冶”。中国中冶的名称不仅仅是刻在公示牌上，更铭刻在村民的心里。当他们行走在平坦、宽敞、洁净的农村路上，或许想不起参建者的名字，但是一定不会忘记“中国中冶”，更不会忘却央企拳拳筑路情。

这是第一条通过“建养一体化”政府购买服务模式修建的路，不仅在全国率先创新推动“建养一体化”政府购买服务模式，推行县乡公路管养分离和市场养护制度，更是努力走出了一条贫困地区加快农村公路建设和养护管理协调发展的新路子。作为一种改革创新，已纳入国家推行的政府和社会资本合作的目录清单，具有可复制、可推广性，下一步将全面应用于贵州省普通公路项目的建设，发挥更大的效益。

采取“建养一体化”政府购买服务模式后，贵州省农村公路发展形成了多方共赢的局面。县级交通运输主管部门告别以往“既要建、也要养，还要管；建不好、养不到、管不住”的尴尬局面，通过购买服务的方式将建设和养护交给央企，用央企既有的优势，有效解决了农村公路建养难题。从以往的恶性循环到多方共赢，贵州农村公路“建养一体化”政府购买服务模式实现了建设与养护的有机结合，切实做到了“建一条、养一条、能持久”，推动农村公路由“走得了”向“走得好”转变，为贫困地区群众真正提供了一条可持续发展的致富之路。

上海宝冶不仅高效、高质量完成建设任务，同时积极与当地政府携手共建，开展各项精准扶贫、脱贫攻坚工作。2017 年 6 月，贵州省公路局召开了扶贫工作会议，为加快贵州省脱贫致富、解决人口就业难的问题，按照就业一人，脱贫一户的要求，邀请了各建筑单位、施工单位参加了此次会议，并委托各单位配合落实帮扶工作。黔东南项目部代表中冶集团，积极参与到该扶贫工作任务中，并切实为当地解决了7人的就业问题，为贵州省脱贫攻坚贡献一分力量。

滚玉村村支书徐基静告诉我们："工程完工后，有约26名村民参与公路养护，其所发挥的效益已经十分明显。他们每天的收入有230元，年收入增加50%。村民的就业，大大促进我们这个三类贫困村的早日脱贫啊！"依托便捷的交通条件，推动了当地景区跨越式发展，外出务工人员纷纷返乡务工、创业，景区新增就业岗位，工资性收入增加了，沿线开办的农家乐、农村客栈等附属配套旅游产业也在发展。

在与一些当地原有施工企业交流过程中，他们也表达了自身的利益诉求，有挑战，但也有机遇。这种模式给当地原有施工企业带来了挑战，但是在具体的项目实施过程中，参与建设的央企也逐步邀请一些优秀的劳务队伍加入进来，这些队伍不仅可以获得收益，而且能够和央企"同台竞技"，学习先进的技术和管理经验。

农村公路是农业、农村发展的重要基础性设施，在贵州省"四在农家·美丽乡村"建设中发挥着重要的支撑作用，对于加快脱贫攻坚步伐、带动群众增收致富、促进农村地区同步小康意义重大。

农村公路正在促进农村发生一场前所未有的美丽变迁。"十三五"期间，随着农村公路"建养一体化"政府购买服务模式深入推进，公路沿线特色种养业、客货运输、劳务收入、乡村旅游等产业将蓬勃发展，交通精准扶贫助力同步小康的故事也更加动人心弦。

村里那些光着脚奔跑玩耍的孩子，对外来的事物充满了好奇。对大山里孩子来说，知识是改变他们命运最好的途径，只有知识能带他们走出大山。平坦的乡村道路延伸着希望，是孩子们走出大山的起点。大山深处的筑路人为乡亲们用心铺就的不仅是一条条便民之路，更是让孩子们立志能走出大山，踩着坚实步子走向精彩世界的康庄大道。

（李　娜）

◀ 南京奥林匹克中心体育场

◀ 深圳大运中心主体育馆

◀ 广州亚运会自行车馆

▶ 哈尔滨大剧院

▼ 鄂尔多斯体育馆

◀ 武汉国际网球中心

◀ 北京金雁饭店

▲ 南京国际博览中心

▲ 中国（太原）煤炭交易中心展览中心

◀ 浦东机场

▲ 上海中环路共和新路立交

► 贵州省黔东南州“十三五”农村公路“建养一体化”服务项目

◀ 南京河西儿童医院

▲ 深圳大学西丽校区

广州美术学院 ▶

苏州火车站 ▶

◀ 科威特中央银行大厦

◀ 海南海花岛国际会议中心

第三篇

饮水思源 难忘那激情燃烧的岁月

30人对话宝冶40年

一代又一代宝冶人见证着企业的发展变化，见证着企业从一个辉煌走向另一个辉煌。

四十年的风风雨雨，宝冶人对宝冶有着不可磨灭的情怀。

宝冶亚运火炬手第一人

奥运会、世博会、亚运会、大运会，宝冶人一路走来，在世界瞩目的重大活动的工程建设中功勋卓著。显示了中国建筑企业的实力与风采。宝冶人不仅建设了优质工程，而且在举办的重大活动中精彩亮相，在参加人数最多、规模最大的2010年第16届亚运会上又开创历史。

在隆重的广州亚运开幕活动中，万里挑一的亚运火炬手成了大家注目的焦点。历史性的机会，历史性的殊荣，面向大众的海选，突出对亚运和对广东的贡献，还有亚运组委会严格审核，这火炬手莫大的荣幸终于落到时任上海宝冶广州分公司总经理白小虎身上。作为唯一的建设单位代表，负责在广州的建筑品牌杰作“广州大学城”段的火炬传递。

突破性的市场开拓，跨越式的大发展，不断上升为经济指标，高效的经营管理，杰出的企业品牌，这其中付出了多少努力，获得了多少成功，给人以多少启发?“亚运火炬手”白小虎讲述了他在宝冶广分的故事。

在亚运工程的智能化亚运技术官员村、现代化的国际体育演艺中心、中国最大的自行车馆等新建及改造项目施工中，他和他的团队不辱使命、不负众望、表现非凡。如在广州市亚运重点项目亚运技术官员村施工中，与其他众多品牌企业强手同台比武，取得“六大率先”，即：

搅拌桩施工阶段率先、土方施工阶段率先、管桩施工阶段率先、垫层底板施工阶段率先、地下室封顶阶段率先、结构封顶阶段率先。在广州市重点办对广州亚运城项目集合考核中，宝冶多次获得亚运城七个标段综合考评第一名。一次次率先完工，一次次高度赞扬，文明的施工，优良的质量，良好的管理，出色的形象，极佳的口碑也引起了各方的关注。

上海宝冶广州分公司成立时，正逢百年一遇的金融海啸，而波及中国经济，处于全国发达经济地区的广东尤为敏感，形势颇不乐观。特别是 2008 年，广东建筑市场僧多粥少，竞争激烈而又残酷。对此他矢志不移抓发展，定下了总体发展奋斗目标，以创业年、发展年、管理年、提升年，一年一步推动，步步登高。

他把项目管理精细化作为长久之计，重中之重。始终坚持推行项目管理三步走，做到“事前预测、事中控制、事后总结”，扎扎实实，一丝不苟的干好每个工程项目。项目要实施精确化施工作业，把精细管理贯穿于工程施工的全过程，体现在施工的每一道工序，管理的每一个环节，使每个作业工序一次就做对，一次就做优。从而形成长效管理机制。在工程建设中确保实现“管理严细，过程文明，实体精品，业主满意”的项目管理目标。

市场的每一次风风雨雨的冲击，对施工企业项目施工都是一次打击，而要经得起市场竞争的打击，就必须在确保工程质量和工程进度的前提下，还要有二次经营的强大能力。他高度重视项目二次经营的工作，以精细管理为导向。从公司层面，重点加大了对预结算管理和财务管理的力度和强度，将管理模式从粗放式向精细化管理发展，并重新修订了多份管理文件，将管理与实际结合起来，从管理上抓效益。项目中标后，对项目的成本和利润指标进行预算，下达项目经理责任书。同时每月定期召开经济活动分析会，强化经济活动分析工作，及时、动态的掌握和管理各项目部的工程造价和成本，帮助项目部找到问题、拿出对策，给项目部提供支撑和服务。并每月动态的监控各项目的收款、付款等情况，要求项目部上报当月的资金需求计划，对内资金的支付实行预算管理、严格控制、集中审批使分公司的资金能够平衡筹划，保证分公司的资金管理。同时将“开源节流、降本增效”作为提高利润的一个重要方法，提前制定了管理费控制指标，并出台具体的控制措施，倡导人人为公司着想、事事为单位省钱的风气，各项统管经费的发生要按照审批流程严格把关。

他深知要保持良好发展势头，就必须要不断发展创新。坚持科学发展，坚持创新提升，不满足已取得的成绩，不断增强自身核心竞争力，以进取、永不懈怠的精神瞄准更高的目标，谋求更好更快的发展。

为攀登更高的高峰，在创新的总体定位上结合公司发展，要成为管理型、实体型、区域型的分公司及工程总承包型、持续营运型、窗口型的公司，达到施工生产经营与公司经营一体化，能够以不断创新的适应市场的风云变幻。结合珠三角区域经济热点和发展方向，围绕市场捉商机，以非钢为重点，进一步做大房屋建筑工程总承包和钢结构专业承包市场，同时逐步渗透华南冶金建筑市场。在施工项目营销上多行业涉足，特别是多争取标志性建筑项目的订单，保证每年建筑施工总承包项目都有较大增长。

在结合宝冶的优势进行创新上，以物流、会展服务业，造船、汽车、钢铁等现代重化工程为重点跟踪方向，有选择性地在装备制造、石化进行突破，在全广东省范围内，紧跟热点区域和政府投资重点发展方向，踏准节拍，把握各种机会。利用企业的资质和品牌优势，抓重点项目，抓重点投入，抓重点跟踪。采取的方针是：适应现状、突出优势、转型提升，立足广州、稳固深圳、突破珠海、覆盖广东、辐射华南。

在创新发展目标的完成上，努力实现“两个确保、三个领先”。两个确保即确保人均劳动生产率宝冶第一，确保人均创造利润额宝冶第一。实现三个领先，即主要经济指标完成率领先，项目管理水平领先，属地化管理水平领先。在不断进取，不断努力中开拓出企业发展一片新的天地！

（郑建果）

“摩托老总”和他的特种部队

20世纪80年代。

幸福牌摩托车引擎轰鸣，转瞬即从特种公司大门旁呼啸而去，风驰电掣；只有火红色烤漆和骑者银白色铝盔在远处熠熠发光……

宝钢长江引水工程——调蓄水库工地告急。两分钟前，宝钢十九冶特种公司经理办公室内电话铃声频频响起：水库工地发生灌涌。

接到报告后的片刻之间，停在公司门口的那辆红色摩托闻警而动，直往出事地点驰去。

驾车的就是以“摩托老总”闻名的宝钢十九冶特种公司经理王茂松。

王茂松，湖北人，相貌普通，身材壮实，脸色因长期从事野外工作而黑中透红，嘴唇微厚，湖北口音浓重。王茂松领导的特种公司是一支以土石方施工为主，拥有高度机械化能力的“特种部队”。它的前身是一支解放军野战部队。这支“特种部队”先后参加了武钢、马钢、攀钢、重钢的建设，又与河北、山西、四川各路基建大军云集宝钢，几次横越大江，飞渡关山，至今野战部队雄风犹存，以善打硬仗著称。王茂松因公外出可坐小汽车，但他却更喜爱亲自驾驶摩托，风驰电掣，争分夺秒，亲临现场，指挥施工。久而久之，王茂松“摩托老总”的雅号，便由此传开了。

此刻，在通往水库工地的公路上，王茂松正驾车飞驰而去……

这位“摩托老总”和他的特种部队，在宝钢引水工程上怎样打了一次漂亮的硬仗，在宝钢其他建设项目上又立过什么样的汗马功劳，那还得从头说起。

一诺千金

宝钢的引水工程原来是决定从青浦淀山湖引入淡水，后来，有些工程技术人员提出在长江下游拦坝蓄水，避咸蓄淡，引水进宝钢。地点确定在吴淞罗泾长江岸边。这一方案于 1982 年 9 月得到国家经委初步确认，1983 年初国务院正式批准，投资 1.2 亿元。此时，离宝钢一期工程“八五・九”点火投产，只有两年半时间了。

时间紧迫，工程上马刻不容缓。宝钢指挥部在考虑：这样一项工期紧、风险大、边设计边试验的大型工程，可以托付给谁呢?

吴淞口罗泾地区，风急浪高的长江岸边，停着几辆小汽车、面包车，其中有一辆是我们已经熟悉的火红色摩托车。一群人在封冻的泥地上慢慢地走着。这是宝钢指挥部的领导同志们在踏勘即将施工的引水工程工地现场。

片刻沉默之后，冶金部顾问、宝钢总指挥李非平向身边的特种公司经理王茂松发问了：

“怎么样?‘特种’拿下引水工程有思想准备吗?”

王茂松的心里很清楚，这项在整个宝钢建设项目中上马最迟的引水工程，施工艰巨、工作量大，目前连图纸都还没有画出来。然而，他更明白，引水工程对整个宝钢一期工程关系重大，如果不能按期完工，宝钢工业用水无法保证，“八五·九”点火投产就等于一句空话！

一阵江风扑面而来，王茂松扬起脸，目光显得坚定沉着。

“有把握接吗？”总指挥注意到王茂松的沉思，紧盯一句。

“接！”王茂松只说了一个字。

一个“接”字，可真是一诺千金！

背水之战

引水工程的调蓄水库占地2400亩，需要填石103万吨，填土87万立方米！

王茂松决心已定，准备背水一战。他迅速作出三项决策：

一是亲自挂帅，抽调公司技术施工负责人组成强有力的现场指挥班子，坐镇工地，指挥作战。

二是针对水库作业面大，宜于大兵团作战的特点，迅速调集精兵强将，配备包括一汽“解放”、二汽“东风”、日本“五十铃”、苏联“克勒斯”、法国“贝利特”各类重型卡车，以及波兰、日本的挖掘机、推土机在内的117台车辆器械，组成阵容强大的机械化部队。

三是倒排工期，抓运筹，制定几套施工方案，进行可行性研究和经济对比分析，选择最优化方案，组织施工。

1983年旧历大年初一。清晨。

上海市吴淞地区的居民们还沉浸在酣睡中，而距此20多公里远的长江岸边，有一群人站在寒风中，这就是王茂松和他特种公司的引水工程队。

王茂松抬腕看表，6点半。此时，第一辆贝利特载重汽车发动了，随即50多辆满载石块的重型卡车吼叫着，川流不息地爬上江堤，向指定地方倒石。长江引水工程战役打响了。

在王茂松指挥下，特种公司200多名职工发扬拼搏精神，十几天内就装运了万吨石料，铺堤100多米。

施工高峰时期，千余民工和数十艘船只协同作战，一百十几辆载重卡车组成的车队川流不息，大型推土机、挖掘机机器轰鸣，抓斗此伏彼起，场面十分壮观。

工程的进展虽然相当迅速，但王茂松的心情却并不轻松。他在想，引水工程由于工期紧、上马晚，依然构成对宝钢一期工程最大威胁，还是在国务院挂上号的一项“危险”工程。

夜深人静，王茂松躺在床上，睁大一双眼睛，怎么也睡不着。

枕畔那只小闹钟，滴答滴答地走着，时间在一秒一秒地流逝。他翻来覆去地想，如何才能抓紧时间，提高工效，保证在“八五·九”蓄水？

换了一个卧姿，依然睡意全无。王茂松翻身坐起，随手披上棉衣，推门而出。就在这时，一个想法在他的头脑中形成：能不能大胆改革，采用农村承包的办法，在施工中搞承包制？

王茂松的想法得到了公司领导班子的支持。

公司首先与担任抛石任务的各汽车班签订了联产计酬承包合同。承包前，每班平均日抛石量为 101 吨，承包后，日抛石量为 240 吨，提高工效一倍多。

1983 年元月工程序幕战中，提前 17 天搞好“三通一平”。

1983 年国庆节，提前 4 个月实现 3703 米棱体石坝合龙。

1984 年元月，提前 34 天完成闭气施工任务。

1984 年 6 月，又提前完成堤身土施工，抢回工期半年多。

由于工程进展神速，仅石坝提前合龙一项，就为国家节约资金 250 万元。

明天将有大潮汛

1984 年 3 月 16 日 12 时 20 分。

引水工地突然发生灌涌，混浊的江水不断从缺口滔滔涌入，闭气土一下塌方 20 多米。据气象部门预报，第二天起长江下游连续 3 天高潮位，若不设法堵住灌涌，整个调蓄水库将毁于一旦，后果不堪设想。紧接着，就出现了本文开头所写的场面。

12 时 50 分，王茂松赶到现场，他迅速查明情况，旋即调来 8 台推土机、30 多辆汽车，对堤身进行填土压实。

然而，最关键的是必须紧急拆除泵站，加宽加固泵站区的闭气土。

因为此处闭气土断面窄、标高低，是造成这次灌涌的重要原因。

“喂，喂！修理厂，我要修理厂！”王茂松对着电话大声喊叫，可是，在这关键时刻电话却不通。

“我跑一趟！”王茂松放下话筒，转身出门，紧急启动摩托，一挡迅速挂到三挡，疾驰而去。

来回驱车100里！王茂松亲自从基地修理厂搬来了救兵。20个人得干5天的活，硬是在4小时之内拼了出来，连喘一口大气的功夫也没有。

3月16日24点30分，在凌晨大潮汛到来之前，险情排除了！

引水工程开工之后，要采用一项国外新技术，在坝底铺设尼龙编织布。施工日期紧迫，劳力短缺，来不及组织民工，王茂松决定自己干。为了摸索铺设尼龙布的第一手经验，王茂松一再亲临现场。晚来早去的长江潮位对水中作业、江边施工带来很大威胁，为了赶潮位，王茂松夜半即起，带领职工挑灯夜战。

每块尼龙布宽30米，长40米，重100多公斤，需要搬运、滚动、摊开、平铺在江底，然后打桩固定。在没膝的淤泥中作业，冰冷刺骨，抬一抬腿，似有千斤重。王茂松和职工一起，站着干不行，跪着干；跪着干不行，就趴着干。为了抢在潮水来到之前，一干就是八、九个钟头，完工后，腿都抬不起来。

整个引水工程施工期间，王茂松和他的特种部队的英雄们抗大潮、战台风、排险抢修，克服一个又一个困难，施工进度一快再快。引水一战，摔打出一支敢打敢拼的英雄队伍，而王茂松也再一次以“这个经理敢打硬仗”之称闻名宝钢。

1984年3月26日，国务院代表韩光视察了引水工程的工地，感慨地说：“引水工程曾是我最担心的项目，常为此睡不好觉。看到工程进度这样快，我现在放心了。”

“寻土”轶事

特种公司承担宝山钢铁总厂多种施工任务，厂区场地平整即是其中一项。宝山东濒长江入海口，地势低洼，海拔3.5米。按设计要求，整个宝钢厂区需要增加标高，回填大量土方。宝山无山，一马平川，哪来加高所需要的大量土方呢？上级有关部门为此大伤脑筋。

就在这时，王茂松和周围几个同志也在研究怎样解决土的来源问题。

“怎么样？去镇江、金山买土吗？大老远的，不说买价贵，还得加上运费，贴上时间呢。”王茂松算了一笔账，太不上算，长途搬运，豆腐也搬成了肉价钱。

“那该咋办？又不能变魔术似的变出土来。”有人小声嘀咕。

“月浦附近不是有几个土包吗？刨了不就是土吗？”王茂松似乎胸有成竹。

说干就干，王茂松又启动摩托，第二天就在月浦和盛桥地区跑了一圈，找到了不少土包，当即和所属生产队签订了合同。

特种公司承建宝钢铁路专线，线路恰好要穿过吴淞公社的两个水塘，按照惯例，要把挖出的淤泥运到远处丢弃，再从别处拉土来垫路基。

在吴淞公社的田埂上，王茂松找到了生产队长：

“这地里庄稼长势不错吧？”

“庄稼长得好，还得靠肥料哪。”队长递过一支前门烟。

“烟我不抽，就跟你们商量商量施肥的事。”

“行啊。”队长很有兴趣地说。

“我们挖了两水塘淤泥，给你们的大田铺一层厚厚的基肥，从大田上面挖掉一层干土给我们做垫路基用，你看可以吗？”

“可以可以，这可是大好事。”队长喜出望外。

考虑到填了水塘，会给农民生活带来不便，王茂松让公司主动挖了条长长的水渠，给农民淘米、洗衣用，而挖出的土又可作回填料。农民眉开眼笑，王茂松的特种公司不花一分钱却得到了大量的土源。

土源源而来，诀窍就在于和农民搞好协作关系，特种公司帮助农民推平土包，填平沟壑，改造良田 180 亩。

“我们练祁河两边的余土送给特种公司，”一位妇女队长主动上门：“就算支援宝钢建设的一点小小心意。”

“太谢谢了。”王茂松说。

“哪里话，还得谢谢宝钢的工人老大哥，为我们做了这么多好事情。”

就这样，在别的单位为土犯愁的时候，王茂松和他的特种公司就近取土 100 余万立方米，节省投资 470 万元。

与此同时，特种公司还积极开动脑筋，发扬“寻土”精神，大力开发了上钢五厂废弃的“钢渣山”和宝钢电厂的“累赘”粉煤灰，仅此两项又分别为国家节约投资 700 多万元。

湖北藕

“老总叫咱们干活，可回来连口水都喝不上。”在工人中间偶尔也会听到对王经理的埋怨声。这声音传到王茂松的耳朵里，他不由得为之一震：我们对工人的生活还关心得很不够啊！

有一个星期天，王茂松的几个孩子一大早起来，打扮得漂漂亮亮：爸爸难得答应，今天一块去外面好好玩玩。但是，爸爸哪儿去了？

原来，王茂松开着车给工人运开水去了。

他的大女儿毫不客气地评论道：“我爸呀，说话老不算数。”

可不，每年春节，孩子们总催着爸爸一块去马鞍山外公家过年，他老是答应“明年一定去”。但是年年都没去成，甚至每年大年初一家里都见不到他的影子。

原来，王茂松给留在工地不能回家的职工们拜年去了。

1983 年 7 月的一天晚上，连续在引水工地忙了许多天的王茂松回到了家里：“哈哈，累坏了。”

“瞧你忙得家都不想回了！”妻子嘴上这么说，一边却给丈夫倒好了洗脸水，又让他换上拖鞋。

晚饭后，王茂松舒舒服服地躺在沙发上，准备好好松弛一下筋骨，消除一下疲劳。今晚电视节目有一场精彩的足球赛实况转播，不能错过机会。王茂松是公司出名的“球迷”，公司球队每次对外比赛，无论多忙他都要抽空亲临“指导”一番呢。

王茂松喝着妻子特意泡上的浓茶，观看新闻节目，等待着就要播放的精彩足球赛。突然，王茂松看到一条电视新闻："安徽宣城地区近日遭受几十年不遇的特大水灾。"

安徽宣城？公司的职工中不是有十多个宣城地区的人吗？王茂松再也坐不住了……

第二天，一支慰问队出发了。慰问队很快地乘船到了宣城，找到了灾区职工家属，王茂松派出的慰问队是最早进入灾区的队伍。

王茂松就是这样一个人，懂得带"兵"，也懂得爱"兵"。因此，工人亲切地称王茂松为"我们的老总"。

特种公司在来宝钢之前，一直转战湖北，绝大多数职工都是湖北籍人。久居客地，难免有"乡恋"之情，王茂松不仅积极为职工解决住房问题，还计划搞一个小吃部，聘请武汉名厨师前来掌勺。

有一次，特种公司派人到湖北二汽接回一批"东风"车，王茂松特意关照顺路捎回了两吨湖北藕。

湖北藕，普通平常，看不出和别地区产的藕有何不同，但据说湖北人特别爱吃这种藕，这藕和肉骨汤一块煮，特别糯。湖北籍职工能在宝钢工地上吃到湖北藕，该多么高兴啊！

1989年，王茂松被授予"全国劳动模范"荣誉，他驾驶着摩托车在宝钢工地奔忙的身影，和万千建设者一起，成为火热的建设年代永不磨灭的记忆！

（遥　深）

1984年“红旗设备”的故事

宝钢八五·九已经成为永载史册的精神，这一天，宝钢（一号高炉）投产，开启了中国大高炉时代。而高炉最重要的动力设备——鼓风机安装，成为高炉点火投产最先决的条件，回顾三十多年前的安装鼓风机往事，劳模精神和工匠精神依然闪耀着光芒。

中国最大的电机

宝钢一号高炉48000千瓦大型同步电机，是当时全中国最大、最先进的设备，定子重量就达100吨。1982年经过吴淞大桥运进宝钢厂区，经过桥梁专家反复检测验证，吴淞大桥无法承受此重量，不得不采取临时加固措施，确保这个大宝贝平安抵达宝钢厂区。

要不要拆房子?

如何将这么一个庞然大物安全地、准确地安装就位？日本专家说：拆掉房子。是吗？全国劳模、现场指挥童选卿决不相信。拆掉房子，工期再度延长，等不及了。场地空间和吊车规格虽然受到限制，但中国人劳动积累的智慧会有无穷的力量。童选卿和同事日夜研究施工方案，反复计算试验论证，最终决定采用单边起吊、往复下降的方式，即用一层层 20 毫米厚的垫块垫起电机下部定子两侧脚板，50 吨吊车吊起一头，抽掉一层垫块后放下，再吊另外一边抽垫块，反复循环慢慢将定子准确、安全地落到指定位置。原本需要几天才能完成的工作，只花了半天时间就将电机顺利安装到位。

绝不成为你们的试验田！

转子的安装是电机施工的重点及难点所在，日本专家提供了一种从未使用过的新安装方式：在定子内加钢板在上面抹上滑石粉，转子上垫上滑板，两者接触后通过滑石粉的润滑，利用一头的导链慢慢将转子安装到位，到位后滑板自动滑出。但定子上的钢板无法从下面取出，要转到上方取出。这时童选卿考虑到了一个关键问题，如果转到上方钢板上的滑石粉等杂质通过翻转掉落到电机内，二次清洁无法做到彻底，对电机安装的质量有着不可逆转的影响。要创新！又是数个不眠之夜，又是反复的计算试验，最终采取了一个日本专家也没有使用过的方式：用吊车将转子托起，将转子下面的轴承全部拆除，直到钢板能从下方平稳移出，滑石粉等杂质完全不可能污染到电机，再一次消除了发生问题的隐患。

0.01 毫米与 0.03 毫米的双重标准

人的头发丝直径大概是 0.06 毫米，电机与机械设备连接的同芯度、平行度以及轴瓦顶间隙侧间隙的精度要求0.03毫米。能不能把精度调整到0.01毫米？日本专家淡淡地说：能，那是在日本。对于宝钢，0.03毫米的精度已经足够。童选卿又不服气了：你能我也能，为什么日本能做的事情我们做不到？别小看这1道和3道的区别，这种精细的调整在这个硕大的电机面前尤为困难。功夫不负有心人，一次次的调整，一次次的比对，经验、耐心、专注与执著发挥了决定性的作用。终于将误差降低到了0.01毫米。日本专家从此侧目，再也不敢用双重标准戴上有色眼镜。

红旗设备诞生了!

一号高炉鼓风机安装以高品质、高效率、高标准的结果顺利完成，于1984年4月6日并网投入一次成功，庆功宴就摆在大电机旁，鼓风机成为“拿下”的战利品。由于在施工质量上的优异表现，宝钢特别命名这台电机为“红旗设备”，它成为劳模精神、工匠精神的化身，激励着一代又一代的钢铁人。从建设攀钢到建设宝钢，中冶人见证了祖国钢铁强国梦的实现；从中芯电子项目到国家存储器项目，中冶人正在铸就中国芯的科技强国。中华民族伟大复兴的天空，有一道闪亮的光芒，劳模精神、工匠精神，成为这个时代永不谢幕的动力。

（童　威　童　强）

武钢金色的炉台，我的金色童年记忆

毛泽东在西柏坡绘制了一幅大气磅礴的新中国蓝图，新中国诞生后将进入全面经济建设特别是钢铁建设的火红年代。

20 世纪 50 年代，为了建设共和国的钢铁长子——武钢，冶金部从全国 9 个省调集精兵强将，风雨兼程，落地青山，饮马长江，放歌东湖，鏖战武钢！ 1954 年 11 月 1 日，宝冶的前身武钢建设公司诞生于美丽的江城——武汉。在青山区肖家湾广袤、希望的田野上，向新诞生的人民共和国奉献出了第一座高炉。

1958 年 9 月 13 日，毛泽东主席从汉阳门码头上船，当船刚驶离码头，主席大喊一声：我要游到武钢去。主席跳到波涛滚滚的长江之中，“不管风吹浪打，胜似闲庭信步”。时年，毛主席老人家 65 岁，毛主席畅游 27 公里到达武钢青山码头，首先视察了我们的施工工地，和宝冶的前辈亲切交谈，并亲自为一号高炉出铁剪彩。毛主席站在一号高炉的炉台上向广大员工挥手致意，宝冶前任总经理、时任五公司高炉工地主任的韩喜激动地向毛主席行军礼：报告主席，一生能建几座炉？一生能炼几炉铁？我要为共和国建十座高炉！

武钢一号高炉日产生铁 2000 吨，它的生产能力超过英美高炉的生产能力，站在世界钢铁生产的前列。武钢一号高炉是我们宝冶历史上奉献给共和国钢铁长子武钢的第一座高炉，她开启了宝冶为共和国钢铁工业起步、振兴、发展和腾飞全过程的序幕。

人的名字是人的生命起点和宿命。我庆幸父母64年前给我起名“建冶”，这个名字赋予了我建设宝冶的使命，冥冥之中命中注定我与宝冶同龄、同名。这辈子我就认“冶”这个命！

童年既迅疾且又漫长，更永存于记忆之中。我小时候，父亲就把我抱上武钢一号高炉的平台看出铁，每当晚上远处传来“当当当”高炉出铁的钟声，父亲总会站在家中的阳台上，大喊一声“出铁啦！”随即，铁水映红了红钢城（宝冶前身的诞生地）半边天！

我家住在武汉青山区红钢城的红房子里，现在这幢俄式风格的红房子已经成了武钢博物馆的一部分，被永久保存。父亲晚上常带我到援建武钢的苏联专家招待所看望苏联专家。我生平第一次见到了卫生间里的浴缸，就爬了进去。父亲同苏联专家谈完话后，发现我不见了，最后发现我在卫生间的浴缸里睡着了。当我爬出来和苏联专家伯伯打招呼告别的时候，4岁的我竟然能用俄语告别。

我的父辈是宝冶前身的第一代，我虽然年幼未能亲身经历武钢高炉建设，但红色基因代代相传，我跟随宝冶亲身经历了攀钢、宝钢的高炉的建设。1985年9月，宝钢一号高炉点火投产，宝冶给每位参加宝钢建设的宝冶员工发放了一只刻有宝钢一号高炉投产纪念的不锈钢杯子，这只被宝冶员工亲切称为85·9的“一杯子”，我将其视作我在宝冶的“一辈子”永久珍藏。

1989年，父亲离休后重走当年的铁血战场及工作之路，领略当年曾经有过的铁甲与和平，苦难与辉煌，欢欣与悲怆。父亲再次登上久别的武钢一号高炉金色的炉台，在父亲眼里，高炉流出来的铁水仿佛是给年轻的共和国注入鲜红的血液，凝固的仿佛都是奉献给人民共和国的金子！

宝冶展示厅是我心驰神往的地方，她就是我心中神圣的金色殿堂。展示厅第一幅照片——1958 年 9 月 13 日，毛主席视察我们宝冶前身的武钢建设工地，我们家的墙上也挂着这幅经典照片，每当我站在宝冶展示厅这幅照片前，心里总是涌动着一股家国情怀的滚滚热流。

共和国钢铁长子——武钢金色的炉台，我的金色童年记忆！

（李建冶）

火红的攀枝花

世界上什么花儿最美？可以得到无数个答案。有人说是洁白无瑕的白玉兰；有人说是金花烂漫的黄杜鹃；有人说是千姿百态的郁金香；有人说是雍容华贵的红牡丹。而让我这个在攀枝花身旁生活工作了十年的冶建战士来说，最美丽的还是这红木棉。

攀枝花又叫木棉花、英雄花。它树形高大，雄壮魁梧，枝干舒展，花红如血，硕大如杯，树龄可达数百年。每逢春天季节，没有绿叶的遮盖，火红的攀枝花就绽放开来，千树万树灿若云霞，映红天地。因此，历来被人们视为英雄的象征。花谢过后，果实成熟爆裂，飞絮如蚕丝纤柔，如雪花洁白，纷纷扬扬，布满天空，蹁跹悠然。

“四川雨雾云南风，金沙江水流当中。”在我国西南高原大黑山怀抱中的金沙江畔，有一个以攀枝花命名的城市，既古老又神奇，既苍凉又美丽。这儿的攀枝花出生在洪荒远古的高原，开放在崇山峻岭之巅，长年累月汲取日月精华，所以它更富有坚强的生命力，更具有云霞般的迷人风采。

这攀枝花虽然地域偏僻、苍凉，但到处是“黄金”，山上有用不完的木材，地下有取不尽的宝藏，钒钛磁铁矿、煤矿储量都极为丰富。20世纪60年代中期，毛主席和党中央作出了建设大三线的英明决策。邓小平同志亲自来攀枝花考察选址，赞誉“这里得天独厚”；毛主席亲自批示：“钉子就钉在攀枝花”，并说：“攀枝花建不好，我睡不着觉”，一座大型钢铁基地建设在这里拉开了序幕。中央所属11个部委的建设队伍，从四面八方来到攀枝花，展开了争时间、抢速度、战天斗地的大会战。

三块石头支口锅　帐篷搭在山窝窝

攀枝花人就像攀枝花树一样高大、雄伟、热情、豪放。

1965年10月，我跟随冶金部冶建大军的先头部队，从西昌转战到攀枝花。那时的攀枝花，十里八里无人烟，出门走路就爬山，遍地荆棘绕顽石，喝水吃菜都困难。相传三国争雄之时，蜀丞相诸葛亮挥师南下擒孟获后，见攀枝花悬崖峭壁，草木不生，仰天叹曰：此地粮草无补，屯兵险矣！急忙撤兵而返。而今，共和国的“天兵天将”不信这个邪！在这个“千年不毛之地”上开始创造奇迹。

先头部队进入工地后，首先要自己立住脚跟，解决吃住问题。工人在避风的山洼中搭起帐篷住宿，垒三块石头架上一口大锅做饭，红军长征路上的作风得到发扬。吃水怎么办？上百人排起长龙，通过三个台阶陡坡，跨过沿江公路，一脸盆一脸盆由金沙江传到食堂储水池，再用明矾净化后饮用。那时，滴水贵如油，一盆江水早晨洗脸，晚上洗脚，第二天浇新种的菜地。工人们豪迈地说：“三块石头支口锅，帐篷搭在山窝窝”，“天当被子地当床，吃水就找金沙江”。小分队的任务就是“三通一平一住”，即通路、通水、通电，平整场地，抢建住房，迎接大部队进场。

为了节约成本和缩短时间，我们学习大庆精神，住房先盖“干打垒”。干打垒就是草盖顶、土夯墙的简易房。工人当时的一段顺口溜，形象地描述出了“干打垒”的结构、优点和建设过程：“干打垒，真便当，上下全用土来夯。不用砖瓦不用石，没有吊棚和大梁，芦席盖顶铺杂草，挡风挡雨遮太阳。”还有更俏皮的呢：“干打垒，真漂亮，冬天暖和夏天凉，防风防雨防地震，安全舒适胜楼房。”

那时的生活简单而艰苦，单身职工住集体宿舍、睡双层床；双职工分一套10平方米左右的“干打垒”，里边一张双人床，一张用板皮自钉的吃饭桌，一个装衣服的柳条包就是全部家当。

要问吃什么？主副食和蔬菜全靠国家调拨、外部运进，吃饭全靠食堂。金沙江的水含矿物质多，刮肠油很厉害，所以一周不吃肉就馋得要命。那时食堂每周发一次肉票，可购买红烧肉或粉蒸肉半斤，我每次都是一气吃光。有一年，食堂两个多月断肉，前方工人的体力受到很大影响。周总理知道后，从出口的猪肉中截留一批供给攀枝花，大家听说后感动万分。说到吃粉蒸肉，这里还有一个小笑话：我们有位政治部老主任，河北人，自幼口吃，越是着急越结巴。“文革”中他和其他领导一起被关进“牛棚”，天天参加“劳动改造”。这天中午，职工食堂有粉蒸肉，同时还有烧粉条和其他蔬菜。食堂一排有七八个窗口，“走资派”们安排在边口排队。老主任好不容易挨到窗口，心里早已馋着粉蒸肉，递进碗急着说：“来一个粉粉粉……”，炊事员立即给他倒了一个粉条。老主任一看更急了，又把碗递过去说："再来一个粉粉粉粉……"，炊事员又给他倒了一个粉条。老主任急得火上浇油，憋住劲脸红脖子粗地说："我要粉蒸肉！！"但这时粉蒸肉已全部售完。老主任只好沮丧地吃他的两碗粉条。

吃蔬菜也是大问题。山里的老乡种菜自种自吃，过去从来不出售。双职工就在家门口的坡地上种点小葱、小白菜，调剂一下食堂菜肴的单一。有一段时间，单位蔬菜供应不上，食堂天天吃咸菜，这时小菜地就起到了"雪中送炭"的作用。我有个老乡，他在江边看水泵，周边种了一些瓠子瓜，星期天给我送来两只，他可成了全家最受欢迎的贵客。

吃水果不成问题。攀枝花盛产木瓜、芭蕉和甘蔗，山民几乎家家都种。我们刚去时吃木瓜不要钱，只要给老乡打个招呼，就可随便摘吃，因为老百姓过去从来不吃，是用来喂猪的。现在可成了人人青睐的高档水果。芭蕉比香蕉个头较小，味道差不多。老乡要一毛钱一只，我去乡下支农时花一元钱背回一大串，足有一百多个，挂在屋内熟一个吃一个，真过瘾！甘蔗就更多了，离我家五里地有个甘蔗批发站，堆积如山。红色硬皮的一角一斤，绿色脆皮的二角一斤。前者皮坚，容易割破嘴；后者皮薄，吃起来脆甜爽口。我每次都背回几十公斤绿皮甘蔗，放在床下，够半个月享受。

四川是白酒的故乡，物美价廉。当时的曲酒九角九一斤，五粮液才三元八角五一斤，星期天我们同事间经常小酌，当然是曲酒。所以，我在四川攀枝花 10 年，一学会了吃辣椒，二学会了喝酒，但酒量平平。

冶建工人志气大　手推小车走天下

攀枝花人是“一不怕苦、二不怕死”的人，他们怀着“早日建成攀枝花，让毛主席睡好觉”的强烈信念，展开了艰苦卓绝的战斗。凭着一颗红心两只手，用肩扛人抬手推车，拿下了一个个战役。为了保证市委和总指挥部的照明，要在炳草岗的后山上建一排高压线塔。上百吨的建筑材料要从山下运到山顶，电力指挥部人手不够，向冶建指挥部求援，我们立即组织一支突击队前往，我是最年轻的共产党员，当然责无旁贷。小伙子和姑娘们，有背红砖的，有扛水泥的，有抬钢架的，一个个冲向山顶。手磨破了，肩压肿了，衣服湿透了，但谁也不吭声，直到圆满完成任务。

浇灌钢筋混凝土基础，是建设厂房的重中之重，有时几百立方米，有时上千立方米。可那时既没有输送泵，也没有运输搅拌车，全靠集中人力打“歼灭战”。我们机关干部除了完成本职工作外，每周要参加几次义务劳动，当然也就成了“歼灭战”的主力之一。手推车是运送混凝土的唯一工具，起到“淮海战役”中民工为前方送粮的作用。这手推车酷似北方的独轮车，但体积比它小。掌握它既要有体力，又要有技术，弄不好就要翻车。所以干部们参加劳动，大多不敢摸它，只干些装车和扫地的简单活。我可不信那个邪，每次都抢要手推车。工人师傅看我积极性高，就悄悄告诉我一个秘诀：“握紧把，踏稳脚，上身立直摆动腰。”这招还真灵！结果我成了推手推车的能手。

高炉是钢厂的标志性建设，流出铁水就意味着本期工程建成。建攀钢高炉时，一无现代化的攀登吊，二无超高超大的起重机。近百米高的大高炉怎么办？群众是真正的英雄，工人用木吊杆代替。当吊装最高端的高炉大钟时，起重工刘宝祥竟用“土抱子”攻下了这一难关。从此，刘宝祥“抱子王”的美誉响彻巴山蜀水，成为省市劳动模范。

攀钢是自行设计图纸、自行制造设备、自行安装施工、自力更生的典范。为了省工省时，“修配改代”成了主要法宝。工人集思广益，用“三个臭皮匠、顶个诸葛亮”的精神，对各种不符合要求的设备备件，能修的修，能配的配，能改的改，能代的代，保证质量为前提，争抢速度为目标，就地解决问题。因此，攀枝花钢厂的机械设备都打上了自力更生的烙印，整个钢铁基地是地地道道的中华牌。

高山峻岭咱不怕　汽车轮上开奇花

在世界各国工业发展史上，凡是大工业基地建设，一般都是在具有铁路和航运、能够通过大量运输的条件下，才能完成，然而，攀枝花是个例外。当时，成昆铁路还未通车。为了落实党中央的战略决策，争时间、抢速度，尽快建成出铁，数万名交通建设者先行进入攀枝花，在不到两年的时间里，相继完成了市区主干线和冶金环线的建设、改造了 108 国道、新建两座独立大桥，从而改变了交通闭塞状况。接着，四川、山东、河北、河南、安徽等省的车队，跋山涉水、鱼贯而入，担负了建设物资的全部运输任务。汽车进入攀枝花只有两条路可走，一是从成都南下，历史上素有“蜀道难，难于上青天”之说；二是从昆明北上，那也不含糊，沿线的悬崖峭壁被形容为“气死猴子吓死鹰”。汽车轮子都挂上铁链，在雪山峭壁上移步，在凌空云雾中穿行，翻车坠崖的事故时有发生。但司机们不怕，运输一天没停。成万上亿吨的设备源源不断地运到现场。井巷公司女司机张莲花是个二十多岁的女孩，开着载重车多拉快跑，多次完成艰险任务，被誉为“五朵金花”之一，后来担任四川省工会副主席。

与此同时，30万铁道兵和民工日以继夜地抢修成昆铁路。沿途经过崇山峻岭、高峡低谷，有些地段隧道相连，桥梁叠加，被称为“洞中洞”“楼上楼”。他们终于赶在1970年7月1日，与攀钢一号高炉同天建成。我国政府做成一幅“象牙微雕——成昆铁路”，作为礼物送给联合国，至今还陈放在联合国总部。

成昆铁路的通车使攀钢建设如虎添翼，建设速度大大加快。出入攀枝花的物资可以方便快捷地通过成都、昆明两地辐射全国。

弄弄坪上摆积木　“微雕钢厂”露峥嵘

攀钢厂址在攀枝花腹地弄弄坪，这儿前临大江，三面环山，见方只有2.5平方公里，自然坡度达20%以上，上下高差80米，大小台阶25个，地形极为复杂。来自冶金部、铁道部的800余名专业设计人员齐聚弄弄坪，他们深入现场，反复勘测，先后做了50多个总图布置方案。经过多次筛选、反复修改，最终形成一个被世界誉为“象牙微雕钢城”

的总图设计方案，把烧结厂、焦化厂、炼铁厂、炼钢厂、轧钢厂、轨梁厂等，像摆积木一样，犬牙交错地放在了这个小小的棋盘上。冶建工人依照蓝图，巧夺天工，日夜奋战，终于迎来了1970年7月1日的攀钢一号高炉胜利点火。庆祝大会在轨梁厂场地举行，中央和省市领导到会祝贺，电报发到北京城，向毛主席报喜。攀枝花人马不停蹄，一鼓作气地完成了年产150万吨钢的大型钢铁基地。被外国冶金专家赞誉为“世界冶金史上的奇迹”。

1991年春天，为参加全国冶建档案学会理事会议，我第一次回到了离开18年的攀枝花。我一直沉浸在激动中，上下午开会，早中午浏览市容，晚上会见老友。攀枝花发生巨大变化，白天车水马龙，夜晚灯火辉煌，高楼大厦成群，交通发达便利，一座现代化的钢城，像璀璨的明珠闪耀在西南高原上。更让人激动的是，漫山遍野的攀枝花开放得更加鲜艳、更加红火。我永远对她钟情，永远对她怀念，永远为她骄傲。回上海后，我写了一首散文诗《梦中的情人，攀枝花》发表在《上海文学》杂志上，接着，《攀枝花文艺》《四川文学》进行了转载。现在我就将这首诗作为本文的结尾：

几十年了，我天天做着红色的梦，树是红的，山是红的，水也是红的，整个世界是红彤彤的。那梦中的情人，攀枝花！

她在崇山峻岭中扎根，在无限寂寞中开放，长年与云崖拥抱，日夜与山风亲吻，没有哗众取宠之心，没有争奇斗艳之意，年复一年，默默无闻地生长着。

她带着山树的野性，不择肥瘦，不畏艰险，沐浴着高原上的狂风暴雨，呼吸着亚热带的干燥气流，对人类没有任何索取的欲望。

果子成熟了，朵朵银色的花絮开始飞扬，像雪花那样洁白，像蚕丝那样轻柔。她不再热烈，她迎接收获的日子，不是狂喜，而是安详！

（董贵昌）

挥之不去的记忆

我很多时候喜欢一个人静静地思考、静静的回味一些东西，也许就像别人说的，人一旦喜欢回忆就说明他已经老了。是啊，时间过得真快，转瞬之际，中冶东方传承包头院，已历六十年。有时想想真的还来不及回忆，有些东西就在我的潜意识里渐渐地走远，消失在天际，仿佛空气一般消失得无影无踪，只是偶尔的某个场景，某个片段或者是某个瞬间，那个熟悉的身影又突然出现在你眼前，让你来不及思考就又转瞬即逝。呵呵，真的是很耐人寻味！心底的记忆，无论是好的还是不好的，是抹不平，是挥之不去的。

回顾中冶东方六十年发展历程，几代包院人扎根祖国西北边陲，艰苦奋斗，拼搏进取，为我国钢铁工业发展和经济建设，奉献了青春年华和聪明才智，做出了巨大贡献，取得了辉煌成就。

记忆 1

1991 年 7 月的盛夏，包头院接到首钢公司的委托通知，要求派一支现场设计队现场设计完成首钢实验厂 80 吨转炉的设计工作，设计周期仅 3 个月。当接到通知到完成组建 100 人左右的现场设计队，包头院仅用了一个星期便踏上了征程。在当时的年代，国内80吨转炉是属于大型转炉，国内这种炉型是没有可参考的。但包头院根据多年的经验及技术储备，顺利地完成了首钢实验厂80吨转炉的炉型设计、设备设计、工厂设计。现场设计队员，每天从早8点干到晚10点，在酷暑的盛夏，大干100天，发扬包院人的吃苦耐劳的精神，顺利完成了任务。后来此80吨转炉的炉型设计变为80吨转炉的标准设计，在国内得到了大面积推广采用。可以包头院是80吨转炉设计的鼻祖，为今后我国大型转炉的设计奠定了基础。

记忆2

1993年包头院与中钢集团鉴定印度MALVIKA综合钢铁厂350立方米高炉及60吨转炉的设计合同。当时在改革开放的年代，我国的钢铁工业正在蒸蒸日上，处于高速发展的阶段。而印度的钢铁工业属于比较落后的状态。此项目是印度委托中国完成设计的第一个钢铁项目。包头院面对第一次接触印度市场，在设计标准、印度设备标准等不熟悉的情况下，没有被吓倒，通过多次谈判、交流，克服种种困难，顺利完成了基本设计及详细设计，并派现场设计人员指导施工。1996年4月，由中国人设计完成在印度第一钢铁项目——350立方米高炉及60吨转炉顺利投产。也从那时起，印度人认识了中国钢铁，认识了BERIS，这也为后续参与印度UTTAM、ESSAR高炉项目奠定了基础，时至今日，提到BERIS，印度钢铁界依然会伸出大拇指。

记忆 3

包头市赛罕塔拉公园是包头市的城中草原，目前也是全国城市中最大的城中草原。1994 年以前，这里是包头市老市区东河区和新市区昆都仑区之间的连接要道，1994 年，包头市决定把这里规划成为公共绿地建设独具特色的城中草原公园。当时的包头院，是内蒙古自治区最大的科研设计单位，承担了该任务。1994—2000 年，包头院先后完成了数版规划，最终确定了总面积 770 公顷，其中林地 150 公顷，草地 380 公顷。从 2001 年开始实施基础设施建设，2002 年正式对外开放。草原有钢城，钢城有草原，成为了包头市独特的风景。

在中冶集团“四梁八柱”业务体系里面，主题公园是核心主业之一，包头院作为中冶集团的核心子企业，从 90 年代开始了城市主题公园的设计和规划工作，在中冶集团其他子企业里，是第一个。

今天的赛罕塔拉公园周围，成为了包头市新规划的开发区和核心政务区，公园设民族文化博览、民族体育竞技、休闲度假、天然湿地、草原风光、生态旅游等 8 个功能区，是集生态、宣传、旅游、文化、教育、科研等为一体的多功能综合型草原生态园。

记忆 4

1999 年包头院参加了国际投标《蒙古国乌兰巴托热效能改造第一

包 EPC 项目》，是利用亚洲发展银行贷款项目。包头院根据在中国北方的优势及对北方供热多年设计经验，一举战胜了国外的多家公司，中标此项目。该项目也成为了包头院第一个国外总承包项目，为包头院在国外的 EPC 项目打下了基础。

记忆 5

六十年时间，包头院人走遍了祖国的 30 个省市自治区，更走出国门，走向海外市场。寻着 60 年的足迹，包头院设计的一个个精品工程像一枚枚珍珠，洒在“一带一路”的版图上。印度、巴基斯坦、越南、柬埔寨、菲律宾、马来西亚、印度尼西亚、蒙古、约旦、科威特、沙特、伊朗、加拿大等等，这些是包头院广大设计工作者，为了祖国钢铁工业发展和经济腾飞，不畏艰险，不怕困难，忘我拼搏的不朽事迹……可以说，目前我国提出的“一带一路”愿景与行动，包头院在 90 年代开始，就与“一带一路”周边的各国开展了紧密的合作，是“一带一路”周边的各国的友好使者、开拓者，在中冶集团的同行设计院来说，包头院与“一带一路”周边各国交往是最早的。如：90 年代初期印度 MALVIKA 综合钢铁厂 350 m^3 高炉及 60 吨转炉、约旦哈桑体育城等。

记忆 6

欣逢公司 60 周年，我翻阅这些年留存下来的老照片。许多已经发黄、烙上了岁月的印痕，但是那些年轻的笑容，依然定格在了记忆的底片上。

怎能忘记，我已鬓发染霜，回首这些前尘往事的时候，还会依稀记起那年、那月的那件事。记起这些曾铭刻在心灵深处的那份切切实实的记忆，记起我们的欢笑，我们的泪水，我们的悲伤，我们的无奈，也许峻刻在皱纹里的不仅有遗憾，还会有曾经相遇的美好瞬间，也许这就够了。都说，人与人相遇是一种缘分，那我与包头院的相遇更是一种难得的经历，至于结果不是我们能够把握的，我更在乎的是我曾经真正的参与过，有了这样的经历就够我一生的回忆了。即使你包头院在遥远的天际，我也能感受你的孤独和思念，即使我身在他乡，你也是我一生中唯一挚爱的单位，此情可待成追忆。梦里落花知多少，无论今朝、明日，包头院、中冶东方你都是我心底挥之不去的记忆……

（王　冶）

一位老党员的往事情怀

前段时期，偶然在中央电视台上看到了一档“国家记忆”的纪实节目，介绍当年国家领导人关心“大三线”建设，以及当年的四川省委书记、三线建设总指挥李井泉、副总指挥彭德怀、程子华等陪同邓小平考察攀枝花（原名渡口市），以及攀枝花钢铁基地初期建设者的艰苦奋斗历程。看着当年的这些场景，心情激荡，思绪万千，勾起了我对参加攀钢建设工作片段的回忆……

我是粉碎“四人帮”后的1977年初，从下乡“知青”招到渡口市（现名攀枝花市）冶金工业部第十九冶金建设公司（上海宝冶集团的前身）工作的，我随着同批知青“战友”分配到工安公司加工厂做钢结构制作的铆工。第一次见到我的组长时，他操着浓重而洪亮的河南口音对我说：“你这小矮个能做铆工？铆工是个力气活哟，还是我带你吧，做你的师傅中不中”？我回答道：“能当工人吃饱肚子就中”！他哈哈大笑。我仔细端详他，一米八几个子，那个物资匮乏的年代像他这样高的个子还是少见，脚大、手大、脸庞大，我跟他站在一起反差也大，他站在人群堆里真乃鹤立鸡群。后来同班组的一位四川师傅介绍道：“我们班长叫梁凤山，1958年参加工作的，是个党员，技术很高，你要好好跟他学”。19岁不到的我，第一次近距离接触的这位党员，还是我师傅，我想党员到底有什么不一样哩？朦朦胧胧。

攀枝花市，地处我国西南横断山脉峡谷区域的金沙江畔，属于亚热带季风气候，日照期间长，别称“太阳城”，常年骄阳似火。当时的加工厂车间一部分，露天一部分，露天部分拼装的钢板、钢构件晒得滚烫。我第一次跟他在露天堆场拼装钢构件时，他看我没戴草帽，讽刺道“你在农村穷得连草帽都戴不起”？随手把他的草帽摘下来递给我戴，我说你戴啥哩？他回答道：“我老皮老肉经得起晒，家里还有”。我第一次戴着手套抡大锤，他当即制止，要我脱下手套，以免大锤滑落出安全事故。为矫正钢板，十八磅的大锤打在钢板上手臂都震麻了，时间长了手掌也磨起了老茧。配合电焊作业的焊渣飞溅嵌进我肉皮里，吱吱冒烟，烫得我怪叫，他立马从工具箱拿出一条毛巾围住我脖子，说这样能防止焊渣飞溅掉进脖子里。一个多月下来，我观察他班前会分工，总是把苦活复杂的活留给自己作业组做。心想，我这矮小的身材跟着这样的师傅耗下去，算是倒了血霉！

攀枝花的企业一般中午要休息两个半小时，我常在宿舍睡过头。一次朦胧中听到同班组的四川师傅在我门口大声叫：“张超志！张娃儿！还在睡嗦？上班都一个小时咯，你以为铆工的45斤定量粮是白给你吃的嗦？起来跟我走”！我囫囵爬起来想，这下完了，师傅要剋我了。到了师傅面前，他平和地说：“你这个小家伙工作时间不长，在农村当知青散漫惯了，但在单位要有劳动纪律的概念，心里要装着事，眼里要看着活。我是党员，你跟我干也会多吃些苦，多承担困难的活。‘荒年饿不着手艺人’，你也要多学些技术”。随后他把结构制作图纸交给我看，并说也可在宿舍看，要掌握制图原理，不懂的记下来问他。自此我跟着他学放大样、做样板、排版节约下料等，并告诉我钢材成分的所含元素、晶相及特性，对应的制作方法等。时间一长，我的钢结构、工艺管道等制作技术有了很大提升，成了班组的小技术员。

1978 年的攀钢提钒车间钢结构安装正处在高峰期，我跟师傅到现场配合清点和排序将安装的钢构件，他问我攀矿的特点是什么？我随口道就是铁矿石嘛，他说“攀矿的特点是含钒钛，轻而强度大，是制造飞机等宇航的好材料，这是我们国家的优势，据说金沙江边堆的钢渣日本人都想买，我们还不卖呢。再怎么‘文革’，国家总要建设发展，不能总落后，要有信心，我对文革期间‘挨整’下放到我班组劳动改造的大干部也是这么说的”。随后的几天接触，他对我谈了很多，特别是说道“你年轻，要有理想和目标，我们的党经历了‘文革’会好起来的，你应该向党组织靠拢，入党是做什么？就是坚持一个信念、一个宗旨，这个宗旨的落实就是做好本职工作，党员与一般群众有什么不同？就是遵纪守法，在工作中成为骨干，多干活，多做贡献，成为榜样。看到这些年我们建成的攀钢，很有成就感嘞”。朴实的话语让我对党有了初步的认识，心想党员就是这样的吧。

1979 年初，我作为青年工人被评为十九冶先进标兵，参加了十九冶表彰大会，十九冶老领导在主席台上为我披红戴花，我很是兴奋！回来后向师傅介绍了老领导在大会上为我披红戴花的情景时，他说：“我们这个单位老领导中有长征干部、抗战干部，很多是从部队转业的，是很有光荣传统的，我 1958 年在武钢参加工作时，毛主席视察武钢还跟当时的工地主任韩喜（原宝冶集团前身上海宝钢十九冶分指挥部总经理）握手，还送他一支烟呢。我们这个单位的领导很有报国之心，职工很能吃苦，否则冶金部不会派我们这支过得硬的队伍支援大三线建设”。作为一位普通的工人班组长，他能说出这胸襟宽广的肺腑之言，当时感觉能遇到这位志存高远、关心徒弟的师傅，我还是很有运气的！能身为具有光荣传统的企业，自豪感油然而生。

迈入八十年代，沐浴着改革开放的春风，我也调到了上海参加宝钢工程建设。在上海宝冶工作学习弹指一挥间，几十个春秋岁月过去了，1987 年入党至今也 31 年了，但师傅教我做人做事，融入了我职业生涯的点滴之中，建树了报国之心、对企业的忠诚之心和对工作的责任心。这些年来，我经历了基层工段工作、机关管理工作和项目部安全管理等多个岗位工作的变动。特别是通过近十年的项目安全管理工作经历，充分认识到建筑业这一高危行业，也遇到了很多风险，我将遇到和处理的安全及劳务风险隐患都认真总结。针对上海迪士尼这一重大工程，在及时组织预防和措施落实上下功夫的同时，作为党员的责任心驱动，我于 2014 年总结撰写了《施工建筑业劳务风险的成因及预防》一文，项目经理张文发到项目部各领导，施工经理高延峰数次专门会议周密部署这方面工作，项目党工委书记孙铎还把该文发到上海国际旅游度假区工程指挥部，引起了指挥部和浦东新区劳动监察大队的高度重视，为此还专门召开了相关会议。经三年的迪士尼工程建设，在项目部领导的全力支撑下，我们宝冶项目部在各总包单位中，唯独没有发生任何有责安全事故和劳务纠纷事件，并获得了上海市重大工程文明示范工地和国家AAA级安全文明诚信化工地称号；项目团队和公司也获得了上海市五一劳动奖状、奖章；项目更是获得了上海市“白玉兰奖”和国家优质工程“鲁班奖”等称号，为宝冶集团树立了良好的口碑，为与相关方今后的合作做了良好的铺垫。

看着这些年来我所参与的工程项目一座座建成，在安全文明和分包队伍管理上做得一个比一个好，也和我师傅当年发出的感慨一样，很有成就感！身为宝冶人很有自豪感！

如今，金沙江的水声和那火红的攀枝花都已经远远的离去了，师傅的教诲和他那党员的高大形象，长久的留在了我的心中……

（张超志）

让钢铁巨人“返老还童”

俗话说：“破坏容易成功难”。纵观宝钢一号高炉大修解体工程，则是“拆除比兴建更难”。

经过创纪录的十年“服役”后，中国第一座世界级大型高炉大修和采用爆破方式解体，这在中国是第一次。而且，拆除方式一反常规，这就在拆除人面前设置了一道巨大的障碍。

国内外高炉大修，一般都要换掉旧的，重新制作新的炉壳。日本川崎钢铁株式会社从 70 年代起就不保留炉壳。而宝钢一号高炉要保留炉壳钢结构及相当数量的炉内设备。因此难度不言而喻。

高炉爆破解体的实例，国内外都曾有过。但是，一般只放几炮就行了。而宝钢一号高炉炉内状况极为复杂，特别是由铁水和矿渣凝结成的残铁层约有 2000 多吨，厚度达 2 米以上，焦炭、矿石等残渣约 1 万多吨。

解体工期越缩越短，从原来的安排半年，到最后确定工期只有 80 天。据日本川崎派来的指导专家说：在日本国内至少也要半年。

由于宝钢一号高炉拆除时间极短，炉内耐材太硬，而采用机械拆除内衬耐材，从铁口处排放残渣的工艺，这在国内也是从没有过的。

总之，宝钢一号高炉大修解体，技术要求之严，施工难度之大，安全系数之小，拆除工期之短，风险度之高，在世界高炉建设史上实属少见。如果在哪个环节上出现一点差错，都将后患无穷。

如此艰巨的任务，由素有“能征善战的冶建劲旅”之称的筑炉公司承担。

这支筑炉队伍，尽管转战南北40多年，曾经在国内兴建和修复过无数座高炉，对于大型高炉爆破解体的实施，却还是第一次。他们深知肩上担子的沉重，但他们更深信：筑炉人有能力快速优质地兴建起包括宝钢一号高炉在内的无数座高炉，也同样有能力完成一号高炉的拆除。

1996年4月28日中午，宝钢一号高炉炸响了第一炮。

12时，高炉铁口试爆成功，炉外设备完好无损，炉壳和管网安然无恙。然而，按设计要求制作的厚20毫米、重10多吨、防止爆破物飞溅的钢板防护门却被炸垮了！“必须立即修复！”施工经理李世耀、总工程师吴德谦和施工科长徐卫顾不上吃饭，在现场经过反复测算研究，直到下午4时，才决定将钢板防护门改为橡胶防护门。4时20分，机械科副科长王光裕接到任务后，火速赶到加工厂，找到了工长陈刚。此时，已到下班的时候，他们把铆焊班10多名已准备好下班的小伙子立刻召集起来，夜幕降临，这些已经工作了一整天的小伙子，顾不上蚊虫叮咬，忍受住饥肠辘辘，通宵达旦地连续苦战，在次日上午10时，制作完成了共8片每片重3吨的橡胶防护门之后，又不顾连续奋战27小时的劳累，一鼓作气将24吨重的防护门运到高炉工地，赶在中午爆破之前全部安装到了4号铁口上。

一号高炉爆破解体作业环境极其恶劣。除高温、高空、煤气含量高、粉尘大以外，加上多工种多层面交叉作业，给解体带来了极大的困难。工人在蒸笼一样的炉壳里，个个都干得汗流浃背。那满头的汗水像瓢泼似地顺着脸流，与粉尘粘在一起，刺得眼睛生疼。一天干下来，人人都像从炉灰里钻出来一样。只有扑棱着的两只眼睛露在外面。但他们却马不停蹄，一口气鏖战了 24 个昼夜，爆破拆除了残铁层以上约一万吨由矿石、焦炭、铁水凝成的残渣。

5 月 24 日，当爆破拆除到残铁层的时候，高炉解体遇到了一道最大的也是世界性的难题：2000 多吨厚度达 2 米的残铁层，经过三天爆破，毫无进展。风动钻孔机无法钻凿炮眼。即使钻进去了，每天也只能拆除几吨残铁。爆破无法继续进行。

一只巨大的拦路虎挡在了路口。

危难之际，筑炉人既没有惊慌，更没有畏惧，而是显得异常沉着、冷静。

公司经理虞忠杰，强忍着胃溃疡发作的阵阵绞痛，顾不得医生要他住院治疗的要求，立即组织有关人员一起进行实地勘察。发现残铁层不仅成分不明，厚度不均，而且炉内充满不明可燃气体。在场指导的日方专家也无主意，他说："我们在世界上拆了 88 座高炉，从未遇到过这种情况。"原来的爆破方案不行了，需要重新确定。虞经理迅速召开紧急会议，动员工程技术人员尽快拿出新的办法。有些人提出："钻孔机无法钻孔，可以试用氧气吹割炮孔的办法"。随之有人说："炉内充满不明可燃气体，氧割随时有危险"。

左也难，右也难，两难时的决心最难下。

这时，冶金炉窑专家、施工经理李世耀站了出来，他果断地说：

"工程紧急，有危险也要上。氧气吹割可行，除此也没有更好的办法。只要谨慎操作，加强监控，就能把危险降到最低程度！"

经过反复讨论，一个新的爆破方案出台了，残铁层爆破声又震天动地地响起来了。

筑炉公司职工无不是能征善战、铁骨铮铮的汉子。然而，一提起宝钢一号高炉大修解体，干部和职工的眼睛就湿润了。

高炉大修解体工程总指挥徐卫，这位 1984 年毕业于北京钢铁学院的本科生，就像扎根在大修工地上一样。每天在炉内爬进爬出不知多少次。为了啃掉残铁层这块硬骨头，他顾不上每天去接送不到 2 岁的宝贝儿子，因为妻子在市内进修，只好把儿子托付给朋友，而自己每天工作达 12 小时以上。不到一个月，他就瘦落了形，脸色灰黑，皱纹迭现，眼窝塌下去了，脸帮子凹进去了，颧骨高起来了。在连续一周高烧不退的情况下，他还是没白没黑地跟班劳动，指挥拆除。高炉爆破 69 天，他一天也没有休息过。

在炕壳里，人们经常看到一位二十出头、样子稍显瘦削却匀称结实、两眼炯炯有神、显得坚毅精悍的高个头在不停地工作。一会儿开解体机，一会儿又操作钻孔机，他就是机械科的汽修工孔宪军。5 月下旬，当风动钻孔机无法钻凿炮眼，改用粗钻头全液压钻孔机配合吹氧割孔时，只有小孔一人才会操作。炉内气温高达 40 多度，加上吹氧的刺激，每个人都像蒸气发生器，从背上冒出缕缕白烟。就在这样的条件下，他一干就是 32 小时不歇气。领导怕他支持不住，好几次都劝他："休息一会儿再干吧，不要把身体累垮了！"他总是面带微笑地回答："年轻人，没关系!”

三队电钳班长殷国平，站着像座塔，跑起来一阵风。每次爆破后，解除危险的警报刚一拉响，他就第一个冲进滚滚翻卷而又呛鼻辣眼的浓烟里，带着20多个小伙子紧张地清除残渣。涔涔而下的汗水与炉灰粘在一起，奇痒难熬，但他从不叫声苦。有段时间，这位健壮的中年汉子得了肠炎拉肚子，也坚持把当天的残渣清除完成后再回去。

好男人！好战士！为了一号高炉的爆破解体成功，他们无私地付出，无怨无悔。其感人事迹就像天上的星星，看得见，数不清。“人生能拆几座炉，不留遗憾在宝钢!”

1996年7月3日炸响了拆除一号高炉的最后一炮。这炮声向世人宣告：宝钢一号高炉大修爆破解体安全成功！这炮声令日本专家惊叹：“中国人，了不起!”

7月23日，筑炉公司又胜利完成了包括炉底碳砖的全部内衬耐材的拆除。

8月12日，高炉开始正式修复。当宝钢（集团）公司副董事长沈成孝郑重下达“宝钢一号高炉大修耐材砌筑工程现在正式开始”的命令后，又是宝冶筑炉职工精心地把第一块长3.5米、重1.6吨、披红戴花的炉底大碳砖准确安装就位。

宝冶筑炉公司的职工用汗水蘸着心血，终于又谱写出了我国钢铁工业史上的辉煌篇章!

（洪金礼）

永远怀念的英雄爸爸

爸爸您对党是那么的热爱，对毛主席是那样的崇敬，对冶建工人是那样的情深。1958年9月13日，是您永远都铭记在心的日子，毛主席视察武钢一号高炉出铁，亲切接见了您，并送给您一支中华香烟，对于这一支不平常的香烟，爸爸是那样的高兴、激动，那样终生难忘。当时，您对大伙说："毛主席给的这支烟，并不是给我个人的，这是毛主席送给我们冶建工人的，这是我们冶建工人的光荣，体现了毛主席他老人家对我们冶建工人的关怀。"这支不平常的中华烟，跟随爸爸转战大江南北、长江上下，随身携带精心保护多年，同时也激励着爸爸为党和人民更加勤奋地工作。

爸爸作为革命功臣，从来不居功自傲，在冶金建设战线上又轰轰烈烈的战斗了四十多年，把所有的才能和智慧全部献给了热爱的伟大事业，全身心地投入到国家钢铁工业的发展上，并多次再立新功。在60年代的攀钢建设中，爸爸您将母亲和您的孩子留在了武汉，只身赴川，过起了单身生活，一干就是10个年头。这10年来，仅回家2—3次，70年代转战武钢一米七轧机时，我们知道爸爸要回武钢工作，心里是多么高兴啊！全家又可以团聚了，可哪里知道，爸爸回到武汉，却一心扑在热轧工地上。其实工地离家仅有几公里路，爸爸却十天半月也难得回家一次。偶尔回家一次，我们看到爸爸消瘦了许多，脸也黑了许多，我们当儿女的好心疼啊！我们和妈妈都劝您晚上回家来好好休息一下，好好睡上一觉，但爸爸说我哪有时间啊！热轧工程是国家第一个引进的特大工程，外国人不相信我们中国人能干好，我们中国人要争气，定要干好，我少休息，少回家是小事，热轧工地离不开我呀。由于爸爸过度疲劳，住进了医院，当时在工地的叔叔伯伯告诉我们，您在工地住在一间活动室，而武汉的冬天是那么寒冷，夏天又是那样的酷热，而爸爸您一住就是三年多，最让我们担惊受怕的是，您房间隔壁存放着探伤用的y源，这是非常强的放射物质，对人体伤害极大，但您根本不当一回事，仍然坚持住在那里。现场施工紧张，工人师傅作业三班倒，可您却要连轴转，就是铁人也受不了啊！爸爸您身体越来越差，肝脏肿大、肺部感染，终于被大伙左劝右劝住进了医院，但爸爸您仍挂念工地，竟然偷偷地跑出医院，回到了工地。

我们知道爸爸是一个有血有肉、有情有义的好爸爸，是疼爱自己儿女的好爸爸，也是讲亲情、讲友情、讲同志情的好爸爸。与爸爸共同战斗、工作过的许多同志都讲，您关心别人比关心家人还要全心，关心国事比关心家事还要全意。工人师傅都把爸爸当作贴心人，家里有什么难事都乐意找他帮忙，家人拌嘴找您，缺煤断米找您，夫妻离婚、儿子找不到媳妇也找您，连北方人刚到南方不会生煤球炉也找您。他们是那么信任您，那么尊敬您，而您却为此乐而不倦，事无巨细。有求必应。直到现在，许多老师傅说起爸爸关心人、热爱同志、平易近人的往事，都交口称赞，热泪盈眶，都感到遇上这样好的领导是自己的幸福。工人师傅们从爸爸您的身上体会到了党和人民群众的鱼水深情。

爸爸您是一位德高望重的老干部，但身上始终保持着艰苦朴素、廉洁奉公的本色。我们的妈妈为了全力支持您的工作，放弃了工作的机会一直在家操劳，在我们五兄弟姐妹没有参加工作以前，家庭仅靠爸爸您的工资维持生活，日子过得很艰难，但爸爸您从来不向组织伸手，从不搞特殊，更不搞歪门邪道，始终保持着艰苦朴素、廉洁奉公的传统，直到现在，爸爸家中的家具仍旧是二十多年前那几件陈旧家具。

虽然您没有给我们留下什么财富，但爸爸您高尚的人品、英雄的本色、肝胆服人的精神，将永远留在我们的心中。

（韩小和）

四进大别山

希望工程是一项利在当代、功泽千秋的伟大事业，人助天亦助。

上海宝冶希望小学落在安徽省金寨县天堂寨乡境内，海拔 1729.13 米的大别山第二主峰天堂寨峰山脚下。1996 年 8 月 18 日，这所希望小学举行了隆重的落成揭牌仪式。

清晨，一轮红日从层峦叠嶂的大别山背后冉冉升起，湛蓝湛蓝的天空，万里无云。落成揭牌仪式还没有开始，位于学校门前的大街上的露天会场，已经黑压压挤满了人，这里有接到通知参加庆典的天堂寨乡学生、老师和学生家长代表，有金寨县委和天堂寨乡的领导，绝大部分是天堂寨乡自愿参加的父老兄弟。因为会场内容纳不下，学校对面的天堂寨乡的几幢大楼的各个楼层和楼顶上。密密麻麻地也站满了人，会场内外，彩旗、标语、鲜花，成了五彩缤纷的世界。

上海宝冶希望小学是宝冶一万多名职工和金寨县和天堂寨乡两级政府各部门、各单位以及各级领导、众多老师和学生家长共同用爱心铸造起来的，涌现出许许多多动人的故事。

自 1994 年 8 月 12 日宝冶发出第一份开展学习钟富昭献爱心助学活动的文件起，在两年多的时间内，为了向大别山革命老区安徽省金寨人民献爱心，援建金寨县的“希望工程”，宝冶党委和团委先后在党内和团内进行了五次大动员，先后有12908名职工踊跃捐款，捐款总额达29.2万元。其中22万元用于援建宝冶希望小学，4万多元用于上海宝冶青年奖学基金，还有不少职工参加“1（家）+1”活动，结对资助95名失学儿童，使他们重返校园。为了将捐款及时送至金寨县，并和金寨县“希望工程”办公室和天堂寨乡政府共商援建“希望工程”大计。宝冶党委和团委先后四次派专人千里奔驰北上大别山。

第一次北上大别山于1994年10月，宝冶团委将12100元捐款用于资助天堂寨乡南河小学失学儿童；第二次北上大别山于1995年5月，宝冶团委将20200元捐款用于天堂寨“希望工程”助学奖励基金；第三次北上大别山，将10万元捐款用于上海宝冶希望小学第一批建校资金。

上海宝冶希望小学的前身是天堂寨乡中心小学，位于天堂寨乡政府所在地前畈街道北侧。该校历史悠久，创办于民国14年（1925年）。经宝冶与天堂寨乡政府和中心小学友好协商，天堂寨乡政府大力支持，为了答谢宝冶广大职工的深情厚谊决定将天堂寨乡中心小学改名为上海宝冶希望小学。学校新建教学楼一栋，混凝土框架结构，三层共27间，建筑面积808.4平方米。

第四次，也就是这一次北上大别山，是为了参加上海宝冶希望小学落成揭牌仪式。

天堂寨乡是一个出人才的地方，从1978年以来，培养出国留学生2人，博士生4人，硕士生4人，大学生66人，中专生147人；天堂寨乡中心小学教学质量较高，语文老师黄守法探索新的教学方法，他又创办全国第一张小学报纸《摇篮报》，使学生语文作文成绩在全乡和全县都名列前茅。现在有了全县一流的教学楼，还要有一流的校长、一流的教师、一流的学生。

宝冶职工与被资助的95名失学儿童经常保持“热线联系”，书信来往不断。在结对资助每位学生400元以后，逢年过节，包括六一节，他们还经常给孩子寄一些钱、学习和生活用品。这一次赴金寨参加宝冶希望小学落成仪式，又给孩子们带去了一些礼物。

宝冶的客人每次来到金寨，被资助的学生家长总是盛情邀请宝冶人到他们家去做客。金寨县希望工程办公室副主任王平对宝冶客人说：“你们每次都是来去匆匆，这一次无论如何要到学生家里去看看。”于是宝冶这次赴金寨的代表冒着大雨踩着山间的羊肠小道、踏过晃晃悠悠的钦索桥，在学校老师的陪同下，走访了资助的学生詹正盛和闻海超家。詹正盛和闻海超的母亲看到宝冶的客人冒雨来了，喜出望外，满脸笑容说：“上一次你们来金寨，你们因时间紧未来作客，心里真不是滋味。这一次总算盼到了！”他们赶紧给宝冶客人端茶端板凳，并现炒花生招待宝冶客人。詹正盛的母亲十分健谈，她向宝冶客人介绍了他们家的生活和孩子的学习情况。她说：“我们山里人缺乏经济来源，生活过得很艰难。多谢你们的支持，使孩子能够把书读下去。”当宝冶客人问起詹正盛的父亲时，她说：“他上山采石去了，我们靠他采些石料卖给建筑队，解决一些零花钱。”正说着，詹正盛的父亲戴着斗笠，浑身淋个透湿回来了……宝冶客人终于要离开了，主人冒着大雨一直送出村外，举手长劳劳，依依惜别情。

上海宝冶希望小学新建教学大楼总投资 47.2 万元。除宝冶捐资的 22 万元之外，其余均由金寨县和天堂寨乡各单位各部门和个人捐款解决的。天堂寨乡党委书记周其国向宝冶客人详尽地介绍了教学大楼建设过程，其中有许多感人肺腑的事迹。

这所希望小学位于天堂寨国家级森林公园旅游区，学校就是一个景点。承担这所学校设计的县城建局，匠心独运，把学校设计成新颖美丽的艺术品。面向大街的墙面全部镶嵌着洁白的马赛克和深蓝色的玻璃，大门和八扇窗户采用拱形的“红心托起太阳”的图案，象征着这所学校的建设得到了四面八方的支援。

凝聚着千万颗爱心的上海宝冶希望小学终于建成并投入使用了。这是宝冶职工为了帮助大别山革命老区人民培养人才、改变贫困面貌而铸造的一座世代相传的丰碑。这座丰碑将把宝冶职工和大别山革命老区人民的心永远联结在一起。

（晁国荣）

老董和他的钢铁强国梦

老董是一名冶金战线上的老将，干了20多年项目，足迹走遍国内外无数钢厂，最美的时光献给了宝钢。真正了解老董，是和他一起去越南河静钢厂，一路上老董和我谈钢厂建设中的酸甜苦辣、铁闻趣事，谈他的钢铁强国梦，如数家珍，言谈间流露出对这份工作深深的热爱和自豪，如果不是浸润冶建行业几十年，是不可能有这份经历、这份情怀的，我感觉老董就是个为冶金而生的人。

在我印象中，老董这样年纪的项目经理，又是长期跟钢厂建设打交道，应该是活的比较粗糙的，长年累月在项目上，除了吃饭睡觉就是忙于工作，成天累得像狗哪有时间去培养什么兴趣爱好。然而老董完全颠覆了我的思维，让我汗颜于自己的浅薄。他跟我谈音乐、谈文学、谈摄影、谈旅行，简直是部百科全书，上至天文下至地理、风土人情、历史典故、甚至娱乐八卦无所不知无所不晓。紧张工作之余老董挤出时间深入过沙漠、拥抱过海洋、寻访过名山；拍过日出日落、也拍过云卷云舒；有过休闲随意的旅行，也有过惊心动魄的经历。喜欢自由行、喜欢自驾游，光是听他讲那些旅途中的趣事就已经让我这个只会心动从不行动的人羡慕不已了。

下了飞机到现场还有2个多小时的车程，一路上老董给我介绍着越南的风土人情和河静炼钢项目的建设历程，不知不觉中就到了工地。每个见到老董的人都亲热地打着招呼“老大，你终于回来了！”“董总，回来了！”推开办公室，搭档们围上来七嘴八舌地“诉说着别后的思念”。仅仅过了几分钟，得到消息的业主、总包、兄弟单位的人先后进来，老董在与他们短短寒暄几句后立马切换到工作模式，某个区域的调试需要配合、某个区域的施工需要协调、某个区域的进度滞后需要抓紧拼抢。干脆利落处理好手上的事情后，老董拿起安全帽，“走，带你到现场看看。”

行走在厂房里，老董眼观四路耳听八方，见到几个人正在吃力地从楼梯上搬电盘箱柜，老董赶紧上去搭把手；看到有人切割作业没有戴防护眼镜，老董立即上前提醒；迎面走来一个技术员，老董拉住他询问了几个问题；遇上外方工作人员老董熟练地用英语交流几句。一边提醒着我小心脚下、注意头顶，一边生动形象地介绍着转炉、连铸、大小方坯的工作原理、机械电气设备安装的难点。“项目干到今天不容易啊，海外项目施工有很多难点，施工环境和管理要求与国内区别很大，材料采购、物流运输、越南民俗、融入沟通、劳动力组织等等，幸好我们有一个团结向上的团队。很多员工克服了家里的困难，有的年轻人孩子才几个月大就义无反顾远赴海外，有的家中亲人去世都没回去，还有党员连续三年春节坚守在现场没有回家，这样的事例太多了。对我们来说最难过的就是节假日，尤其是春节，不能和家人团聚，项目部会组织包饺子，大家一起吃团圆饭看春晚，缓解思乡之情。”

一圈现场走下来我已是累得气喘吁吁，而老董每天都要走好几趟，体力消耗该有多大啊，真是打心眼里敬佩咱们栉风沐雨的建设者们。我问老董“你也是50多岁的人了，越南这么热，条件又艰苦，你有没有退缩过?”老董点燃一根烟，深深吸了一口回答道：“怎么说呢，我这个年纪的人，上有老下有小，长年累月在外施工照顾不到家里，要说从来没有过想法也不可能。但是每天在现场，看着它一天天变化，就像看着自己的孩子慢慢长大一样。我刚参加工作时对来帮助建设的外方专家倍感崇敬和羡慕，不管专家说什么都不敢有丁点的质疑，那时候也受了不少气，后来我们在发展中学习，和外方的谈判交往中越来越有话语权，现在我们走出国门像当年那些外方专家一样开始指导帮助别国。我们完成了从被帮助到帮助的角色转换，这是四十年改革开放的成果，我们深切体会到了从站起来到富起来再到强起来的艰辛和波折，但更多的是时代赋予的责任。”

钢铁强国梦是无数冶建人的梦想，浓缩了一代又一代中国人的民族理想和抱负。望着老董黝黑的面庞和坚定的眼神，我想到了朋友圈里看到的一段话：一个真正的强者，不是看他摆平了多少人，而要看他帮助了多少人，成就了多少人，凝聚了多少人。未来属于一群善良、共享、团结、担当的人。老董不就是这样的人吗?

我想我懂了老董和他的钢铁强国梦。

（夏彧彰）

一座永恒的丰碑

2000年元月28日，淞沪抗战纪念馆（塔）落成开馆。这座设计风格独特、集声像、雕塑、模型、珍贵图片等于一体的纪念馆，成为上海及华东地区又一个爱国主义教育基地和人文景观。承建此馆的三公司项目部职工仅用了10个多月时间，就以全优的质量将其建成，他们用自己勇于拼搏，乐于奉献的精神，树起了一座永恒的丰碑。

淞沪抗战纪念馆工程受到市府区府领导及海内外爱国人士的关注，三公司领导深知这一工程的政治意义所在。经理王维藩多次告诫下属，这一工程不能只看经济效益，而且要看社会效益，要把它当作一项政治任务来完成。该工程是边设计边施工，其中还有十来个项目，三公司项目部按图纸施工完成后，业主却要求重新更改，尽管如此，三公司职工也不厌其烦地进行更改，直至业主满意为止。如悼念墙下的广场，原设计用菠萝皮大理石砌筑，可工程完成一半时，业主又要求更换青石。

淞沪抗战纪念馆，是由海外爱国华侨及区有关方面捐款兴建，能否按期完工开馆，事关重大。去年10月，眼看离开馆日期越来越近，可装潢施工却不具备条件。为此，三公司立即派出精兵强将，以装潢施工促结构施工，并采用立体交叉作业等方式掀起了大干高潮。参战员工识大体顾大局，连班作业，艰苦拼抢……公司经理王维藩、党委书记梁志中、工会主席顾伟兴等领导挤出时间坐镇指挥；项目部每天进行“天天读”，统筹安排，解决问题，从而加快了工程进度。装潢施工没有图纸，他们打破常规自己设计并送有关单位审定。时值隆冬，江边无风三四级，在 50 多米高的塔上施工更是寒风凛冽，特别是气温下降至零下 5 度左右那几天，承担玻璃幕墙施工的员工不得不 10 分钟一轮换下来暖和一下身子……施工期间无论晴天雨天，无论干部工人都连班滚班作业，终于按时完成了任务。

淞沪纪念馆一定要在元月 28 日建成开馆，雷打不动，可施工场地只有两三百平方米，队伍施展不开，需“螺蛳壳里做道场”，且设计滞后、变更多、工艺复杂。面对重重困难，三公司项目部严格控制工序质量，并将所有 节点设计细化。在施工中，只要有一点没令业主满意的，他们都加以整改。贵宾室地坪的大理石砌筑，因材质问题有些边缘翘起了 0.3 毫米，按理也是合格的，但三公司装潢分公司仍不放过，硬是将其一块块磨平。从而，整个工程一次成优。

10 个月的艰苦鏖战，三公司严格苛求的管理，以及参战职工无私奉献敢于拼搏的精神，将像这座纪念馆所展示的那段历史一样，永远铭刻在人们心头。

（谢国林　李敏宽）

横空天下第一拱

2003年6月28日，横空飞架黄浦江的第6座大桥——上海卢浦大桥建成通车。

总投资22亿元的上海卢浦大桥，全长8.7公里，主桥跨径550米，超过了518米的美国西弗吉尼亚州新河峡谷钢拱桥，成为世界第一大拱桥。

大桥建成以后，你可以从浦东浦西两侧乘坐高速电梯直达50米高的卢浦大桥桥面，沿大桥拱肋人行道拾级而上，在“巨弓”背上“爬行”280米，登上110米高的拱肋顶端，站在篮球场大小的观光平台上眺望，浦江美景尽收眼底。

卢浦大桥的绚丽景色，可与美国弗吉尼亚大拱桥和澳大利亚悉尼湾大桥媲美。到了夜晚，总共4100余套（盏）照明灯、景观灯、养护灯把大桥装扮得更加妩媚艳丽，不仅整座桥身，就连桥面的厚度、桥拱的曲线都清晰毕现，使人坠入“疑是银河落九天”的遐想。

在上海卢浦大桥建设中，宝冶承担了大桥主桥和引桥1万多吨钢结构制作或安装任务。

宝冶机动公司吊运分公司是一个“武装到牙齿”的机械化施工单位。他们拥有从德、日、美等国进口的各种吨位的吊车48台，总资产

5998万元。他们凭借这一装备优势承揽了卢浦大桥浦东浦西两侧主桥桥面系梁、拱肋、立柱、开撑，铆箱等8000多吨钢结构吊装。其中大桥两侧18块重106.5吨到174.4吨，跨度100米左右的桥面系梁，吊装难度最大。由于单件重量大，又因桥梁结构的特点和安装位置，施工场地的限制，经反复研究决定采用2台300吨坦克吊抬吊并有短距离带载行走吊装方案，但由于部分系梁重量超过了双机抬吊重量不得超过总起重性能75%的企业标准规定，且需单次抬吊行走距离最大为5米，吊装带有较大的风险。为此，在大江大海中闯荡过来的具有丰富吊装经验的机动公司吊运分公司制订了安全可靠的吊装方案，并请宝冶有关专家会审。宝冶首席钢结构安装专家李树斌、首席机械专家陆德铭和有关工程技术人员都到大桥吊装工地检查指导。2台300吨坦克吊司机是从公司挑选出来的杰出技术能手，他们驾驶坦克吊工作速度保持一致同步，保持匀速，使超负荷的桥面系梁安全吊装就位。

为了加快完成大桥两侧8000多吨钢结构件的安装任务，宝冶机动公司吊运分公司按照业主的要求，将2台300吨坦克吊在浦江两岸频繁转场。每次转场，要将数百吨重的坦克吊一个一个构件拆卸下来，装在大型拖车上，绕道徐浦大桥转运过江，然后再一个一个构件重新组装起来。在吊装作业时，吊车的主杆和副杆使用也要频繁交换，驾驶员毫无怨言。卢浦大桥两侧的钢结构吊装任务圆满完成以后，业主给他们送来了金光闪闪的锦旗，上面精心绣上了“精吊细筑，共架彩虹”8个大字。

宝冶机装公司既是设备安装的专业化公司，又是大型钢结构制作安装的专业单位。在上海卢浦大桥建设中，他们首先承担了大桥引桥工程8标LC、LD匝道8片共1200吨钢梁的制作和安装任务，其制作安装难度丝毫也不亚于主桥钢梁的制作和安装。

卢浦大桥引桥8标LC、LD侧匝道钢结构工程位于上海浦东新区外环线与济阳路立交桥交叉处。工程越过外环线上空，跨度大。两侧匝道各由4组钢梁组成。这8片钢梁最重135吨，最大跨度35米。引桥钢梁为空间扭曲的螺旋形箱型结构，空间尺寸很难控制。承担钢梁制作任务的机装公司结构厂严格控制下料和装配质量，通过反复试验，确立最佳焊接工艺，以确保三维空间尺寸。在上海磁悬浮列车线钢盖梁制作中，他们首次采用陶磁衬垫单面焊、双面成形焊接新工艺，这次在引桥钢梁制作中大面积采用，焊接质量好，成形美观，焊接速度比手工焊接快5倍，解决了引桥钢梁制作工期紧的问题。

宝冶机装公司在完成大桥引桥8标8片钢梁制作任务以后，于2002年4月14日深夜吊装引桥8标第一片钢梁，记者前往吊装工地采访，亲眼目睹了第一片钢梁从起吊到落位的惊心动魄的全过程。

第一片钢梁位于外环线外侧LC匝道K10段位置。晚上11点钟开始，济阳路、外环线开始封道禁止车辆通行，为吊装开道。随着一声哨响和指挥旗指向空中，300吨坦克吊立即发出震耳欲聋的轰鸣声，长长的吊臂将第一片重112.65吨、跨度30米的弧形钢梁抓起。当升至半空中的时候，突然从地下冒出强劲的水柱，不断喷涌的“洪水”瞬间将道路淹没，周围成了一片泽国。当时情况十分危急，如果继续吊装，坦克吊重力压在被水浸泡的路基上很容易下陷，将会发生意外事故。宝冶机装公司领导和项目部负责人当机立断，指挥坦克吊将已起吊的钢梁缓缓降落在地面，然后坦克吊开出被水淹没的区域，垫上钢路基箱，重新起吊。由于坦克吊停靠位置离吊装点远了，工作半径由原来的 9.8 米增加到 11 米，吊车力量减少，吊装难度大大增加。这一片钢梁经过几个小时的吊装作业和反复调整，才在两个相距 30 米的桥墩上准确落位。

卢浦大桥引桥 8 标钢梁完成制作和吊装以后，机装公司又承接了引桥 5 标 1000 吨钢梁制作任务。5 标钢梁原来由其他单位制作，由于种种原因脱期达半年之久。因为机装公司按业主要求出色完成了 8 标钢梁的制作和安装任务，业主刮目相看，决定将 5 标钢梁改由机装加工制作。机装公司结构厂针对 5 标钢梁结构形式复杂，侧板、顶板、底板外形尺寸大，形状特殊，制作过程中拼接量大等特点，采用计算机统一套料后进行数控切割，优化焊接工艺，使这批 1000 吨钢梁只用一个半月就加工制作完。业主十分满意地说：“早知道你们有这样实力，这批钢梁一开始就交给你们制作，就不会脱期了。”

举世瞩目的上海卢浦大桥的建成通车，为浦江两岸又增添了一道亮丽的风景线。这座在我国桥梁建设史上流芳百世的丰碑，是上海建工集团、宝冶等单位数千名职工用汗水、心血和智慧浇筑起来的，上海人民永远不会忘记他们。

（晁国荣）

飘香万里的莲花池

炎炎夏日，异常闷热，而宝钢指挥中心门前的荷花则开得特别欢。绿盖擎天，红花映日，把两个不算小的池塘塞得满而又满。

而这莲花池在 2018 年 6 月 7 日前还是一个难以蓄水的“大漏勺”，经过宝冶工程技术公司的“妙手回春”，这个莲花池才得以绽放出如今的生机。人们在赞美荷花的同时，感叹着宝冶工程技术公司防渗维修技术是如此的可靠，是如此的一流。

阶前吐蕊　奇葩异卉

往日业内人士常言，工程技术公司墙内开花墙外香。意思是在宝钢周边练就的工程技术，只在外边市场出名。但在工程技术公司胜利完成宝钢指挥中心门前的宝钢研究院莲花池防渗维修项目后，人们改变了观点，而跷起大拇指啧叹工程技术公司门前开花，芳菲四溢。

此次莲花池防渗维修项目一般施工单位不敢承接，这不仅要靠科学、可靠的工程技术支持，而且业主的领导每天从莲花池旁经过，可以说随时在接收业主的质量、信誉、品牌的考核。

没有金刚钻，不揽瓷器活。宝钢研究院莲花池防渗维修项目对于见多识广、身经百战的工程技术公司来说，可是小菜一碟。工程技术公司孤独而勇敢地承揽起此项检验品牌、又有无形广告效应项目。此项目面积大不均匀沉降严重，池壁池底裂缝密又细，极易遗漏，外加工期紧及上海春季多雨天气给施工带来许多困难，针对众多问题，工程技术均采取了两项措施：首先将水池划分为三个施工段，每个水池自成一体；其次，采用新材料、新工艺并结合水池实际情况以及以往防水施工经验编制施工方案，以满足设计和规范要求。通过以上措施的实施，莲花池漏水问题得到很好控制，达到了良好的防水导水效果。2004 年 6 月 7 日，由工程技术公司担负的宝钢研究院莲花池防渗维修项目以及新增项目顺利通过验收，同时文明施工得到了业主的一致认可与高度赞扬。

暗香浮动　含苞绽放

为消除工程裂缝隐患，保证各类建筑物的正常使用，常常需要进行防渗维修、加固补强、基础处理和堵漏，保证建筑物的刚性和整体性。而现在防渗维修市场上单位良莠不齐，鱼龙混杂。工程技术公司坚持走防渗维修技术，以研发为支撑，以实战为提升。

连云港田湾核电站项目拥有我国单机容量最大的 106 万千瓦汽轮机组，这样高速运转的设备对基础质量要求之高，任何工程都不可比拟。然而，在一号常规岛汽轮机设备基础的施工中发现二次灌浆层出现局部裂缝，且由于二次灌浆的倒缩产生了预埋件支撑下出现局部空鼓现象；之后，又在一号核岛、二号核岛发现同样问题。田湾核电站是国家重点建设项目和要害工程，出现问题的部位又处在核电站工程的重要核心部分。经过各方专家反复论证，需要通过可靠的防渗维修技术弥补不足。

万难之中，工程技术公司挺身而出。针对田湾核电站工程的具体情况，依靠在防渗维修技术开发和使用上积累的丰富经验。圆满解决了空鼓和裂缝问题，消灭了工程隐患。业主非常满意地说："现在从事防渗维修的单位越来越多，出现了压价竞争和无序竞争，而在化学材料的选择研发和施工工艺的要求上的竞争越来越少，你们是真正过得硬的专业化单位，以后在核电站建设中出现类似的问题，我们认准你们一家。"

香韵满园　争奇斗艳

在宝钢化工煤精控制室等改扩建工程中，工程技术公司正是凭借过硬的技术、周到的服务获得业主的高度好评。如宝钢化工煤精控制室等改扩建工程为宝钢化工公司近几年来最大的技改项目，新增建筑面积 1040 平方米，改造建筑面积 1188 平方米。该控制室代表了国内外的领先水平，整个工程在防尘、防震、防静电等方面都有严格的要求，控制室为一级要害部门，业主要求边生产边施工，这犹如在钢丝绳上跳芭蕾，施工中稍有不慎，不仅会造成宝钢煤管道气系统的爆炸，而且一旦煤精控制系统受损失控，那将造成宝钢厂区的生产全线瘫痪。工程技术公司迎难而上，凭借国家实验室和高新技术企业的强大的技术后盾，充分发挥设计施工总承包的优势的同时，善用防渗维修等工程技术，在宝冶工程技术特种工程品牌专业上写下了新的篇章。

“中国炼焦行业协会成立10周年大会暨理事大会”的代表们特意专程到该工程的施工现场参观，对宝冶工程技术的技术实力给予了极高的评价。受益于此项工程，宝冶工程技术公司特种补强加固等防渗维修技术受邀在第二届全国抗震加固改造学术交流会上进行交流，得到专家的好评，宝冶建设工程技术的飞跃再次得到生动的证明和精彩的展现。

宝冶工程技术公司在长期的防渗维修施工中形成成熟的施工工艺，通过持续的科技开发，研制化灌材料和对国内外的现成的材料加以改进，形成成套系列的化灌材料，针对不同的工程特点采用不同的施工工艺和化灌材料，使众多有隐患的建筑物手到“病”除，取得巨大的社会效益和经济效益，影响面越来越大。这些成果已用于上海环球金融中心工程、上海虹桥半岛中心大厦、浦东国际会展中心工程等大型工程。

遍地飘香　芳菲四溢

宝冶工程技术公司防渗维修技术正如宝钢指挥中心门前的宝钢研究院莲花池一样，有着无法数清的荷花朵数，不仅门前飘香，而且芳菲四溢。

宝冶工程技术公司受中国硅酸盐学会中国防水材料专业委员会委托，举办全国建设工程新型防水堵漏及工程结构裂缝控制新技术研讨会，在此领域的相关单位和专家学者参加本次研讨会。全国著名工程结构裂缝控制专家王铁梦教授，全国著名防水堵漏专家、中国防水材料专业委员会主任沈春林教授作了有关建设工程新型防水堵漏及工程结构裂缝控制专业技术新知识国内发展新动态的专题报告。在专题报告中，两位教授充分肯定工程技术的飞速发展和良好做法，反复运用宝冶工程技术公司成功的工程范例。

工程技术公司还应邀参与了建材行业标准和国家标准的编制，在全国特种工程技术建材领域内充分展现了自己的技术创新工作和专业能力，并以“海纳百川”的胸怀积极汲取同行的信息和可取之处，通过交流，促进了行业间的了解，增进了行业间的合作，从而以一流的技术、奋发的精神、骄人的业绩保持走在全国防渗维修等特种工程技术领先行列。

（龚　伟）

与高炉结缘，我一生最大的荣幸

光阴似箭，日月如梭，转瞬间40多年过去了，为了祖国的钢铁事业，无数的冶建人前仆后继默默无闻的工作着，那个时代，有志的工程技术人员一生能参加建设1000立方米的高炉3—4座已经是非常荣幸的事了，而我的一生参加建设了30多座高炉。

我曾有幸，跟随前辈们转战马钢轮毂厂、武钢板轧厂、攀枝花钢铁冶金联合工厂、武钢1700毫米热轧厂和宝山钢铁总厂的建设，那个时候在我们宿舍的门口上的一副对联，形象地说明冶建人的人生路。上联是“依山傍水建工厂”；下联是“长江两岸度春秋”；横批是“四海为家”。

但我一生最难忘的就是参加宝钢工程建设，也就是十一届三中全会以后的事了。我随着公司来到宝山钢铁总厂的建设，当时一期规划的目标是年产300万吨钢的规模，上级指定我公司担负炼铁系统的建设，当时非常兴奋，那可是主体工程啊，按照惯例，只要是炼铁工程，高炉必然分给工安公司，而工安公司必然分给一队，而一队必然分给一工段。我作为一工段工长，心里美滋滋的，能亲手建造我国当时最大的4063立方米高炉是多么荣幸。这让我想起了1956年前辈们建设武钢一号高炉的情景。当时武钢1000立方米高炉也是全国最大的高炉呀。武钢一号高炉投产时，毛主席参加了投产仪式，当时毛主席曾接见过宝冶第一任总经理韩喜。

历史在前进，社会在进步，新中国成立后的炼铁系统设计和施工工艺属于苏联模式；宝钢的炼铁系统设计和施工工艺属于日本模式，两种结构设计理念和施工工艺有着明显的区别。这样的工程对象给我提供了学习的舞台。周恩来总理对学习外国技术曾有过指示“一学二用三改四创”。当时首先要认真学习新日铁的安装要领书（我们称为施工方案）、图纸和合同，学习如何与新日铁的 S/V 技术交流，加深对设计思想和安装技术的理解；通过交流学习更多的高炉施工管理；学习特大型高炉的检修技术；学习炉壳制作工艺等其他方面的技术。通过宝钢一号高炉从地脚螺栓开始到全部安装结束的全过程，为此我学到了特大型高炉制造安装的许多东西；并在宝钢二、三、四高炉的建设和梅山冶金公司的三座高炉大修中进行了应用，改进和创新。其中对特大型高炉冷却板更换检修和炉顶锚固件制作安装的改进，解决了宝钢一号高炉第一次更换冷却板和宝钢二号高炉煤气封罩锚固件脱落的难题；同时将锚固件推广到梅山冶金公司、三明钢厂、南京钢厂的高炉，对高炉长寿和降低检修费用起到很大作用，为社会产生了很大经济效益。

忆往昔坎坷路，我的技术思想飞跃是从 1998 年以后，这个时期是改革开放更加深入发展，人们的眼界更加广阔，技术思想更加活跃，了解国外技术现状更加方便，企业高管对科学技术是企业发展的根本的这一道理认识更深，使我的技术创新思想得到迅速提高。这在宝钢四号高炉（4350 立方米）的“炉体快速安装工艺”的顺利实施初步显现出来。

这个雏形就是目前世界上先进的大型化、模块化的安装工艺方向，它即可保证工程质量，降低安全隐患，又可加快施工进度缩短工期，提高经济效益的目的。它的技术内涵涉及石油化工、海洋石油和天然气、冶金等各领域均可组合应用。

这个技术雏形得到了宝钢李海平经理大力支持并应用于“宝钢二号高炉短期化大修工艺”中，并得到全面提升。但技术创新困难，实现技术创新更困难。支持和理解宽容创新过程的曲折更高尚。由于宝钢2号高炉是座特大型高炉（内容积4063立方米），短期化（100天以内完成大修）大修在国内尚属首次，大修项目多、场地狭小、技术力量薄弱和缺少经验等因素不可能与国外高炉大修相比。这在当时的思想压力非常大，要缩短大修工期要攻克很多难关，学习很多以前不懂的专业技术，要经过很多试验，要研究、计算、设计很多设施，大修技术准备时间又很短，这些现实问题摆在我们面前需要解决。宝冶上下树立了“办法总比困难多”的坚韧的思想，不懈的努力，逐一得到解决，终于用98天完成大修任务。

目前我又参加了宝钢一号高炉扩容改造大修工程，其主体结构基本上分为11个模块，根据总体安装工艺要求依次拆装完成，要在85天完成，这是刷新历史纪录的更大进步。

在宝钢建设30年期间，我从宝钢一号高炉地脚螺栓开始直至四号高炉投产，参加4座特大型高炉建设，又主持了3座高炉大修工程；创新了宝钢厂房软土地基不均匀沉降的整治技术；主持了宝钢一炼钢天车梁更换工程，利用定修时间完成原料跨天车梁更换；发明实用性专利四项，其中“一种用于更换热风炉伸缩管的定位器”解决了宝钢二号高炉热风炉出口伸缩管的在不停产时更换难题，消除安全隐患并创造了巨大经济效益；“一种用于重特物件运输装卸装置”和“气垫装置”用于宝钢二号高炉大修工程，为模块化大修高炉奠定了基础。

多年来我被上海市总工会、科委和宝钢、宝冶授予多项表彰和奖励。收入上海市专家库和被宝钢聘请为咨询专家，参与上海市科技成果评审和宝钢重大工程咨询。1997 年被国务院授予享受政府特殊津贴的专家。宝钢工程造就了我，是宝钢和宝冶各级领导提供了创新宽松环境，在宝钢 30 周年之际和宝冶建设入沪 30 周年之际，我更感慨万分。

人最宝贵的东西是生命，生命对每个人来说只有一次，一个人的一生应该是这样度过的：当他回首往事的时候，他不会因为虚度年华而悔恨，也不会因为碌碌无为而羞耻；与高炉结缘，为宝钢建设发展做贡献，是我一生最大的荣幸。

（李树彬）

谈判桌上的宝冶人

宝冶在宝钢一期工程全部22个合同项目中，承担了12个合同项目的建设任务。蔡德慧作为当时副总工程师、施工处长，不仅担负着全部工程的施工总体规划，而且负责在所有工程项目中最引人注目的一号高炉系统的施工组织指挥。这座我国最大的、最现代化的高炉，是宝钢一期工程的重要象征和代表作。单从这一点上来看，他就深深感到了负荷的沉重，况且，一号高炉的建成与否所包含的全部意义绝非仅仅如此，有政治的、有经济的、有历史的，也有个人的。

自从1954年大学毕业以来，蔡德慧的全部生活经历都同祖国的钢铁事业息息相关，现在历史又把他这个身材单薄、平凡普通的人物，推到了宝钢工程中一个举足轻重的位置上。

他意识到自己将要面临着一场巨大的、严峻的考验，他似乎感到了一丝力不从心的胆怯；当然，他也知道，除了勇敢地承受这一考验之外，没有其他的选择。

1979年的一天，宝山宾馆客厅，中日双方就高炉施工进行的第一次重要谈判在这里进行。也许双方都意识到这次谈判的结果，不仅对今后的高炉施工而且在双方心理上也将产生重要影响，因而气氛十分严肃。

双方人员就座之后，工作人员开始一一介绍。

“这位是新日铁公司负责高炉工程的野村先生。”

“这位是高炉的主要设计者牧先生。”

坐在对面的蔡德慧仔细地打量了一下这两个主要的谈判对手。事先他已听说，这位年约四十多岁的野村先生才智过人，深得上司赏识，此次派他到中国来，准备让他担任炼铁工程的总代表。

当介绍到蔡德慧的时候，野村和牧先生对这位穿着和相貌都极为普通的高炉工程的中方副总代表没有流露出过多的注意，尽管他们事先也听闻蔡德慧才学超群，但他们很难把这个评语与眼前这位身材瘦小、额头上刻着深深皱纹的人连在一起。

蔡德慧没有在意对方的反应，头脑里还在紧张思考着……

自从高炉工程接手以来，施工总体规划这个战略问题始终萦绕在他的脑海之中，日方提供的高炉生产说明书，他翻来覆去看了好几遍，冥思苦想了好多天，他要寻找到一条最佳施工方案。

过去在武钢制定一米七热轧工程施工方案时，蔡德慧也是从阅读说明书入手，了解生产工艺流程，根据热轧工程的特点，抓住施工关键，并与同志们一起讨论研究，制定出了“中间开花，两向挺进，前开后团，轧机领先”的施工总体规划，并在实施过程中获得了成功。

可是这次情况完全不同，武钢一米七轧机工程是平面施工，横向展开，而宝钢一号高炉高达113米，施工场地狭小，工程是立体施工、竖向展开，怎样合理安排好施工程序，解决好各工种、各工序之间的交叉作业，做到文明施工，这是问题的关键，而解决这一关键问题的第一步，便是要解决好土建和专业施工的顺序。

经过深思熟虑，施工方案的第一步终于在他头脑里形成了。

当他把这个“先地下，后地上”的施工方案告诉大家的时候，立刻得到赞同。因为在多年的施工中，由于地下地上程序不清，挖了又填、填了又挖的现象屡见不鲜，不仅给国家造成损失，而且给施工带来许多麻烦。

但问题在于，这种施工方案必须打乱与日方签订的、按原计划时间和工程进展顺序提供图纸资料以及供货的合同步骤，对此，日方能给予支持吗？谈判开始了，在说明和叙述“先地下，后地上”方案时，蔡德慧尽量用平稳、和缓的语气调整自己的情绪，然后，他略停顿了一下，用加重的语气，一字一句地说出了这次谈判的全部目的。

在蔡德慧解释和说明“先地下、后地上”方案时，野村和牧先生连连点头称是，表示理解，但当翻译把最后这句话告诉他们时，不知道是出乎意外，还是惊讶，他俩愣住了。

一阵沉默之后，野村先生开了口：“蔡先生，你们的要求，我很理解，但是有些问题涉及其他厂家，很难办成。”

“我们希望贵方多想想办法。”

“可是，合同上已确定了图纸交付和供货日期，不便提前吧。”

“不过，只要贵方努力争取，这件事并非不可改变。”蔡德慧紧追不舍。

“这怎么行呢？”坐在一边的牧先生忍不住了，“这件事，我们做不到，无法效力。”口气中颇有几分不耐烦和轻蔑的味道。

这种不容商量的语气，激怒了蔡德慧，但他很快冷静了下来。

“如果贵方在这件小事上都不予合作的话，那我们就不谈了。”蔡德慧抓住牧先生这句话，果断地向对方施加压力。

日方两位先生吃惊中又有几分尴尬，他们完全没有料到蔡德慧会如此强硬，不禁面面相觑，一时不知所措。

沉默，空气凝固了一般，双方都在紧张地思考。

其实，谈判之前，蔡德慧就料到，谈判不可能进行得很顺利，但并非完全没有希望。蔡德慧事先已同大家商量好，必要时施加压力，迫使对方妥协。

还是工作人员打破了这难堪的寂静，“午餐时间到了，暂时休会。”

野村和牧先生如释重负地离开了谈判桌。他们完全没有料到这位其貌不扬的对手，竟有如此的谈判智慧和胆略。看来，要解决谈判的僵局，只有立即打电话向东京请示。野村心里很明白，这件事处理不好，不但可能总代表当不成，而且即使当上了总代表也不容易与中方工程技术人员协调好关系。为此，他只好站在中方的利益上向上司汇报。

也许是得到了上司的肯定答复，下午谈判野村和牧先生口气全变了，答应了蔡德慧提出的要求。

谈判结束后，野村先生颇为感叹地对蔡德慧说：“这次我到中国来，买了不少好东西，原想带给我的家人，可现在办不到了，我得拿它去送给那些同这次谈判有关的厂家，请求他们协作支持。”

谈判在笑声中圆满结束。宝冶人以智慧和勇气赢得了外方的敬佩和尊重。

（宝　讯）

“月牙城”下的勇士

位于南京龙蟠路新庄村88号，总建筑面积8.9万平方米的国际展览中心工程，由于建筑西高东低整体星月牙形，故亦被人们称为“月牙城”。作为江苏省重点、南京市的标志性建筑，这项工程在屋面建筑结构设计上采用了国际流行、国内尚属首次应用的弧形管网结构，造型新颖美观，有现代建筑风格，是一座按当代国际展、博览场馆设计建造的大型展览活动场所。

首次进军南京建筑市场的上海宝冶，在三个多月的艰苦奋战中，冒严寒闯难关，抢工期排险阻，以优异的成绩向南京市政府和市民交出了一份满意答卷。

原项目部有18名管理人员，每人都身兼多职。由于该工程在国内尚属首次，其工程特点是边设计、边制作、图纸经常变更。为赶吊装工期，制作人员要克服南京连续严寒低温、露天作业带来的各种困难，打乱作息时间表，日夜奋战两班作业，根据现场要求及时制作构件，为现场组装提供了有力的保障。作为指挥官的陈新华奔波于两省一市，敦促、协调加工、制作、运输各环节，以保证现场组装的需要。一个多月下来，本不魁梧的他更是两脚深陷，双眼布满血丝。

从技术角度来说，焊接是南京展览中心工程必须逾越的难关。由于工程在屋面结构上采用三根弧形钢管与圆管支撑杆件组成的空间倒三角形拱架结构，且相邻两榀拱架之间由水平檩架连成整体结构，因而一根管件上少则4到5个相关接口，多则达9个。主檩架焊口要求为一级焊缝，须100%经过超声波探伤及碳粉探伤检测；次檩架焊口为二级焊缝，50%探伤检测。而且焊接工期比较短，全部焊口多达13000多个，焊缝总长达15000多米。焊接过程中，先以氩弧焊打底，再改手工焊。氩弧焊通常只运用于有毒、高压气体管道，在一般建筑施工中是极少见的，此工程实属特例。且施焊过程中受气候条件限制很大，若风速超过三级，室外温度在摄氏0至5度之间、相对温度超过90%，且管道上有雾气、冰雪、霜冻等情况都不能焊，要先预热、烘干后再焊。南京的冬季天冷风寒。对此，项目部及时对症下药，专门制作了挡风篷，公司调集80名优秀焊工，抓紧晴朗天气日夜攻坚。为打增援，工安压力容器厂副厂长樊少岩率两名专业人员，带着5台探伤仪在各制作点探伤检测。由于施工人员施焊严格按规范操作，未出现一起质量问题。

真所谓“山穷水复疑无路，柳暗花明又一村”。南京工安项目部这艘“勇士之舟”，终于逆流而上，同险滩越激流，向胜利的彼岸迈开了坚实的步伐。

人心齐，泰山移。这是一个千古不变的真理。奋战于南京工程的工安职工们，从领导到员工，从干部到工人，心里都有着这么一个信念。他们也由此具备了战胜一切困难的勇气和信心。

展览中心现场组装点有4个组装胎架，每组最高端点标高25米，最低端点标高 11 米。每组主拱架由 4 节组装成型，组装跨度达 8 米。由于施工场地狭小，劳务施工队长张顺带领的蔡仲顺小组及两个外协队伍，犹如“螺蛳壳里做道场”，他们穿梭于狭小的网状管架间，那闪烁的弧光如彩虹中一颗颗珍珠在闪亮。12 月 24 日，有两榀主拱架要吊装就位。张顺因家中有事要赶回上海，恰逢下午项目部有顺路车。上午第一根主拱架就位后，大伙都劝他回宿舍准备行囊。因为不是自己的队伍吊装，他那颗悬着的心始终放不下来。事也凑巧，下午的吊装在准备工作上出了一些小问题。直到下午 5 点 30 分，当 500 吨和 120 吨履带吊双臂齐抬将重达 120 吨的主拱架平稳地落在东西墩柱上，他才背着行囊匆匆赶往长途车站。12 月 24 日，是西方的圣诞之夜。本是朋友相聚尤其是情侣相约的好日子。

然而这晚的展览中心却是弧光闪烁，人影绰绰。项目经理金宏已两个多月未回家了，其新婚不久的妻子小林专程从上海来看他，挑这么个日子，就是想和他一起去逛逛新街口，重温一下往日的浪漫情怀。晚饭后刚一出门，金宏却说：“让我先到工地上看看，把晚上的事再交待一下就回来。”小林在工具房等，直到九点半才见他从工地回来。看着妻子的怒容，他只能满怀歉意地说：“对不起，明天一早这二榀主拱架要吊装，今晚不能有丝毫纰漏。”

在南京国际展览中心工程会战中，工安公司女职工也给“半边天”谱写了新的篇章。在参战南京工程的众多女性中，陈胜兰这位有着二十七年车龄的老司机，是年龄最大的一个。99 年她先后驾驶着那辆 12 吨汽车吊，从浦东到苏州，从青浦到南京四处转战。11 月的南京气温一天比一天冷，且车辆常年在外征战，免不了有这样那样的毛病。为不影响正常施工，她凭自己多年的经验，采取应急措施。油上不来了，她用嘴吸；油管破裂，她找胶皮管捆扎。待工程间隙时，立即将车开出去修理。她还常和同志们开玩笑说："机器是人造的，办法是人想的，我就不信制服不了它。"11月28日气温在零下5摄氏度，风雪交加，尽管有窗刷来回不停地清理，但车窗上还是积了厚厚的一层冰碴子，为确保卸车人员的安全，她打开车门探出身子，迎着寒风和飞雪，一钩钩平稳起落，这一干就是十八个小时。在南京施工的两个多月时间里，驻地就她一个女同志，干什么事都不方便。打电话回家，家人都替她担心，她却说："干了二十多年，什么苦没吃过，这点算啥。"龙年元月份，圆满完成任务的她班师回沪，可在家还没待上两天，她就又驱车赶往杭州工地去了……

天道酬勤。这支转战南北的"冶战军"，经过3个多月的艰苦拼搏，他们以高超的施工技术，优异的工程质量，赢得了南京市政府和各界人士的高度好评。正如省领导及南京市长在慰问南京工程参战队伍时所说："宝冶这支队伍，我们确实选对了。"

（于文博）

春之畅想

时间的脚步飞快，让人来不及喘息就已步入年关。羊年的腊月二十八（俗称小年夜）的下午，工人们有说有笑地回到宿舍，脱下工作服、摘下手套，换上了干净的衣衫。家在苏浙皖的工人结伴儿回家团圆，离家远的工人就在工地宿舍过年。平时喧闹的迪士尼工地终于迎来三天短暂的休憩。

除夕，或许是整个城市都在歇息的缘故吧，天空湛蓝，万里无云，就是风稍稍有些大，吹到脸上让人感到冬末的微寒。工地缺少了往日的喧嚣，一片宁静，只有上海宝冶“一天也不耽误，一天也不懈怠”的横幅标语，随着风在微微飘扬。这是在上海迪士尼工地上过的最后一个春节啦，想想近三年多艰辛的付出，真令人感慨又有些舍不得离开。

一早儿，陆续有管理人员来道别，大家互致新年的祝福。向启程的员工挥手道别，拍拍身上的尘土，回到工地办公室，刚刚坐下，眼神就被吸引到厚厚的《企业文化与“四五”战略规划》读本上。手捧散发着油墨香气的《“四五”战略规划》和《企业文化手册》两本册子，思绪情不自禁地回到了宝冶年会上，《“四五”战略规划》和《企业文化》发布时，那激动人心的场面。特别是聆听了周永华老一代宝冶人的肺腑之言，心潮澎湃，令人动容，眼睛都有些湿润，脑海中浮现出父辈们远征大江南北的画面。以全国劳模董清为代表的当代宝冶人，以实际行动恪守着“诚信、笃行、创新、共赢”的价值观。她的发言引起共鸣，回想起二十多年前，那时的我们，也是风华正茂，作为刚工作不久的工程技术人员，参加举世瞩目的宝钢工程建设，火热的年代把我们锻炼成为宝冶的脊梁，担当起宝冶的中流砥柱，而如今我们也两鬓发白。怀揣梦想的九零后齐英健，代表着新一代宝冶人宣誓：“宝冶人‘超越自我、敢为人先’！”宝冶的未来在他们手中，宝冶的希望在他们身上。

作为宝冶人，也是冶建人的后代，我曾随父辈走南闯北，铸就了钢铁工业的辉煌，也历经了冶金建设的沧桑。中国钢铁工业的崛起，使冶建人无比的自豪，但是随着市场竞争的白热化，心中也不免生出无奈和感慨。虽是城里人，却总是生活在城市的边缘或者乡村，工作和生活的条件十分艰苦，有时还得不到应有的尊重。但宝冶人从来没有气馁过，因为我们身上始终透着一种朴实、勤奋、包容、谦和的气质。自从上海宝冶实现转型、跨越发展，承接了一个又一个重点工程、地标建筑，知名度渐渐扩大，特别是建造了奥运会、世博会和上海迪士尼等高端民建项目后，业界美誉度大幅度提升。当接连荣获鲁班奖后，宝冶人迎来了更多的社会尊重和行业认可，充满着自信，浑身透着精气神！

正月初一，上海国际旅游度假区指挥部的领导们风尘仆仆地赶到工地视察慰问。领导们亲切地握住宝冶人的手，一再感谢宝冶为了实现度假区早日开园，近千名管理人员和工人长假期间日夜拼搏在工地。赞叹宝冶人有境界、有实力，能干大项目、复杂项目，组织能力、协调能力很强，不愧为城市建设的主力军。

正月初二，风和日丽，气温陡然升了十几度，呼吸中已有了温暖的气息，让人感到春天的脚步已经来临。远眺整个工地，就像一群远征的军人稍作歇息，等待着再次出发。下午三点，安全管理人员完成巡检后开始送电，为工地复工做充分的准备。

正月初三，大批工人和管理人员放弃长假赶回来了，工地再次一片沸腾。听，起重工人指挥吊车的哨声、镶贴工切割花岗岩的电锯声、混凝土工人浇筑路面的振捣声、来往车辆的轰鸣声交织在一起，演奏着工地上独有的交响乐。看，蔚蓝的天空、彩色的巡游路面、黄色的遮阳玻璃、银色的充气膜、灰色的钢结构构成了工地多彩的画面。各色的安全帽在紧张地忙碌着，橙色的是宝冶管理人员、黄色的是各类作业工人、银灰色的是外方的管理人员、白色的是指挥部的管理人员，还有各色各样的安全帽，像春天里的鲜花绽放在工地。他们个个儿满面春光，没有赶工的疲惫，没有放弃长假的遗憾，有的却是一股子干劲儿，为了一个目标，让上海迪士尼乐园早日开园迎客。这一切，不禁让人感叹，多么朴实的工人，多么敬业的员工啊！胸中顿时升腾一股暖流，敬佩之意油然而生。看着眼前这美轮美奂、精彩纷呈的上海迪士尼乐园将要在我们手中打造成功，心中充满着无限期待，久久不能平静。

2016 年的春天，工地新栽的白玉兰绽出了新苞，脚手架也缓缓地落下，大型游乐设施已开始转动调试……

2016 年的春天，生机勃勃、意气风发，努力拼搏、迎接挑战，宝冶奋斗的精神代代相传……

2016年的春天，我们来了，迎着灿烂的阳光，沐浴着温暖的春风，脚下的步伐更加坚定，这个春天，奇迹将要在我们手中创造！

记于2016年春季，于上海迪士尼乐园明日世界项目工地

（孙　铎）

宝冶人的“风电”故事

宝冶风电安装人？要在早些年说宝冶风电安装人，可能多数人不太理解这是在说啥，宝冶风电安装人指的是谁呀？先卖个关子。

风电安装展开来说，就是风力发电机组设备安装。宝冶风电安装人指的是谁呢？这里指的就是在这个领域摸爬滚打近10年的宝冶市政安装工程机械服务中心，也就是宝冶唯一的、第一个吃风电安装这个“大螃蟹”的人，一群人，一个英雄的团队。

说起来话长。早些年，从建设宝钢那时算起，中心是一个一直以吊机设备租赁为主的窗口单位，当时在计划经济体制下加上正值宝钢建设高潮时期，单位经济效益和职工收入还不错。到了2006年，经营吊车的民营租赁公司如“雨后春笋般”迅速崛起，激烈的竞争导致租赁行业盈利率不断被稀释。一向以吊机租赁为主业的中心也遭受严重打击，中心生产经营形势严峻面临生存危机。

2006年，随着国家在发展低碳绿色环保新能源方面的投资力度加大，核电和风电等新能源发展非常迅猛，中心的部分吊机从这时起就开始参与了浙江括苍山、鹤顶山，广东南澳和内蒙古满都拉等多个风电安装项目施工。2009年下半年，中心决定把开发风电安装项目作为转型发展首要攻坚目标，这个既能发挥中心自身设备优势、专业特长又能把企业发展转型与国家发展规划紧密联系起来的新兴朝阳产业。偷偷说句笑话，这叫做“逼上梁山”啊！

为确保在风电项目开发上尽快开花结果，中心专门成立项目开发团队，由中心生产负责人牵头进行市场开拓。团队一方面收集、分析国内风电产业布局及“十二五”发展规划，掌握梳理大量的有关风电工程项目立项、开工及招投标信息；一方面积极参与到风电安装项目的公开招投标当中。2009 年 9 月，参与了第一个真正意义上的风电安装投标项目华能内蒙古科佑中旗 49.5MW 风电安装项目，当然，因为团队没经验这一次失败了。

项目开发团队没有气馁，认真总结失败原因，明确工作思路，坚定走产业拓展、延伸道路的信念和必胜信心，制定了采取专业分包向专业总承包两步走营销策略，继续四处奔走、多方联系，千方百计寻找突破口。功夫不负有心人，在大家不懈努力下，2010 年初，终于与葛洲坝集团第五工程有限公司达成大唐云南罗平山 49.5MW 风机安装工程专业分包合同，付出的艰辛努力终有回报。

面对成绩，项目开发团队丝毫没有松懈，一刻也没有放松。始终保持快马加鞭不停歇，从南部广东福建到北部内蒙古和东三省，从华东六省到西部云贵川和陕甘宁，足迹踏遍大半个中国，随之而来的成功喜悦也接踵而至。2010 年 9 月又迎来了专业总承包里程碑式的突破，成功中标华能山西原平段家堡风电场一期 49.5MW 风机安装工程，实现了从专业分包向专业总承包的飞跃。随后，又成功中标国华东台风电场二期（200MW）项目南北风场 2MW 风力发电机组及塔架、箱变吊装工程。

这一下就一发不可收拾了。2011 年成功中标华能铁岭平顶堡 49.5MW 风电安装、国电元谋雷应山 49.5MW 风电安装和国华通辽太平沼 300MW 风电二期机组安装工程。2012 年成功中标昆明勘测设计院姚安 49.5MW 风电安装、国电元谋黑马井 49.5MW 风电安装和国华诸城三期 49.5MW 风电安装项目。2013 年至 2015 年又有多个风电安装项目成功中标签约。上海宝冶终于在中国风电建设市场领域开花结果，逐渐站稳脚跟。

路子对了头，工作有劲头。这是当年最时髦的工作好不好干的顺口溜。嗯！费了好大力气，项目终于有了。高兴之余，接下来怎么干好这里面有学问。中心安排了一批懂技术、有施工管理经验的同志负责各个项目管理和施工。当然，从未自己干过风电项目的他们，也是边学边干。好在他们基础好肯用心，再加上领导关怀，这些同志很快就能胜任整个项目施工全过程的管理工作了。

风电安装施工是个极其危险和非常艰苦的工作，绝大多数项目地处偏远山区荒郊野外或是沿海边滩涂风口地带，施工人员要长时间遭受阳光暴晒或风吹雨淋，“晴天一身灰，雨天一身泥”是常态，严寒酷暑更是让项目人员苦不堪言！特别是在山区，山高坡陡，大型吊机转场、设备进场及安装过程中存在很多风险，工作要特别小心，稍有差错事情小不了。具体风险在哪儿呢？报一组数据，大家想象一下就懂了：一节塔筒重约 50 吨；一扇叶片约 50 米长，叶片安装高度约 90 米。另外，负责风机吊装的主吊机 400 吨履带吊或是 500 吨汽车吊自重都在 400 吨左右。在山上这些大家伙真的不好伺候，不吓唬人，有真实案例，弄不好就车毁人亡。所以施工过程中的安全管理工作也是特别重要。

在浙江金华磐安仁川风电工程施工管理中，为保工期赶节点，项目部的同志们可谓是想尽了办法、动足了脑筋，尽管当时天气十分炎热时不时下雨，施工现场采取灵活施工方法，晴天和白天抓高难度、高风险设备吊装，阴雨天抓难度小的设备吊装或拼装，夜间安排主吊机转场。最终提前完成项目重大节点，得到业主单位高度评价。宝冶人的品质信誉、团队精神、工作能力、优质服务给业主留下了深刻印象，业主单位在前期项目结束后又紧接着把后续项目交给中心来实施，他们认为：选择上海宝冶就是选择放心，上海宝冶是值得信赖的合作伙伴。

风电项目不但施工环境恶劣，生活条件也艰苦。由于风电项目工期相对较短，工地住宿设施相对简陋，或是租用当地群众民房或是住在工地集装箱内，多数员工休息不好。尤其是在云南高原山区，吃住均在山上，洗浴和购物极不方便，大多数工地离当地集市多在50多公里以上，每周只能下山一次，洗澡和购买生活必需品。伙食也相对简单，一成不变的“一荤一素”。员工吃不好、睡不香，就连喝的水，也是十分浑浊不堪，需要通过加入明矾沉淀后才能饮用。面对如此恶劣艰苦的条件，当时云南区域项目部的同志们不放弃、不抛弃，始终保持昂扬斗志，坚守岗位激情干事。

特别值得一提的是，当年的云南对门山项目部每三天完成一台风机，其中还包含主吊机转场的时间，这个速度真的不得了，在同类型的项目工地相比简直就是奇迹啊！为此，业主单位领导感慨万分、赞叹不已，在项目施工的大小例会上表扬、夸奖，各种各样不同场合高度评价："宝冶项目部就是了不起，不得了！"这一下，可"坑苦"了同一个业主的另一个项目部，这个项目部因此成了业主单位施工项目的"反面典型"，经常被"批"。原因就是：同样条件、同样规模的项目，一个星期完成 1 台，有时还不能保证。哎！你说说，宝冶项目部为什么能干得这么好呢？这件事让业主一感动，把自己旗下的茨柯山风电场工程从别人手里拿过来交给宝冶来完成。正是由于项目部同志们的艰苦努力，发展和扩大了中心与云南地区风电行业战略伙伴的关系，使中心打造云贵川风电战略高地的市场策略能够有效推进。

经过多年来的开拓和打拼，宝冶市政安装工程机械服务中心从涉足第一个风电工程项目至今，由项目分包发展到如今的项目专业总承包，承揽大小风电工程项目近 30 个，创造产值近 2 亿元。风电产业的成功开拓为中心甩掉亏损帽子立下了汗马功劳，为中心后来营销工作取得增长奠定了坚实基础，更重要的是在竞争激烈的风电建设市场成功竖起了上海宝冶"宝冶吊装"大旗。

（张建国）

鏖战梨城

备受各方关注的新疆库尔勒纺纱项目，短短58天的钢结构施工期，不仅圆满完成1万余吨钢结构安装和24万平方米的屋面施工任务，且打出了漂亮的一仗，将攻克下的这座“城池”变为同类“短平快”项目标杆，可谓圆满成功。

天时、地利、这些都没有。他们有的只是人和。

新疆库尔勒纺纱项目一期工程包括7栋单体厂房，总建筑面积约37万平方米，钢结构用钢量约1.1万吨，围护系统面积约为28万平方米。项目在当地的建设也同时受到各级领导和新疆维吾尔族自治区及巴音郭楞蒙古自治州各级领导的高度关注。钢结构部分是整个项目的重要组成部分，上海宝冶工业安装工程公司担负着这部分的建设任务。由于地处戈壁滩，位于地震带边缘，施工期遭遇新疆库尔勒地区几十年不遇的持续高温、沙尘暴和连续降雨天气，在这样的天时条件下，并不是项目创造大干的良好时机。加上项目部不具备有利的“地利”条件，项目工期紧、体量大、远离内地、可以满足业主要求的加工资源极度匮乏且现场施工条件复杂、交叉单位多、环境恶劣，使得钢结构专业实施的难度大大增加，工程就在这样“不顺”的逆境中艰难推进。

抓开局，争分夺秒。在项目前期，在短时间内，通过有力的组织和协调，合理安排施工工序，施工场地规划和资源配置等各项工作全力推进。经过及时的预判、采购和充分调研，运用盯梢战术，工程实体的 1 万余吨材料仅用 30 天时间全部送到加工厂，同时用 15 天时间就完成了 1 万余工程量的详图深化。仅用一个月左右的时间，就实现了钢结构专业现场实体吊装这个重要节点。尽管是上海宝冶在新疆承担的第一个厂房类钢结构施工项目，但通过管理团队的高效推进，从某种角度上讲，“人和”促使项目顺利开工，圆满收官。

不停歇，追着工程跑。为了把握开局，项目团队处处争先，如同库尔勒上空的太阳，项目团队总是乐此不疲地追着工程跑。他们将“人和”的力量发挥到极致。由于多专业团队抢抓工期，协同会战，钢结构团队受到土建开挖点多，回填不及时的困难，管沟开挖点多，更是给吊装增加了难度系数。组织 600 作业人员进场施工，因地制宜地、有针对性地巧妙安排，按照主体结构、次结构、檩条、屋面底板、屋面面板的施工流水作业工序，合理施工，无缝衔接，最大程度保证施工的高效运转。在施工机具和机械设备的协调上，迅速响应，充分利用当地资源，及时锁定施工机械，为现场吊装创造条件。快速的反应和科学、规范的管理让外界都不由得竖起了大拇指，称赞他们不愧为钢结构施工企业的“排头兵”。

施工对建设者不仅是意志、品质的考验，对管理者的综合协调、调度能力也提出了极高的要求。新疆的地理气候，极端高温和沙尘暴是他们这些“外来人”难以承受之重。面对地表40度以上的高温，要组织规模如此浩大的会战，绝不是纸上谈兵那么简单。项目团队及时应变，对节点工期目标进行优化调整，改变集中作业时间段，采用“做两头、歇中间”的方式，避免施工人员出现大面积中暑；采用全面停工的手段来规避沙尘暴天气引起的风险。并分段组织施工，坚持倒班24小时循环作业，真正做到了人停机不歇，各工序无缝衔接。科学、高效的管理方式和过程让各施工队都能顾大局，识大体，发扬风格，相互合作。一个个小团队迅速凝聚成了一个大团队，迸发出巨大的能量。在火热的项目会战中，项目部建设高峰期多点同时开工，施工现场最高峰时有600余人同时作业，多机种交叉作业，作业安全是个关键问题。为此及时采用对吊车司机、吊车指挥人员等特种人员进行有效的作业培训，来规避操作不当引起的危险。由于始终坚持“安全工作只有起点，没有终点。”的管理理念，安全工作始终处在可控状态。这些管理者征服的种种困境，不禁让人瞠目，他们完成了看似完全不可能做到的事情，这也开了公司在同类施工组织上的先河。

是鏖战而不是熬战，他们讲求的是精品。

“听起来简单，这个项目确实不好干”，干的累了的时候，一位项目管理人员说出这样的窝心话。看似简单的工程，却让钢结构项目团队自进场之初便陷入了“争分夺秒”的鏖战。往往一天下来，大家都已体力透支。问道什么是最难熬的，他们却说，是鏖工程。

抓核心，出新招。策划是施工的重要“环扣”，必须抓住核心。项目开工策划时，项目经理带领管理团队经过论证和讨论，把握了业主对主体结构专业的主要核心需求是要快速、高效、安全、优质的把厂房实体建设出来并且保证达到恒温恒湿这个重要功能。为此，本项目引进新招，引用了经上个项目使用且比较成熟的快速摘钩、就位、校正、收尾的流水施工模式，为保证工期提供了强有力的技术保障。如采用多点吊装、平面外加强的施工技术来保证跨的连续精准合拢，最长预拼装梁达到39米；采用到场构件测量、钢柱吊装后测量、钢梁吊装后测量的反复测量的方式来保证结构几何尺寸与图纸吻合，为屋面提供基准面，形成一个具备恒温恒湿的、负压的密闭空间，满足其设计要求达到的功能。这些“新招”为项目保质保量地实现“短平快”项目提供了技术条件。

尽管开局不错，但紧迫的工期始终如一把“利剑”悬在每一名建设者头上。为了加快工程进度，提升现场管控能力，处处做到超前谋划、超前部署、超前施工。“有竞争、有干劲、有速度”，“三有”思想让项目管理受控，进度明显加快，而建设精品工程的思想丝毫没有因为高速的工期而动摇。项目团队以优质的质量标准实现设计意图，以良好的服务态度为业主奉献满意建筑产品，以积极向上的风貌向当地人民展现了宝冶人的企业文化和风采。

不讲条件、不谈代价，他们讲的是奉献。

无私付出，他们挥洒的是冰与火的青春。这是他们这支“宝冶战斗机”的信念。“将施工放在政治的高度来认识，科学组织，周密部署，确保各项目标的顺利实现。”这是他们对业主的承诺。短短58天里，需要统筹和协调的工作千头万绪。然而，这些困难都没有压倒百折不挠的宝冶人，只是成为了他们攀登路上的垫脚石，让他们奏出的乐章变得更加铿锵、激荡。以项目经理为首的这支钢结构建设团队以空间换时间，以技术换时间，以汗水换时间，发扬冶建人一天也不懈怠、一天也不耽误的拼搏精神，一个个施工节点被顺利突破，不仅实现工期目标，更创造了奇迹，书写了一段荡气回肠的拼搏奉献之歌！

回想起过去多个日日夜夜战友们思绪万千。在这里，他们体味了常人无法想象的煎熬与磨砺，也收获了拼搏的喜悦和成长的幸福。会战的硝烟逐渐散去，然而剩余的施工任务却依旧艰巨，还有余下4万平方米的屋面维护系统的施工。然而，经历了“大战”磨砺的建设者变得信心百倍，剩余工程也在有条不紊地进行着。

酒香不怕巷子深。项目实现了“短平快”的建设格局，取得了明显的社会效益和经济效益，成功打开新疆市场大门积累了宝贵经验。项目凭借良好的口碑和工程质量，打响在库尔勒甚至新疆地区的知名度，更促进了与相关方的战略合作关系，真正实现了市场经营的“蝴蝶效应”。

（李　娜）

绽放在建筑工地上的“白玉兰”

白玉兰——上海市的市花。白玉兰开花特别早，冬去春来，每年第一缕春风吹拂这座城市，白玉兰就繁花盛开了。白玉兰花大而洁白，透露着清幽高洁的气质；同时开放时朵朵向上，象征着一种敢为人先、奋发向上的精神。在这座城市里，有一位多年来在自己平凡岗位上做出不平凡贡献的女性，就像“白玉兰”一样绽放在建筑工地上，她就是上海宝冶建筑工程公司总经理、全国劳动模范董清。

把“保障房”做成了“一朵花”

董清自 2011 年负责上海市保障性住房建设重点项目——罗店大型居住社区保障房项目的开发和建设。保障房建设工程是难打的硬仗，但董清以铁肩担起了保障房建设的重任，她说：“保障房作为上海市的重点工程和民生工程，宝冶承担更多的是央企的社会责任。来这里住的都是中低收入的人群，保障房建设造价低不是质量差的代名词，保障房一样可以建成精品房。”她只有一个念想：既要对得起住房人，把房子建好；又要对得起公司的重托，维护好“上海宝冶”的过硬品牌。

董清通过狠抓工程控制，管理细处着手，推行“样板引路”，打造出了精品工程。在董清和她所带领的团队的努力下，上海宝冶向各界交出了一份漂亮的答卷。罗店大型居住社区工程成为绿色工程、环保工程、优质工程，被评为第二批全国建筑业绿色施工示范工程、上海市绿色节能工地样板工地、上海市优质工程（白玉兰奖）等。上海宝冶女项目经理硬是以特有的细腻、认真、负责的精神把“保障房”做成了“一朵花”。

“技术创新之花”在工地盛开

董清作为技术骨干，她参与了宝钢二、三期、宝钢“十一五”规划的建设和厦门国际会展中心等项目的建设施工。她是一个非常愿意接受新鲜事物、善于创新的人。

在董清任总工程师的宝钢宽厚板项目时，遇到了一个轧机底座安装的技术难题：由于土建预埋套筒的安装偏差，使得高达 4 米的底座无法安装就位。这是她职业生涯里碰到的最大一个困难，一边是宝钢业主的埋怨目光，一边是德国专家不信任的眼光。董清当时几天几夜没有回家，在工地的基坑里带着班组和技术人员日夜测量，试图寻找到合适的测量预埋套筒的实际偏差的方法。通过查看土建和设备图纸，在现场做了几百次的实验，在她的主持下，用“一种精密测量预埋套筒位置的方法”（国家发明专利）提供了精确的位置数据，顺利解决了问题，德国专家也不得不跷起大拇指，佩服中国工程师的执着和坚持。她就是这样一个“遇到困难不埋怨，遇到坎坷不退让”的人。

作为宝冶品牌技术带头人，董清获得全国建筑业新技术应用示范工程金奖及多项国家发明专利，多篇论文在全国核心刊物上相继发表。与此同时，董清利用“劳模创新工作室”这个平台，把自己掌握的施工技术和管理经验毫无保留地传授给年轻的技术人员。经她带教、培养的技术人员，很多人已经成为技术业务骨干和技术管理人员。她亲手“栽培”的“技术创新之花”在各个工地上盛开。

能使枯树开新花

2015年董清调任建筑工程公司总经理一职，作为一位分公司少有的“女掌门人”，她的担子是很重的。她所接收的是一个以传统土石方和市政场道为主业的分公司，由于近年来市场发生了很大的变化，该公司的营业收入、规模、待遇等与其他单位相比有较大的差距，所以集团公司要对该公司的主力产业重新进行定位，并委托董清挂帅管理。她以身作则，带领广大员工以奋发拼搏的精神扎实推进各项工作的开展，实现了转型发展的良好开局，使得这棵“枯树”重新“开花”了。

董清担任经理后，公司的老员工感受最明显的是整个公司的运转快起来了，大家忙起来了，精神面貌好起来了。而董清作为一把手，总是早到晚归的人员之一。由于工作繁忙，董清总是在加班加点处理公事。有一天晚上11点多，分公司综合管理部部长接到董清的电话，说她被锁在大楼里出不去了。原来董清工作太投入而不觉得时近半夜，碰巧门卫临时出去，以为大楼里没有人就把门锁了。董清就是这么一个忘我工作的人。她正带领着建筑工程公司向着一流房建施工总承包企业的目标大踏步迈进。

从大型公共建筑到大型冶金项目，从住宅项目施工到分公司的管理，这朵骄人的“白玉兰”一路绽放，一路芬芳。董清表示，个人荣誉的获得离不开企业的培养、领导的支持和同事的帮助，在以后的工作中，更要立足岗位，并以更高的标准严格要求自己，努力工作，取得更好的成绩。所以我们有理由相信，董清将一如既往地在平凡的工作岗位上绽放，继续为宝冶增光添彩。

这就是董清，一朵盛开在建筑工地上的“白玉兰”，一个在平凡岗位上创造出不平凡业绩、躬身践行“一天也不耽误，一天也不懈怠”朴实厚重的中冶精神、用执著的信仰和坚实的行动书写共产党人本色的宝冶人。

（杨江华）

从农民工到全国技术能手

20年前，他只是一个高中毕业的农村娃；20年后，他已成为全国优秀技术能手、全国工程建设系统优秀焊工、上海市工人创新技术能手、中冶集团首席技师。首届“上海工匠”，他，就是中冶上海宝冶国际焊接技师毛琪钦。

刻苦钻研练技能

1995年5月，年仅18岁的农村娃毛琪钦怀揣梦想，带着一张高中文凭来到上海宝冶集团，成为一名普通的电焊工。刚进厂，从未有过实战经验的毛琪钦看着一台台巨大的钢包和混铁车，一下就傻眼了。好在短暂的“傻眼”过后，他很快就清醒过来，冷静地给自己定出了通向光明的道路：抓紧一切时机“充电”。于是，每次施工前认真消化技术方案，施工中向“高手”讨教，在“干”中学，施工后认真总结，积累经验，充满“钻”劲。于是，每天下班之后，抱起专业书废寝忘食地“啃”，成了毛琪钦所在宿舍的一道风景。

在工作中，毛琪钦时刻把追求焊接新技术作为自己的奋斗目标，只要跟焊接有关的事，他都要弄个明白。凭着坚持不懈的学习劲头和钻研攻关的能力，他相继掌握了焊条电弧焊、钨极氩弧焊、二氧化碳气体保护焊、埋弧自动焊、以及碳钢、不锈钢、耐热钢、复合钢板、铜与不锈钢等异种钢、结构钢、铝合金管道、yus170钛合金、哈氏合金等稀有金属焊接技术，为编制相关技术方案和研发起到技能支持作用，取得20多个项目的焊接合格证。

专业领域显身手

毛琪钦先后参加了宝钢多项大型工程的焊接修复工作。在多年的工作实践中，他解决了生产中许多技术难题，提出了多项技改、技术措施，在大型冶金设备的焊接施工中屡克难关，并凭借精湛的焊接技术和丰富的实践经验，改变了传统的焊接方法，提高了焊缝质量和工作效率，在宝钢大型钢包焊接修复一次成功，为公司创效益近百万元。在宝冶承接的各种化工压力容器修理项目中，制定完善的焊接工艺和严谨的施工焊接工艺方案，解决了工业纯钛在现场焊接的多个技术难点。在宝钢化工公司引进的日本新日铁公司特种材质制造的两台压力容器抢修中，针对焊接技术的难点和特点，毛琪钦制定了特殊的焊接工艺，使焊接修复在较短时间内完成，使设备很快投入运行，为宝钢减少损失，为企业创造了品牌。另外在宝钢化工公司希罗哈克斯反应塔K-2201钛合金修理工作中，圆满完成抢修任务，挽救了近千万元设备，获得业主宝钢方面的好评。不仅如此，毛琪钦还敢于向先进水平挑战，面对欧洲非标钢结构制造新任务，跨过“高门槛”，获取国际焊工资质，干出令外商叹服的产品。在国家重点项目——上海光源工程建设中，制造出低应力高阻尼储存环钢构支架，技术性能优于日本、韩国等国家的同类产品。

作为电焊班班长，毛琪钦在实际工作中不断完善和创新管理，他仔细分析班组人员的思想状况，了解每名员工的特长，力求做到“合理分工，任务明确，努力协调，人尽其用”。在宝钢化工公司酚精制原料槽 T-3363 槽的改造工程中，由于工期紧、任务重、要求高，毛琪钦打破常规，把人员分成 5 批，做到人机都不停，里口外口搭接进行，使每一道焊缝的焊接时间都被压缩到最少。最后不但提前 4 天焊完原料槽，拼装的槽体的椭圆度和垂直度控制在允许的范围内，而且焊接合格率达 98.3%以上，槽体内部加热蛇型管焊接一次通过射线 100% 探伤Ⅱ级合格，受到甲方的一致好评。

技能舞台展风采

凭借着极高的悟性和吃苦耐劳的劲头，毛琪钦迅速成长起来，这位最初拿着焊把发抖的小伙子，开始在各种技能竞赛舞台上崭露头角：2002 年获宝冶工程技术公司焊接技能比武大赛第一名；2003 年获宝冶焊工技能比武大赛第二名；2004 年在全国冶金建设行业第六届焊工技术比赛中，获个人总分第一名；2005 年获全国工程建设系统第七届焊工技术比赛总分第一名，获全国冶金建设行业优秀技术能手称号，被授予全国工程建设系统优秀焊工称号；2006 年获全国技术能手称号。

毛琪钦不断在工作中孜孜以求、不断进取，加强理论知识的学习，先后于2003年获焊工职业培训师资质、2007年获国际焊接技师，2011年起靠着自学攻读大学文凭，2014年获上海交大材料科学与工程的本科学历。凭借日积月累的实践经验和厚实的理论功底，毛琪钦在公司举办的疑难课题攻关活动中频频揭榜，平均每年拿下2个“拦路虎”，在科技研发、焊接工艺技术、残余应力检测等方面都有所建树，并在2013年获第九届“上海市工人创新技术能手”称号。

言传身教传帮带

作为焊接专业方面响当当的一块牌子，毛琪钦在冶金行业有着较高的知名度。然而，他从不居功自傲，以此作为个人的资本，而是毫无保留地把自己十几年积累下来的经验和知识传授给他人。

毛琪钦获得焊工职业培训师资质后，一次次地站到了讲台上，成为一批批新人的师傅和老师。多年来，他注重传授精湛技艺，以提高技能为目的，安排计划，对焊工有针对性的采取实用、灵活多样的方式进行培训，并在生产任务十分紧张的情况下，对焊工进行巡回指导，解决焊工们提出的各种技能操作问题，促进焊工掌握操作要领，改进操作手法，保证培训计划的落实，带出了一大批技术过硬的焊工。在他的影响和指导下，一个个农民工开始打造自己的新形象。与此同时，身为中冶焊接培训基地兼职教师的他，还亲自编写制定培训大纲，为一批又一批中、高级工和技师们开班讲课。

2011年，毛琪钦被中冶集团委派参与第十届全国工程建设系统职业技能竞赛，负责焊工竞赛队伍的选拔、日常集训计划、技术攻关以及赛前辅导等主要工作，在竞争激烈的比赛中，中冶集团首次取得团体第一，个人包揽前三名的好成绩。2011年3月，毛琪钦被人力资源和社会保障部聘为第四十一届世界技能大赛焊接项目中国技术指导专家，参与培训和选拔选手参加世界技能大赛焊接项目的工作。

不负多年刻苦钻研，毛琪钦获中冶集团技术能手、中冶集团首席技师、上海市工人创新技术能手、全国冶金建设行业优秀技术能手、全国工程建设系统优秀焊工、全国冶金行业高级技能专家、全国技术能手等多种殊荣。2015年，上海宝冶集团命名首批“职工创新工作室”，宝冶工程技术公司毛琪钦焊接创新工作室是唯一一个以员工名字命名的工作室。从一名普通的农民工成长为优秀的焊工、焊接技能专家，最后成长为优秀的教练员、焊接技术带头人，毛琪钦成为公司年轻技工学习的楷模。

（潘柏佺　杨庆华）

打破国外技术壁垒　成就中国喷射第一人

国家雪车雪橇中心赛道作为2022年北京冬奥会比赛场地，是目前亚洲第三、中国第一的赛道。该项目从建设之初就备受瞩目，国内外关注度高，生态保护要求严，需紧扣“绿色办奥，注重区域环境可持续发展，注重实用、保护生态、坚持节约”的冬奥理念，建设者们怀着满腔激情为打造可持续的样板冬奥工程持续发力。

国家雪车雪橇中心项目赛道喷射总教练向茂胜是位开朗的四川人，他身材健硕，肤色黝黑，双眼有神，今年已经53岁，是最早参与项目研发的人员之一，也是最早接触项目的喷射手。他对自己要求极严，具有高度的责任感和使命感。不论在上海测试基地无数次试喷，还是辗转北京试验基地，年过半百的他始终坚持在一线摸爬滚打，身体力行地演绎一名优秀喷射手的姿态。

雪车雪橇比赛赛道由骨架和喷射混凝土构成，空间扭曲双曲面赛道喷射混凝土施工技术属国内首创，目前国内无相关标准及同类建设工程经验，向师傅把他在韩国经过严格训练后学到的知识，通过在培训基地的不断研发和创新，将技能运用到了项目中。但作为非冶金喷涂，这也是向茂胜的第一次尝试。想要做出成绩，而且为国争光，无疑得付出更大的努力。该项目计划于2018年10月10日完成赛道首喷。那天早上五点钟，天空刚刚泛起鱼肚白，向师傅忙碌的身影就已经出现在了工地上。赛道的曲面段为双面喷射成型，对喷射密实度要求极高，直接决定赛道能否制冰和正常比赛；赛道施工的环境、温度、施工分区等条件都各不相同，需喷射手主观动态掌握混凝土的性能特点才能实现相同的表面喷射质量。向师傅的心里像压了一块巨石，平日 200 余次的训练成败在此一举。但看着手下年轻力壮的小伙子们，向师傅就扬起了标志性的笑容，拍拍他们的肩膀鼓励“娃娃 雄起！”。首喷前试喷时候，向师傅带着二十余名喷射手做了最后一次练习，笨重的喷枪在手中似乎变得灵活轻便起来。延庆山区已经到了零度，但高强度的专注与体力劳动下汗水浸湿了每个人的额头，向师傅挥挥手让他们去吃饭，自己却看着喷射面陷入沉思“平时训练都很辛苦，首喷肯定没问题的，但还希望能做到更好”。被督促着去吃饭的时候已经是下午两点，向师傅恍然大悟一般的摸摸自己的肚子，一连吃了八个拳头大的馒头，有点不好意思的笑笑和旁人说“每次练习完都特别饿饭量都大了不少，回家老婆都说了”。

向师傅深知自己在知识方面的短缺，每当夜幕降临，大家下班放松休息的时候，他就回办公室，对研究图纸、设备参数、材料性能不停琢磨，经常深夜观察模块的养护情况，向师傅的办公室是一盏常明的灯。延庆山区的风很大，向师傅踱着步，乐呵呵的在萧瑟的寒风里和家里报平安，妻子说“知道他很辛苦，但从没听他喊过一声累，早起晚睡的工地生活也被他过得有滋有味的，就是很想他”。这是向师傅每天重压下的解压时刻，“每天给家里打完电话就觉得自己更有劲儿了，自己要为家人更努力，也要为国争光。只是有点遗憾错过了女儿的升学考试。”

从一无所知的摸索到了如指掌的中国第一人，这是无数深夜独自钻研的结果，是无尽的努力和坚持结下的硕果，也是牺牲与奉献后的最美礼物。这一点一滴的汗水与蒙蒙黑夜里的剪影，清晰地描绘出最美中国建设者的动人画卷。

（苏　琦）

在丝绸之路上的印迹

从组建团队扬帆起航，到开疆破土精耕细作，2018 年是上海宝冶国际工程公司成立的第三年。在“走出去”的征途中，始终秉持着宝冶人的“合创之道”，在海外项目开拓中，履行责任、矢志不移，做到了发展与责任同在，责任与发展同行。

2014 年的春天，来到了已成为当今世界最具发展活力和潜力的发展中国家之一的柬埔寨，四年间，在这正逐渐焕发出蓬勃生机的东方古老国度上承接了 6 个民建项目，现在已有来自柬埔寨各地的数千名员工和中国员工一起工作、学习和生活。

2015 年，乘着“一带一路”的东风，一路向西，来到乌兹别克斯坦，这个曾因丝路而辉煌，未来也必因丝路而再度繁荣的国度。公司承接了乌兹别克斯坦最大的外资项目利泰 12 万锭纺纱厂项目。

2016 年，承接了“沙漠明珠”科威特的医保医院项目，建成后将成为该国对外国劳工开放医疗保险服务的大型综合医院。

2017 年，马来西亚拉庆苏丹伊布拉欣体育场项目在万众瞩目下正式开工，建成后可以同时容纳 3.5 万人观看满足 FIFA 标准的洲际足球比赛。项目是柔佛州的重点工程，是苏丹王和王储非常关注的柔佛州的民生工程、形象工程、标志性工程。

授人以鱼不如授人以渔

乌兹别克斯坦当地建筑行业属于早期砖混结构范畴，除了在塔什干地区有部分高层和超高层建筑采用框架结构形式以外，其他建筑还基本上保持着低层、多层砖混结构建筑，即采用砖墙承重、预制混凝土楼板的混合形式，所以当地施工单位对于现浇混凝土的使用还不够成熟和广泛。宝冶国际工程公司项目部多次邀请当地政府部门，并组织当地的施工技术人员来工地进行观摩和学习交流。项目部指派技术人员举办多期工程技术人员“开讲了”活动。当公司开始进行钢筋工程、混凝土模板工程施工时，邀请当地建筑工程作业人员到施工现场进行交流、学习、亲身实践和操作，使当地作业人员了解公司的施工方法。例如，公司通过详细图纸标注、钢筋图集讲解，让乌国技术人员明白设计原理；通过现场钢筋机械的使用、钢筋切割下料、钢筋安装绑扎等实际操作，让乌国工人通过实际操作进一步掌握该项施工技术。

传授施工技能的同时，还与乌兹别克斯坦专业人员交流施工管理技术。例如在钢结构工程和金属屋面工程施工过程中，为了能够让其接触全面的管理技术，学习管理经验，邀请乌国的专业人员跟随项目部技术人员一起，从钢结构构件到场入库开始参与项目管理工作，包括到场构件清点、构件堆放位置选择、构件质量检查、构件安装计划排布及吊装路线施工方案规划，以及最后金属屋面整体工程施工等内容。通过让乌国人员参与整体钢结构工程和金属屋面工程的全过程管理，既传播了专业施工技术，同时也让其了解熟悉并掌握了相关专业的管理思路和管理方法。

授人以鱼不如授人以渔。注重“本土化”用工，充分利用当地劳动力资源，为当地提供就业机会，缓解当地就业压力，带动经济、社会共同发展，同时也为境外项目培养了一批本土化人才。

惠人惠己　以人为本

乌兹别克斯坦的当地经济条件比较落后，且很多当地农民除了耕地以外再无其他技能，也没有其他经济来源，生活普遍比较困难。在项目施工建设过程中，经常有当地农民穿梭于工地周边，销售自家的农产品换取收入。出于安全考虑，项目部屡出禁令，要求除建设工人外其他人员不得擅自进入施工现场，但是始终无法杜绝此类现象。经过项目部开会研究，在与业主和当地主管部门沟通后，项目部在建筑红线以外特地选定了一片区域，用脚手架和篷布搭设了一个专用的“便民农贸小市场”，允许当地农民在该区域进行农产品售卖活动。通过“便民农贸小市场”的搭设，不仅解决了当地农民擅自进入施工现场的安全风险问题，同时也帮助解决了周边困难人群的生计问题。

柬埔寨 SKYVILLA 工地上有一名柬籍的男性残障人士名叫安拉，30 多岁，背部残疾。安拉最开初在项目分包商工地上做些打杂的活，工资标准比同等的男工要低些。项目部的管理人员发现尽管该工人身有残疾，但做事却努力而尽心，总是认真地完成工头安排给他的事情。经了解，安拉家境困难，父母年纪大了没有劳动能力，全靠他做工赚钱养家，生活拮据。项目部的一班人看在眼里，该如何提高他的工资收入呢？大家觉得他应该学点手艺，通过技能提升来改善他的工作状况和收入。在和分包工头交流后，大家达成一致意见，安排他学习简单的焊接切割、电工接线等技术，同时安排中方的电焊工做他的老师，让他做电焊工的下手。安拉学习积极努力，用不长的时间就基本掌握了技能。为了确保他能够适应建筑工地的工作，又让他学习开施工升降机。在此过程中一个柬埔寨籍的安全管理人员也经常给他讲解安全方面的知识，确保他在工地工作的安全。从刚到工地时的杂工，到现在开施工电梯，安拉已经在工地上干了快 3 年。他并没有因身体的缺陷而感到卑微，而公司也在他身上看到“闪光点”，在工作中给予机会，培养他的工作技能，让他找寻到自食其力的自信和骄傲。

企业是市场经济的主体，更是社会公民。企业的社会责任不仅仅是企业本身的壮大发展，同时还要更好地融入当地，为当地的民生发展做贡献。社会责任永远在路上。

（卫　竑）

“一代一梦”追忆河静钢铁项目的岁月

历史追忆

伴随着新中国的“钢铁梦”，老一代宝冶人从兴建宝钢到立足上海，用三十年的时间在这片土地上生根发芽，建立之初的宝冶人用“超越自我、敢为人先”的企业精神书写了宝冶一个又一个的辉煌，从宝钢、马钢、鞍钢等一系列国家重大冶金项目中铸就了“上海宝冶”的企业品牌。实力源自辉煌历史的沉淀，更源自千锤百炼，沿着宝冶走过的道路，会看到荣誉辉煌背后更多的是诚信、笃行、创新、共赢，而这正是宝冶一步步走来凝结的核心价值。

从开始肩负着发展中国钢铁产业的使命，宝冶就以一个担当者的身份尽心尽责，第一座世界上最大的宝钢熔炉还原炉、国内最大的宝钢第一炼钢厂300吨转炉、世界上自动化程度最高功能最强的轧机等均为宝冶之力作，建一项工程，树一座丰碑。宝冶人在共和国冶金建设中始终秉承着“建精品工程、铸长青基业”的企业使命，为国家成为钢铁大国作出了突出的贡献。

冥思当今

一代一梦，代代传承，一代人创造一段历史，一段历史成就一代人。创造共和国的钢铁历史是老一代宝冶人的追求，而在经济全球化的今天，走出钢铁产业，走出国门更应该是这代宝冶人的选择，在世界的其他角落展现当代中国的形象，释放当代中国的影响，也是我们这代人需要继续努力的。

“一带一路”，“利益、命运、责任”，借助历史的“丝绸纽带”，新一届中国领导人以高瞻远瞩的眼光开创了一个“新时代”，当今世界中国的国际地位、中国的国际影响力渐渐在影响着世界、改变着世界。

时代总是会眷顾创造它的人，作为共和国钢铁时代的代表，宝冶在这个“新时代”找到了自己的方向，走出国门，将钢铁产业推广发展到中国之外、世界的各个角落。越南作为国家“一带一路”上重要的一站，也是宝冶走出国门的重要一站。

越南河静

2014年至2016年注定是不平凡的两年，宝冶人用两年时间在越南这块土地上复制了宝钢奇迹，如果说宝钢是宝冶在国内的开始，那么越南河静钢铁同样可以说是宝冶在国际舞台上的亮相。不同的是时代变了，地域变了；不变的还是我们宝冶人，亘古不变的宝冶精神。

河静钢铁项目位于越南的中部城市河静省，总投资约300亿美元，规模类似于宝钢，项目启动于2014年初，作为宝冶在海外参与建设的第一个钢铁大项目，公司各专业二级单位都身在其中，宝冶钢构、宝冶电装、宝冶机装、工业炉……陌生的地域环境、陌生的人，陌生的语言，仿佛一切都是一个新的开始，是挑战更是难得的历练。

2014 年越南河静钢铁项目正式启动，该项目的重点就是钢结构主体和配套设备设施的安装，工期紧张，越南资源匮乏，大部分原材料需要我国提供，运输周期长，运输路途远都是项目开始摆在大家面前的难题，有困难不怕，宝冶有解决困难的勇气和决心，在宝冶领导的统筹安排下，各专业公司整合国内资源，分工协作，密切配合，问题一个个被攻破，似乎一切即将步入正轨，大干在即。

2014 年 5 月 14 日，这是每一个参与河静项目宝冶人终生铭记的日子，就在项目周边发生了越南有史以来最大的暴乱，由最初的示威游行迅速演变成打砸抢，项目被迫中止，那段时间在越南的中国人生命和财产受到严重的威胁和破坏，那种生死经历很多人一辈子都不会体会到，但是在动乱的一周里，我们很团结，我们很勇敢，在国内公司领导和中国政府的帮助下，于 2014 年 5 月 20 日安全撤出越南。回到祖国的那一刻，大家热泪盈眶，不因经历生死，只因经历生死中我们的相互鼓励。

2014 年 8 月，在中国政府和集团领导的协调下，河静项目得以正式复工，经历 5.14 暴乱没有摧垮宝冶人的意志，反而更加增强了宝冶人的凝聚力和干劲，从 7 月复工以来，在短短一个月时间里，河静项目各项工作完全步入正轨，9 月便进入大干阶段，宝冶人用实际行动再一次感动了业主，感染了越南同事。

整个项目将近 15 万吨的钢结构加工全部在国内完成，再通过海运到越南，短期内如此大量的构件加工和运输对加工厂、对整个加工的协调发货、对整个运输的把控都是史无前例的，现场的安装配套、人员组织更是前所未有的挑战，这一切对宝冶人来说都不是理由，宝冶人没有白天黑夜，没有周末假期，唯有一个目标：“一天也不耽误，一天也不懈怠”，这就是我们宝冶人做事的态度。

2014年春节，是中国的传统佳节，也是越南的传统佳节，是举家团聚的日子，过年的气氛弥漫在整个项目周围，特别是对于身处异国他乡的宝冶人，思家心切，但项目又是大干的关键期，这一次宝冶人选择了坚守，为了河静项目，为了宝冶的信誉，更为了走出国门中国人的责任，过年不停工，人员不放假，坚守一线保工期。

2016年，如期完成越南河静钢铁项目，向业主、向越南人民、向祖国交了一份满意的答卷。两年多的时间很长，但是离别的那刻却觉得很短，眼泪骗不了自己，看着越南同事挂满泪珠的双眼，宝冶人也都禁不住流下了眼泪，心中有太多的感慨、太多的不舍，太多的心里话那刻却一个字也说不出来，大家抱头痛哭，两年多的朝夕相处已经培养了深厚的友情，那刻没有国籍的界限，唯有兄弟、姐妹之情。

在路上

昔日的辉煌，让宝冶立足扬名于中外；沿途的坎坷，更让宝冶人旭日阳刚；辉煌的历史不会成为可以停留的慰藉，更是对现在宝冶人的鞭策和激励。随着祖国“一带一路”倡议的实施，宝冶面临前所未有的挑战和机遇，在新的全球环境和市场机制下，如何将企业做大做强，更如何让一个有着辉煌历史的老牌央企焕发青春，在保持冶金项目绝对优势的同时发展建筑产业链，宝冶人正在路上。

（黄 伟）

我的爷爷是全国劳模

习近平总书记曾说过："我们所处的时代是催人奋进的伟大时代，我们进行的事业是前无古人的伟大事业。全面建成小康社会，进而建成富强民主文明和谐的社会主义现代化国家，根本上靠劳动、靠劳动者创造。"

从20世纪50年代算起，"劳模"不知不觉间已走过半个多世纪的历程，他们的"面孔"发生了巨大的变化，他们的"特征"呈现了时代的特点，人们对他们的"记忆"也从黑色变成了彩色。

我的爷爷，全国劳模童选卿就是其中的一位。

邓小平曾经为宝钢题词"掌握新技术，要善于学习，更要善于创新"。童选卿将这句话牢记并以自己的实际行动来证明了其重要性。由他负责的宝钢一号高炉鼓风机站48000千瓦大型同步电机机组是宝钢一号高炉的一个重要环节，是否能按时完成直接关系到整个高炉的施工进度。项目开工之际，由于原定项目技术负责人辞职，公司紧急安排童选卿负责这个项目。临危受命，箭在弦上，全国最大的电机、全进口设备、高炉关键设备一个个沉甸甸的担子扛在肩上让他倍感压力，同时也为自己能负责这么重要的工程尤为光荣。多年安装大电机的施工经验和不断钻研的精神此时发挥了重要作用，将临时换将的影响降到了最低。

这台电机是当时中国安装的最大的一台电机，单单定子的重量就达到 100 吨。运输线路需要经过吴淞大桥，大桥都为此特别进行了加固。如何将这么重的一台电机安全准确地安装到位成了重大难题。项目聘请日本专家现场指导但实际操作要由我方人员自行完成。按照日本专家的方案，电机被运到预吊装平台后，要先将鼓风机站屋顶部分拆除，再用 150 吨吊机吊到安装位置。但这个方法需要拆除屋面，耗费过多时间，而如果不采用这个方式，室内吊装空间只能满足 1 台 50 吨吊车的施工，无法让 100 吨的设备顺利落位。为了争取更多时间，童选卿和同事日夜研究施工方案，反复计算试验论证，最终决定用一层层的垫块垫起电机下部，50 吨吊车吊起电机一头，抽掉一层垫块后放下，再吊另外一边抽垫块，反复循环慢慢将电机安装到指定位置。原本需要几天才能完成的工作，只花了半天时间就将电机顺利安装到位。电机安装好后，下一步就是准备电机转子的安装，在此之前需对定子各个部位进行检查，特别的定子内矽钢片处密密麻麻地布满了通气孔，需要依次检查，做到每一个孔内确保清洁。童选卿凭着一个建设者认真负责的态度，将每一个孔洞都清理完成，再一遍遍的复查，确保万无一失。

接下来转子的安装是电机施工的重点及难点所在，此次安装不同于以往用吊车安装，是日本专家提供的新安装方式第一次在中国使用，在定子内加钢板在上面抹上滑石粉，转子上垫上滑板，两者接触后通过滑石粉的润滑，利用一头的导链慢慢将转子安装到位，到位后滑板自动滑出但定子上的钢板由于下面有转子轴承挡住无法从下面取出，按照日本技术人员的要求，要转到上方取出，这时童选卿考虑到一个关键问题，如果转到上分钢板上的滑石粉垃圾等杂物都会通过翻转掉落到电机内，尽管可以仔细清洁，但对产品的质量不可避免会有所影响，邓小平的题词这时响彻了他的脑海，要创新！又是几个不眠之夜，又是反复地计算试验，最终采取了一个日本专家也没有使用过的方式，用吊车将转子托起，将转子下面的轴承全部拆除，直到钢板能从下方平稳移出，滑石粉和垃圾完全没有污染到电机，再一次消除了发生问题的隐患。电机与设备连接的精度在国内要求为 3 道，日本则要求为 1 道，为什么日本能做的事情我们做不到呢，别小看这 1 道和 3 道的区别，这种精细的调整在这个硕大的电机面前尤为困难，功夫不负有心人，一次次的调整，一次次的比对，终于将误差降低到 1 道。现场的日本专家无不对这种精益求精的精神大加赞赏。如今在童选卿老人耳旁大声说话老人都很难听清但当时这双耳朵可是起了大作用，马达转动时有没有异响、内部有没有杂物、同步电机调试是否精确都要靠这双灵敏的耳朵来判断。

安装任务以高品质、高效率、高标准的结果顺利完成，试车那天人们让他在主席台就座，而他却选择站在电机旁继续检查着，不放过任何一次错过问题的可能。由于在施工质量安全等多方面的优异表现，这组电机被评为“红旗设备”，鲜红的旗帜是对所有建设者最好的肯定。

薪火相传，精神永续。一位劳模就是一面旗帜，一位劳模就能影响周围一群人。如今，我的父亲童卫刚已经在宝冶工作 40 个年头，作为孙子的我，也工作十年有余，爷爷的子辈孙辈坚守着劳模品质，传承着劳模精神，在自己的岗位上实现自我、做出成绩。

（童　威）

物资人的“四千”精神

2018年，恰逢改革开放40周年。

这是宝冶“冶金建设工程大物流国家队”的故事。

这一年，也是上海宝冶工程物资设备公司的“改革元年”，“1个主基调，2个大平台，3驾马车保障，‘4+X’业务拓展模式”成为宝冶物资的战略发展新定位，“创新求发展，服务树品牌”成为所有宝冶物资人为之奋进迸发的精神之源和力量之源。

2018年8月7日，上海宝冶工程物资设备公司与中石化重型起重运输工程有限责任公司签署战略合作协议，掀开了宝冶物资创新发展的新篇章。该协议的签订为宝冶物资在全国范围内拓展中国石化工程设备接卸、仓储配送业务打下了坚实基础，是宝冶物资公司成立24年来拓展外部业务掀开了发展的新篇章。

“到有鱼的地方去撒网，到有草的地方去放羊”。2012年10月17日，在双方领导及工作人员的见证下，时任上海宝冶工程物资设备公司总经理刘亚莉与时任宝钢湛江钢铁物流部部长吴君檪在广东湛江举行了宝钢湛江钢铁工程建设阶段仓储配送业务委托协议签字仪式。

自2010年4月进驻宝钢湛江钢铁基地以来，物资人以丰富的工程经验、优良的服务质量和完备的策划方案脱颖而出，“认真负责、精干高效、诚信专业、服务一流”的物资经营理念得到业主称赞，迈出了宝冶物资征战广州湾，挥师南下的“第一步”，打响了宝冶物资仓储配送业务擦亮服务品牌的“第一枪”。

2013年3月16日，在新疆乌鲁木齐市头屯河区的八钢城，由上海宝冶承建的浦钢1#COREX炉整体搬迁至新疆八一钢铁项目正式开工。这一战，宝冶物资人既要抵御严寒，又要解决现实困难，受“场地限制、参与施工单位较多、设备构件在搬迁过程中标识脱落、包装松垮”等外在因素的影响，宝冶物资人临危受命、当机立断，一方面优化装卸运输方案，一方面严格执行安全管理制度，“设备及构件包装达标、安全卸车、堆放合理、管理完善”成为“宝冶物资八钢标准”，一时间“指挥有方、作战有序”的战斗场景让业主刮目相看。

自项目开工至项目收尾，八钢项目全体参战人员不畏严寒和困难，通过火车运输及汽车运输，累计向项目现场发送工程设备及构件近4万吨。宝冶物资全体参战人员冒着新疆零下35℃的严寒，艰苦奋战一个冬天，并创下当日卸货24车，总重量达1019吨的施工记录！项目的顺利完成赢得了业主的高度评价。

历经40年的积淀，伴随着冶金工业的发展壮大，宝冶物资人以“最优服务、最精专业、最强主业”夯实基础，积极打造受人尊敬的“资源配套型、技术服务型”专业公司，宝冶物资工程材料设备管理及仓储配送和甲供材料管理形成了一套专业的管理办法和完善的管控体系，在业内外铸就了过硬的服务品牌。

正值2018年中秋佳节，由宝冶物资承担的中科炼化广东一体化项目首船大型设备卸运工作圆满完成，两台单重870吨，筒体直径5.6米、长约26米的渣油加氢反应器分别于2018年9月23日、24日，从中科炼化厂区码头滚卸上岸并运抵装置安装现场。

“高品质、低成本、高效率”的工作方法一直是宝冶物资人提升管理技能及服务水平的制胜法宝。9月22日晚，工程物资设备公司总经理孙建奖、副总经理胡国谭星夜赶到湛江，召集工程技术人员对接卸和运输过程的每一细节做进一步梳理和研究，为中科炼化项目大型设备卸运工作开好头、布好局。

宝冶物资承担的中科炼化广东一体化项目主要涵盖湛江中科炼化大型设备从湛江宝钢重件码头卸船、运输至中科炼化内指定位置的设备卸船、装车、运输等工作内容。随着首船大型设备卸运工作圆满完成，宝冶物资正式踏上了进军中国石化行业大件设备物流的新征程。至此，宝冶物资自转战广州湾之日起，历时8年半驰名东海岛，冶金建设工程大物流国家队“金字招牌”路人皆知、家喻户晓。

宝冶物资人扎实做好服务提升、技术创新、转型升级等各方面的工作，以“新四千”精神（即：历尽千辛万苦，说尽千言万语，走遍千山万水，想尽千方百计）为指引，精心打造一支“想干事、能干事、干成事”的精英团队，全力擦亮服务品牌，为全面推动公司各项工作上水平、上台阶，积极打造一流的、受人尊敬的“资源配套型、技术服务型”具有核心竞争力的专业公司而不懈努力奋斗！

（吴志明）

超级“大积木”诞生记

十年，从绿芽长成葱郁大树；从羽翼未丰的小鸟到展翅翱翔。

这一切变化并非偶然，是上海宝冶工业工程公司装备制造事业部按照中冶集团打造“四梁八柱”业务体系升级版，结合装备制造发展实际，集中全部技术力量在工业炉体制作和模块化上重点突破，以技术创新吸引客户群而实现的十年长梦。

美洲加勒比天然气化工有限公司年产 100 万吨甲醇转化炉整体模块是业内首个大型模块化工程。除了钢结构、盘管等制作外，还包括燃烧器、弹簧架等专业设备的安装，辐射段模块化后的单段重量最高达 1500 吨，最大尺寸达 37 米长 ×36 米宽 ×29 米高，相当于一栋 10 层高的楼房。

第一次看到图纸的时候，所有的技术员都倒吸了一口冷气，从平面制造到立体模块化，镍基管道的焊接、固溶等都是横亘在眼前的难题。

镍基合金焊接和固溶国内可借鉴的经验非常少，在国外能学习借鉴的内容也十分有限。固溶本身没有有效的施工方案、管线长度过长、难以达到的需求温度等问题激发了项目技术团队攻关的热情。项目焊接负责人吕呈说：“那段时间不知翻阅了多少书籍、参考了多少资料，开了多少次会，甚至和外方专家大声争辩。我们整个团队都在努力，公司也一直在给我们支持。”

终于，实验第一次论证了技术团队关于加热和水冷的设想可以实现，项目部成员欢欣鼓舞，无论是办公室还是施工现场都是喜气洋洋，一片振奋之气。

然而，成功的喜悦并没有维持太长时间。很快，温度不均匀的问题就凸显出来。用技术员程卓尧的话说就好像是失恋了一样，牵手了一次的女神一转身就冷漠地离开，只剩下自己在原地沮丧地看着她离去的背影。

工期逐渐逼近，没有留给项目团队太多伤感的时间。又是几个夜晚的鏖战、计算、实验，终于，保温过程中上下表面的温差被控制在5℃以内，管子的变形也得到有效控制。

项目经理张新回忆道：“那天真的很开心。就算到现在，我都忘不了专家脸上的表情。有喜悦，更多的是震惊。毕竟，他们解决不了的问题，被我们这群中国年轻人，这群在他们看来需要他们指导的年轻人解决了。”

完成钢结构制作、管道焊接并不是项目的全部。美洲加勒比天然气化工有限公司年产100万吨甲醇转化炉工程的重要意义在于它是首例大型模块化工程。此次的模块化程度之深，也是少见。通常的模块化工程往往只指外壳的组装，美洲加勒比天然气化工有限公司年产100万吨甲醇转化炉整体模块化在钢结构、管道、耐材之外，还包括燃烧器等关键部位的组装。用业主的话说，等模块化完成，现场只需要将模块化后的三个大积木就位连接就可以完成整个项目的施工，简洁方便，安全可控。两个10层楼高大家伙的建设重担，全部落在安装经理李宇的肩上。过程中遇到的困难之多可想而知。就拿最简单的防雨措施来说，辐射箱顶部有680个炉管安装孔洞，132个燃烧器安装孔。辐射箱内部安装有600多立方米陶瓷纤维耐火衬里。就好比在一个蜂窝煤里铺上层层棉花，不管多大风多大雨，这层层的棉花可一点雨水都不能沾。为了方便模块的运输，项目的施工地选在了张家港。港口的天气变幻莫测、时晴时雨。设计方全然没有考虑过防雨的问题。一场艰难的拉锯战又开始了。不记得过了多少个日日夜夜，一套实用经济的防雨设施终于由装备制造部设计完成，并成功申请了专利。

李宇笑着说："每次大风大雨，我们都要来检查好几次，事实证明，我们的发明靠谱。这600多立方米的耐火衬里，没沾过一滴水。当初老外还不承认我们的设计，天天跟我们吵，现在他们不说话了。我们干的，牛！"

2017年11月16日，江苏张家港码头，风呼呼刮着四周的安全旗猎猎作响。现场洋溢着热闹喜庆的气氛。历经一年多的艰苦拼搏，这两个在国内尚属首次的大积木缓缓启动，逐步移向港口停泊的大船。

在这个项目上，装备制造部申请专利10项，发明专利3项，形成企业工法2部，获得4项奖励，核心关键技术达到国际领先水平。装备制造事业部积极培育高端核心技术，已经成为技术与资源整合能力兼具的国际化、专业化炼油化工工业炉技术服务商。

（黄文敏）

我与黔东南的故事

每个人总有那么一段经历，会让你永生难忘，刻骨铭心。我的故事，要从2016年11月份到宝冶市政黔东南项目开始说起……

多彩贵州，大美黔东南，男耕女织、山水稻田……电视里的贵州，一切都是那么和谐，那么美丽，如同陶渊明的“世外桃源”。如果没有来到宝冶，没有来到黔东南的乡村，我脑海里的贵州，可能就永远定格在了电视里……

项目主要是以农村公路为主的道路建设，我在其中一条道路担任施工员。第一天到项目现场，看到这美丽的风景，呼吸着新鲜的空气，格外惬意。道路沿线零零散散坐落着一些本地人居住的木房，时不时看到一两个大爷背着手，在这附近时而转悠，时而坐歇……一个多月过去了，日复一日，每天来到现场，按部就班地完成本职工作，逐渐感受到了一丝无趣，这样下去什么时候是个头啊！

12月过半，天气转冷，又是普通的一天，这天施工路段附近的木屋门口坐着一位老大爷，看着正在施工的我们，又微微转头向远处眺望，面无表情，像是等待，又像是无奈，这机械的嘈杂声，在这寂寥的大山里却显得一分热闹生气。我微笑着走到大爷身边问候了他，他也微笑点头表示欢迎，我想进木屋里面瞧瞧有什么别具一格的布置装饰，顺便想看看有什么土特产能尝尝……然而进屋那一刻，我惊呆了，仅仅只有一间屋子，空空荡荡，几根木头勉强搭起的床和破旧不堪的床褥，木墩做的桌子上面放着一个已经掉漆的铁碗和一双筷子，用不透明塑料做的“玻璃窗”，当大爷打开屋内那个发不出亮光的老灯泡，我眼前的一切，显得那么模糊。最后，老大爷动起自己不太利索的手脚，在门口点燃一堆木火，请我取暖……

“老大爷今年多少岁啦？”

“75 岁了”，不太伶俐的口吃和一口很重的本地口音。

“家里就您一个人吗，老婆和女儿们呢？”

“老伴儿十几年前就去世了，家里两个孩子去广州打工了”。

“那您孩子多久回来看您一次？”

“这里的路弯曲不平坦，从县城里到家都得花点时间，他们过年的时候可能会回来待一天。”

“那您平时吃饭怎么办？”

“路过的邻居有时候会给我送来饭。”

“那如果他们以后不送饭，那不把人饿死了……”，我用的仅仅是语气程度词。

“饿死就只能饿死了”，老大爷貌似一副不在乎的样子，并没有感到伤心或者无助……

在面临死亡表现出伤心和挣扎的求生欲望，是人起码的本能反应，但是老大爷这一番话，值得我们深刻反思，到底是什么能让一个人看淡生命……突然想起来我刚来乡村那几天看到这“世外桃源”的开心，仅仅待了不到一个月就已经厌倦，而这位老大爷却在这里待了一辈子……

我们对面一片水田，一只鸭子在里面游来游去，与周围茂密的大山看似连成一幅美丽的画，但是它却一直不愿跳出那片水田，没有通向远方的河流，它能去哪里呢，即使有目的地，走旱路它要走到什么时候……

其实，这一切都是因为贫穷，当我们整天埋怨自己穷，连一辆车、一套房子都买不起的时候，中国还有一部分人过着连饭都吃不饱的日子；当我们现在乘飞机在国内外来来回回，国内各省市之间高铁高架流行的年代，中国还有一部分人过着一辈子出不了乡村的生活……老大爷并不是懒惰，年轻时他何尝不想去外面的世界看看，何尝不想挣很多的钱，何尝不想过上激情澎湃的生活……

火堆灭了，我把自己中午的盒饭送给了这位老大爷，对他最好的“招待”表示感谢。在黔东南，在中国，还有很多人等待着脱贫的那一天。要致富，先修路，作为上海宝冶的一位普通员工，我在心里默默说道：老大爷您放心，我们虽然不能给一个美满的家庭，但是我们会为你建一条走出大山的路。

国企之所以为国企，是因为肩负着国家的责任，造福百姓就是我们的义务。从那以后，我再也没有感到过无聊，再也没有过一丝偷懒。随着施工路段的前移，我很少再看到那位老大爷，我也不敢再去看望他，模糊的木屋，在我脑海中依旧那么清晰……

一年过去了，一条条农村公路陆续建成，它环绕着大山，像是宝冶一只只寻找的手臂，伸向黔东南深山之处，牵领一双又一双等待的手，一起走向繁华的城市……

（海　强）

耄耋老人重阳“回家”

2017年10月28日，恰逢重阳，宝冶展示厅迎来了一位特殊的客人。退休老员工王铭璋，在重阳节、也是他的90岁大寿这天，在一群儿孙的陪同下回到了离开30年的企业，重温当年工作时光，看看企业今天的发展。

王铭璋老人有四个儿子，祖孙三代的大家庭里曾经服务于宝冶或仍在宝冶工作的共有12人。他们的到来，受到了企业上上下下的热烈欢迎。

90岁生日时再回单位看看　四子四媳都是“宝冶人”

王铭璋老人为我国的冶金事业兢兢业业奋斗了一辈子，即使退休多年，仍一直心系宝冶。最近他听孩子们说公司新的展示厅落成，就心心念念，非常想看一看新宝冶，看一看现代化的展示厅。孙子王超为了满足老人在九月初九重回娘家这一生日愿望，向公司领导提出了申请，没想到一呼即应，公司领导层非常重视，积极响应，妥善安排，终于让老人这个心愿圆满实现。

上海宝冶纪委书记刘亚莉、工会主席裴志清代表企业对老人祖孙四代 20 余人大家庭的到来表示热烈欢迎，为老人献上鲜花，并一路陪同、介绍。在 21 楼的企业展示厅，王铭璋非常认真地听着讲解，不时凑近图片，仔细端详，重新回首自己当年走过的历程，当看到最近三十年企业的飞速发展以及取得的荣誉，激动之情、自豪之意溢于言表。老人平时在家经常翻阅公司过去印制的纪念册，一边看一边回忆，非常渴望能“回家”看看，这次能有机会在生日当天回来，他心情很不平静。

参观完毕，刘亚莉和裴志清与老人亲切攀谈起来，为老人介绍宝冶近年来的发展与变化，一起畅谈宝冶的过去、现在和对未来的展望，为老人送上生日蛋糕和礼物。

三十年看企业华丽转身　一代比一代学历高技能精

王铭璋老人这一大家子是宝冶人为振兴中国钢铁事业奋斗不息的典型缩影。

王铭璋祖籍辽宁，1949 年 1 月在沈阳桥梁厂参加工作，然后就四海为家，吃了一辈子的冶金饭。国家建设搞到哪里，他就拖家带口到哪里。打破英美“中国不可能自己建设钢铁厂”的预言建设武钢时，有老王砸铆钉的身影；另一项“奇迹工程”攀钢的建设投产，同样流淌着老王的血和汗。直到 1979 年上海宝钢开建，王铭璋才安定下来，时任上海宝冶机装公司支部书记、施工经理、公司经理，1982 年担任宝冶安全处处长直到退休。

三十年没回老单位了，看到如今现代化的办公环境，王铭璋老人感慨良多，他回忆道，当年的宝冶总部办公室只有一处低矮的小楼，建设高炉基本靠人工，没有大型设备，工效非常低。而现在公司的面貌以及冶金建设事业的发展，变化大得出乎他的想象：上海宝冶的综合实力已位列“中国建筑业竞争力百强企业”前20强，他的老本行“铆工”也已面临消亡，被效率更高的技术所取代。老人说，这次“回家”，对现代化建筑企业有了更直观的认识，深刻体会到知道什么叫“新时代”，如何才是“大跨越”。王家4个儿子个个是宝冶大家庭的一分子，4个儿媳也均在宝冶任过职。

在过去的年代里，宝冶人被誉为“四海为家的野战军”，子女求学缺少安稳的环境，因此老人的四个儿子学历都不高，工作后才有机会参与在职学习。而到了孙辈就不同了，基本都是大专或本科学历，目前他家第三代宝冶人有三个，两个孙子，一个孙媳妇。他们和上海宝冶其他第三代宝冶人一样，都是参与校招，被宝冶公司择优录取的。

追根溯源记载宝冶足迹　助推企业转型发展

得知王铭璋老人来参观宝冶展示厅，公司董事长、党委书记白小虎虽因工作原因无法到场，还是委托专人为老人献上了祝福，他对老人在企业创业初期的默默奉献表示感谢，并祝福老人身体健康。希望老员工一如既往地关心、关注企业的发展，为企业新的发展献计献策。工会主席裴志清告诉记者，企业的发展离不开每一位宝冶人特别是老员工的付出。企业的每一步成长，都凝聚着他们的智慧、辛劳与汗水。1986年上海宝冶约有1.8万名固定制员工，当时的营业收入不过几个亿，而今上海宝冶一个分公司的签约额就在50亿以上，靠5000名左右的固定工和5000名左右的派遣制员工，实现了近300亿的营业收入。飞跃背后离不开员工的付出与奉献。例如在从计划经济向市场经济转型、从冶金建设向民建领域转型的过程中，宝冶经历过主辅分离、轻装上阵的阵痛。

大型公建、超高层、市政基础设施、主题公园、综合管廊、智慧城市、投融资开发……现在上海宝冶的建设足迹遍布全国各地，涉及各行各业。企业能发展到今天，靠的是宝冶人吃苦耐劳、艰苦创业的精神；靠的是宝冶人不畏艰难、奋勇争先的精神；靠的是宝冶人以德为先、代代传承的精神。

（劳动报记者　徐容莉）

▶ 宝冶亚运火炬手第一人白小虎，作为唯一的建设单位代表，负责在广州的建筑品牌杰作“广州大学城”段的火炬传递

◀ 国家雪车雪橇中心赛道喷射团队

▶ 打破国外技术壁垒，成就中国喷射第一人——国家雪车雪橇中心首席喷射手向茂胜